Die Berliner Mauer

Proletarie

NEUES DEUTSCH

ORGAN DES ZENTRALKOMITEES DER SOZIALISTISCHEN EINHEITS

16. Jahrgang / Nr. 222 Berlin, Sonntag, 13. August 1961

BESCHLUSS

des Ministerrates der Deutschen Demokratischen Republik

Auf Grund der Erklärung der Teilnehmerstaaten des Warschauer Vertrages und des Beschlusses der Volkskammer beschließt der Ministerrat der Deutschen Demokratischen Republik:

Die Erhaltung des Friedens erfordert, dem Treiben der westdeutschen Revanchisten und Militaristen einen Riegel vorzuschieben und durch den Abschluß eines deutschen Friedensvertrages den Weg zu öffnen für die Sicherung des Friedens und die Wiedergeburt Deutschlands als friedliebender, antiimperialistischer, neutraler Staat. Der Standpunkt der Bonner Regierung, der zweite Weltkrieg sei noch nicht zu Ende, kommt der Forderung gleich auf Freiheit für militaristische Provokationen und Bürgerkriegsmaßnahmen. Diese imperialistische Politik, die unter der Maske des Antikommunismus geführt wird, ist die Fortsetzung der aggressiven Ziele des faschistischen deutschen Imperialismus zur Zeit des dritten Reiches. Aus der Niederlage Hitler-Deutschlands im zweiten Weltkrieg hat die Bonner Regierung die Schlußfolgerung gezogen, daß die räuberische Politik des deutschen Monopolkapitals und seiner Hitler-Generale noch einmal versucht werden soll, indem auf eine deutsche nationalstaatliche Politik verzichtet und Westdeutschland in einen NATO-Staat, in einen Satellitenstaat der USA verwandelt wurde.

Diese neuerliche Bedrohung des deutschen Volkes und der europäischen Völker durch den deutschen Militarismus konnte zu einer akuten Gefahr werden, weil in der westdeutschen Bundesrepublik und in der Frontstadt Westberlin die grundlegenden Bestimmungen des Potsdamer Abkommens über die Ausmerzung des Militarismus und Nazismus fortlaufend gebrochen worden sind.

In Westdeutschland ist eine Verschärfung der Revanchepolitik mit sich steigernden Gebietsforderungen gegenüber der Deutschen Demokratischen Republik und den Nachbarstaaten Deutschlands erfolgt, die in enger Verbindung

des Warschauer Vertrages in der Deutschlandfrage, um durch feindliche Hetze, durch Abwerbung und Diversionstätigkeit nicht nur der Deutschen Demokratischen Republik, sondern auch anderen Staaten des sozialistischen Lagers Schaden zuzufügen.

Aus all diesen Gründen beschließt der Ministerrat der Deutschen Demokratischen Republik in Übereinstimmung mit dem Beschluß des Politischen Beratenden Ausschusses der Staaten des Warschauer Vertrages zur Sicherung des europäischen Friedens, zum Schutze der Deutschen Demokratischen Republik und im Interesse der Sicherheit der Staaten des sozialistischen Lagers folgende Maßnahmen:

Zur Unterbindung der feindlichen Tätigkeit der revanchistischen und militaristischen Kräfte Westdeutschlands und Westberlins wird eine solche Kontrolle an den Grenzen der Deutschen Demokratischen Republik einschließlich der Grenze zu den Westsektoren von Groß-Berlin eingeführt, wie sie an den Grenzen jedes souveränen Staates üblich ist. Es ist an den Westberliner Grenzen eine verläßliche Bewachung und eine wirksame Kontrolle zu gewährleisten, um der Wühltätigkeit den Weg zu verlegen. Diese Grenzen dürfen von Bürgern der Deutschen Demokratischen Republik nur noch mit besonderer Genehmigung passiert werden. Solange Westberlin nicht in eine entmilitarisierte neutrale Freie Stadt verwandelt ist, bedürfen Bürger der Hauptstadt der Deutschen Demokratischen Republik für das Überschreiten der Grenzen nach Westberlin einer besonderen Bescheinigung. Der Besuch von friedlichen Bürgern Westberlins in der Hauptstadt der Deutschen Demokratischen Republik (das demokratische Berlin) ist unter Vorlage des Westberliner Personalausweises möglich. Revanchepolitikern und Agenten des westdeutschen Militarismus ist das Betreten der Hauptstadt der DDR (demokratisches Berlin) nicht erlaubt. Für den Besuch von Bürgern der westdeutschen Bundesrepublik im

ERKLÄ

der Regierunge

Vertrag

Die Regierungen der Teilnehmerstaaten des Warschau
Vertrages streben bereits seit mehreren Jahren nach ein
Friedensregelung mit Deutschland. Sie gehen dabei dav
aus, daß diese Frage längst spruchreif ist und keinen we
teren Aufschub duldet. Wie bekannt, hat die Regieru
der UdSSR mit vollem Einverständnis und voller Unte
stützung aller Staaten, die der Warschauer Vertragsorg
nisation angehören, den Regierungen der Länder, die a
Krieg gegen das hitlerfaschistische Deutschland teilna
men, den Vorschlag gemacht, mit den beiden deutsche
Staaten einen Friedensvertrag abzuschließen und auf di
ser Grundlage die Frage Westberlin durch die Verleihu
des Status einer entmilitarisierten Freien Stadt zu löse
Dieser Vorschlag berücksichtigt die reale Lage, die sich
der Nachkriegszeit in Deutschland und in Europa herau
gebildet hat. Er ist nicht gegen irgendwessen Interess
gerichtet und hat nur den Zweck, die Überreste des zwe
ten Weltkrieges zu beseitigen und den Weltfrieden
festigen.

Die Regierungen der Westmächte haben sich bisher nic
bereit gezeigt, durch Verhandlungen aller interessiert
Länder zu einer vereinbarten Lösung zu kommen. Me
noch: Die Westmächte beantworten die von Friedensli
getragenen Vorschläge der sozialistischen Länder mit ve
stärkten Kriegsvorbereitungen, mit der Entfachung ein
Kriegshysterie und mit der Androhung militärischer G
walt. Offizielle Vertreter einer Anzahl von NATO-Lände
haben eine Verstärkung ihrer Streitkräfte und Pläne ein
militärischen Teilmobilmachung bekanntgegeben. In ein
gen NATO-Ländern wurden sogar Pläne einer militär
schen Invasion des Hoheitsgebietes der DDR veröffentlic

Die aggressiven Kräfte machen sich das Fehlen ein
Friedensvertrages zunutze, um die Militarisierung Wes
deutschlands zu forcieren und in beschleunigtem Tem
die Bundeswehr zu verstärken, wobei sie diese mit d
modernsten Waffen ausrüsten. Die westdeutschen Reva
chisten fordern offen, daß ihnen Kern- und Raketenwaff
zur Verfügung gestellt werden. Die Regierungen der Wes

DIE BERLINER MAUER

Geschichte eines politischen Bauwerks

Thomas Flemming Dokumentation Berliner Mauer-Archiv: **Hagen Koch**

ıller Länder, vereinigt euch!

LAND

ARTEI DEUTSCHLANDS

Berliner Ausgabe / Einzelpreis 15 Pf

RUNG

der Warschauer

staaten

ogenen werden in die Bundeswehr gepreßt, sie werden großem Umfang für Spionageorgane verschiedener Län- r angeworben, worauf sie als Spione und Sabotageagen- n wieder in die DDR geschickt werden. Für derartige versionstätigkeit gegen die Deutsche Demokratische Re- blik und die anderen sozialistischen Länder ist sogar ein nderfonds gebildet worden. Der westdeutsche Kanzler denauer hat unlängst die NATO-Regierungen aufgefor- rt, diesen Fonds zu vergrößern.

Es ist charakteristisch, daß sich die von Westberlin aus- hende Wühltätigkeit in letzter Zeit verstärkt hat, und var gerade nachdem die Sowjetunion, die DDR und die deren sozialistischen Länder Vorschläge für eine unver- gliche Friedensregelung mit Deutschland gemacht haben. ese Wühltätigkeit schädigt nicht nur die Deutsche Demo- atische Republik, sondern berührt auch die Interessen r anderen Länder des sozialistischen Lagers. Angesichts r aggressiven Bestrebungen der reaktionären Kräfte der ındesrepublik und ihrer NATO-Verbündeten können die arschauer Vertragsstaaten nicht umhin, die erforder- hen Maßnahmen zu treffen, um ihre Sicherheit und vor em die Sicherheit der Deutschen Demokratischen Repu- k im Interesse des deutschen Volkes selbst zu gewähr- sten.

Die Regierungen der Warschauer Vertragsstaaten wen- n sich an die Volkskammer und an die Regierung der DR, an alle Werktätigen der Deutschen Demokratischen epublik mit dem Vorschlag, an der Westberliner Grenze ne solche Ordnung einzuführen, durch die der Wühltätig- it gegen die Länder des sozialistischen Lagers zuverlässig r Weg verlegt und rings um das ganze Gebiet West- rlins, einschließlich seiner Grenze mit dem demokrati- en Berlin, eine verläßliche Bewachung und eine wirk- me Kontrolle gewährleistet wird. Selbstverständlich wer- n diese Maßnahmen die geltenden Bestimmungen für

be.bra verlag
berlin.brandenburg

Dank Bei der Arbeit an vorliegender Darstellung der Mauer-Geschichte habe ich vielfältige Unterstützung erfahren. Für zahlreiche Hinweise danke ich vor allem Michael W. Wolff und Wolfgang Rathje. Letzterer arbeitet an einer Dissertation über den Ausbau des Grenzregimes und gewährte mir Einblick in seine umfangreiche Aktenauswertung. Im Bundesarchiv, Außenstelle Dahlwitz-Hoppegarten, war mir Volker Ernst bei der Auffindung zentraler Dokumente sehr behilflich. Fachkundige Unterstützung erhielt ich auch von Mitarbeitern der Stiftung Archiv der Parteien und Massenorganisationen der DDR (SAPMO) im Bundesarchiv, Berlin, sowie im Berliner Landesarchiv. Das Abfassen des Textes hat Gabriele Dietz vom be.bra Verlag mit großer Kompetenz und Geduld begleitet. Das Register erstellte Harald Engler.

Ein besonderer Dank gilt Hagen Koch, der umfangreiches Material zur Verfügung stellte und bei vielen Einzelfragen Auskunft geben konnte. Das von ihm aufgebaute private Mauer-Archiv enthält zahlreiche Materialien, die ohne seine Aktivitäten in den Wirren der »Wende-Zeit« verschwunden bzw. buchstäblich auf dem Müll gelandet wären. Als früherer DDR-Offizier verfügt er über detaillierte Kenntnisse von Mauer und Grenzregime. Seine Auseinandersetzung mit der eigenen Vergangenheit besteht u. a. darin, die Erinnerung an die Mauer, an Täter und Opfer wachzuhalten.

Die Darstellung der Mauer-Geschichte einschließlich aller Wertungen und Gewichtungen verantworte ich.

Berlin, im Juni 1999 *Thomas Flemming*

Zehdenicker Straße 1, 10119 Berlin
http://www.bebra.de
bebraverlag@t-online.de
Lektorat Gabriele Dietz, Berlin
Bildredaktion Gabriele Dietz/Th. Flemming
Gestaltung Iris Farnschläder, Kassel
(*Umschlagfoto* Landesbildstelle, Berlin)
Schriften Excelsior und Folio
Lithografie Bildpunkt, Berlin
Druck und Bindearbeiten Stürtz, Würzburg
ISBN 3-930863-48-0

CIP-Kurztitelaufnahme
der Deutschen Bibliothek
Die Berliner Mauer :
Geschichte eines politischen Bauwerks /
Thomas Flemming/Hagen Koch. -
Berlin : be.bra-Verl., 1999
ISBN 3-930863-48-0

Wir danken für Abdruck-Genehmigungen:
Basis Druck Berlin für Zitate aus »Halt! Grenzgebiet! Leben im Schatten der Mauer« von Thomas Scholze und Falk Blask
Brandenburgisches Verlagshaus für Passagen aus »Ausgegrenzt. Der Fall der DDR-Grenztruppen« von Volker Koop
Ch. Links Verlag für Passagen aus »Geisterbahnhöfe« von Christoph Links, Heinz Knobloch und Thomas Wenzel; aus »Chronik des Mauerfalls« von Hans-Hermann Hertle; aus »Die Grenze. Ein deutsches Bauwerk« von Jürgen Ritter und Peter Joachim Lapp
GEV Verlag für eine Passage aus »Züge durch Mauer und Stacheldraht« von Bernd Kuhlmann
Verlag Kiepenheuer & Witsch für Verse aus »Deutschland. Ein Wintermärchen« von Wolf Biermann
Luchterhand Literaturverlag für eine Passage aus »Was bleibt« von Christa Wolf
S. Fischer Verlag für Passagen aus »Vierzig Jahre« von Günter de Bruyn
Suhrkamp Verlag für eine Passage aus »Renegatentermine« von Uwe Kolbe
Ullstein Verlag für eine Passage aus »Berliner Stadtbahnbilder« von Alfred Behrens und Volker Noth
und *Klaus Schlesinger* für eine Passage aus seinem Buch »Am Ende der Kindheit«.

INHALT

EINE MAUER DURCH BERLIN

Die Grenze wird dichtgemacht

Um 1.11 Uhr unterbricht der Ost-Berliner Rundfunk seine »Melodien zur Nacht« für eine Sondermeldung: *»Die Regierungen der Warschauer Vertragsstaaten wenden sich an die Volkskammer und an die Regierung der DDR mit dem Vorschlag, an der Westberliner Grenze eine solche Ordnung einzuführen, durch die der Wühltätigkeit gegen die Länder des sozialistischen Lagers zuverlässig der Weg verlegt und rings um das ganze Gebiet Westberlins eine verläßliche Bewachung gewährleistet wird.«*[1]

Die geschraubte Erklärung hat eine klare Bedeutung: West-Berlin wird abgeriegelt. Aber wer hört im Westen schon SED-Funk ...

Es ist Sonntag, der 13. August 1961. Am Brandenburger Tor gehen um 1.05 Uhr plötzlich die Lichter aus. Bewaffnete DDR-Grenzpolizisten und Angehörige der Kampfgruppen ziehen auf und postieren sich an der innerstädtischen Demarkationslinie. Im Scheinwerferlicht von Militärfahrzeugen reißen sie das Straßenpflaster auf und errichten Stacheldrahtbarrieren. An vielen Stellen in und um Berlin die gleichen Szenen: Grenzpolizisten, Schützenpanzer, Stacheldraht, Betonpfähle.

Der Westen ahnt zu diesem Zeitpunkt noch nichts von der dramatischen Entwicklung an den Sektorengrenzen. Im Lagezentrum der West-Berliner Polizei am Tempelhofer Damm richtet sich Oberkommissar Hermann Beck auf einen Routinedienst ein. Seit Schichtbeginn um 17.30 Uhr hat es keine besonderen Vorkommnisse gegeben. »Hilflose Person am Bahnhof Zoo«, »Angetrunkene Halbstarke am Wittenbergplatz«. Das Übliche eben in einer Berliner Samstagnacht.

Gegen 2.00 Uhr kommt eine Meldung, mit der Beck zunächst nichts anzufangen weiß. Irritiert trägt er ins Wachbuch ein: »13. 8. 1961, 1.54 Uhr. Polizeirevier Spandau teilt mit, daß der S-Bahn-Zug aus Richtung Staaken in Richtung Berlin auf

13. August 1961: Eine Sperre aus Kampfgruppen-Angehörigen am Brandenburger Tor.

sowjetzonales Gebiet zurückgeführt wurde. Die Fahrgäste mußten aussteigen und erhielten ihr Fahrgeld zurück.« Nur eine Minute später ein weiterer Anruf, aus Wedding: »1.55. Einstellung des S-Bahn-Verkehrs am Bahnhof Gesundbrunnen in beiden Richtungen.« Nun geht es Schlag auf Schlag. Auch Schönholz, Wannsee, Stahnsdorf melden die Unterbrechung des S-Bahn-Verkehrs.[2]

Die ab 2.20 Uhr in kurzer Folge einlaufenden Meldungen werden immer bedrohlicher: »15 Militärlastwagen mit Vopos an der Oberbaumbrücke«. »Panzerspähwagen an der Sonnenallee«. »Am Brandenburger Tor hunderte Vopos und Grenzer mit Maschinenpistolen«. Beck gerät an den Rand einer Panik. Ist das der immer wieder befürchtete Angriff auf West-Berlin? Soll er jenen versiegelten Umschlag aus dem Panzerschrank holen und den geheimen Alarmplan für die Verteidigung von West-Berlin auslösen, der die westlichen Hauptstädte binnen weniger Minuten in Aufruhr versetzen würde? Eine viertel Stunde lang ringen Beck und sein mittlerweile eingetroffener Vorgesetzter Günter Dittmann um die folgenschwere Entscheidung. Als bis 2.45 Uhr in den telefonischen Lageberichten weiterhin von »Truppenansammlungen« und »Absperrungen« die Rede ist, nicht aber vom »Vorrücken auf West-Berliner Gebiet«, entschließen sie sich, erst einmal »kleinen Alarm« (Alarmstufe E1) zu geben.[3]

Sämtliche 13 000 West-Berliner Polizisten werden in dieser Nacht aus dem Schlaf geklingelt. An den Sektorengrenzen erwartet sie immer das gleiche Bild: Volkspolizei und Grenzpolizisten reißen das Straßenpflaster auf und entrollen Stacheldraht. Betriebskampfgruppen und Grepos haben an der Demarkationslinie Aufstellung genommen und blicken starr nach Westen. Ein ehemaliger Polizeihauptmann über die dramatischen Augenblicke am Brandenburger Tor: »Wir haben erst gedacht, die überrennen uns und marschieren in West-Berlin ein, aber die blieben auf den Zentimeter genau an der Sektorengrenze stehen.«[4]

Schützenpanzer der DDR-Volkspolizei sind am Brandenburger Tor in Stellung gegangen.

Es ist eine generalstabsmäßig geplante und ausgeführte Aktion, die von einem im Westen kaum bekannten SED-Funktionär geleitet wird – Erich Honecker. Bei dem 49jährigen Sekretär des Nationalen Verteidigungsrates laufen in dieser Nacht alle Fäden zusammen. Sein Lagezentrum befindet sich im Polizeipräsidium am Alexanderplatz, wo er über Telefon und durch Kuriere laufend Berichte zum Fortgang der Sperrmaßnahmen entgegennimmt und Anweisungen an die Kommandeure ausgibt. Honecker hält es jedoch nicht in seiner Leitstelle. Unvermittelt taucht er an mehreren Grenzabschnitten auf, um sich selbst ein Bild zu machen. An der Absperrung von West-Berlin sind in dieser Nacht unmittelbar rund 10 500 Einsatzkräfte von Volks- und Grenzpolizei und Angehörige der Kampfgruppen beteiligt. Hinzu kommen mehrere Hundert Stasi-Mitarbeiter sowie zwei motorisierte Schützendivisionen der NVA (zusammen rund 8 000 Mann), die allerdings Befehl haben, sich der Grenze in einer »zweiten Sicherungsstaffel« nur bis auf 1 000 Meter zu nähern.[5]

Alles verläuft nach Plan. Von den 81 Straßenübergangsstellen sind nur noch 12 passierbar, der Rest mit Stacheldraht abgesperrt. Der S- und U-Bahn-Verkehr zwischen beiden Teilen Berlins sowie ins Umland ist unterbrochen. Am 23. August wird die Zahl der Grenzübergänge auf sieben reduziert: Friedrichstraße, Bornholmer Straße, Chausseestraße, Invalidenstraße, Heinrich-Heine-Straße, Oberbaumbrücke, Sonnenallee und Friedrichstraße/Zimmerstraße (Checkpoint Charlie).

Walter Ulbricht hat sein politisches Ziel erreicht. Der Fluchtweg über die Berliner Sektorengrenze, auf dem in den vergangenen Jahren mehr als 1,6 Millionen DDR-Bürger in den Westen gegangen waren, ist versperrt. Es hatte den SED-Chef in den vergangenen Monaten und Tagen einige Mühen gekostet, den sowjetischen Partei- und Staatschef Chruschtschow und die anderen Ostblock-Führer davon zu überzeugen, daß nur die Abriegelung von West-Berlin den Flüchtlingsstrom stoppen und ein »Ausbluten« der DDR verhindern könne. Am 12. August 1961 gegen 16.00 Uhr unterzeichnet Ulbricht die entsprechenden Befehle. An Paul Verner, Erster Sekretär der SED-Bezirksleitung, ergeht der Befehl, alle drei Stunden Meldung über die Lage zu machen; »erste Meldung am 13.8.1961, 5.00 Uhr.«[6] Die Operation nimmt ihren Lauf.

Am Abend des 12. August hat Ulbricht noch eine letzte Unterredung mit dem sowjetischen Botschafter Perwuchin. Dieser hegt zwar eine Abneigung gegen den SED-Chef, sagt ihm allerdings seine volle Unterstützung für die bevorstehenden Maßnahmen zu. Wie immer man zueinander stehe, nun werde die Lage kritisch. »Wenn etwas schiefgeht, reißt man uns beiden den Kopf ab.«[7]

Die Stabsstelle der Nationalen Volksarmee, welche die Sperrmaßnahmen militärisch abzusichern hat, allerdings nicht in vorderster Linie erscheinen soll, befindet sich in jenen Tagen in Schloß Wilkendorf östlich von Berlin. Dort erfolgt am 12. August die Einweisung der bis dahin ahnungslosen NVA-Kommandeure durch Verteidigungsminister Heinz Hoffmann. Um 20.00 Uhr ergeht an sie der Befehl, »die bewaffneten Kräfte des Ministeriums des Innern bei der Sicherung der Sektorengrenzen und am Außenring von Westberlin zu unterstützen. Die Truppenteile der Nationalen Volksarmee bilden in den befohlenen Abschnitten mit Kräften der 1. und 8. MSD (motorisierte Schützendivision, d. Verf.) eine zweite Sicherungsstaffel in einer Tiefe von ca. 1 000 m von der Grenze.«[8]

SED-Führung und NVA-Oberkommando wollen in dieser höchst brisanten Lage bei aller Entschlossenheit offenkundig eine militärische Eskalation, etwa durch unbedachtes Handeln untergeordneter Kommandeure, unbedingt vermeiden. In diesem Sinne befiehlt Verteidigungsminister Hoffmann weiter: »Die Anwendung der Schußwaffe ist kategorisch verboten und erfolgt nur auf meinen Befehl. Die Munition in den Panzern ist zu versiegeln. Die Infanterie-Munition ... und Platzpatronen ist kompanieweise in versiegelten Kisten mitzuführen. ... Scharfe Munition erhalten nur Wachen und Streifen.«[9]

Für die sowjetischen Truppen um Berlin (Gruppe der Sowjetischen Streitkräfte in Deutschland, GSSD) gilt in jener Nacht Alarmstufe 1. Doch sollen sie bei der gesamten Operation nach Möglichkeit überhaupt nicht in Erscheinung treten.[10]

Ulbricht und Honecker haben bei den Vorbereitungen der Grenzschließung fast alle Führungskräfte in Partei und Staat übergangen. Auch die Vorsitzenden der sogenannten Blockparteien (CDU, LDPD, NDPD, DBD) sind ahnungslos, als sie am Abend des 12. August auf Einladung von Ulbricht in dessen Sommerresidenz nach Groß-Dölln 75 Kilometer nördlich von Berlin zum Essen kommen. Unter den Anwesenden befinden sich auch Ministerpräsident Willi Stoph und der Ost-Berliner Oberbürgermeister Friedrich Ebert. Erst gegen 22.00 Uhr wird den einigermaßen verblüfften Gästen mitgeteilt, daß die Schließung der Sektorengrenze zu West-Berlin unmittelbar bevorstehe. Bezeichnend für die östliche Geheimhaltungspraxis in diesen Tagen ist, daß auch über diese Zusammenkunft keine schriftlichen Aufzeichnungen gemacht werden.[11]

Es ist eine warme Augustnacht nach einem heißen Samstag. Um 2.30 Uhr erhält Allan Lightner, oberster Vertreter der US-Regierung in Berlin, telefonisch die Information über die Sperrung der Sektorengrenze – und legt sich wieder schlafen. Man solle ihn wecken, sobald es neue Entwicklungen gebe. Der CIA-Mitarbeiter John Kenney erfährt um 3.30 Uhr über eine Radiomeldung des Rias, daß die Grenze geschlossen ist. Als er wenig später im CIA-Hauptquartier in Dahlem eintrifft, erwartet er eigentlich hektisches Treiben. Doch im ganzen Gebäude ist es ruhig, von Alarmstimmung keine Spur.

Unterdessen hat Richard Smyser, Mitarbeiter der US-Mission, vom diensthabenden Offizier den Auftrag erhalten, sich in Berlin »umzusehen«. Gegen 3.30 Uhr trifft er am Potsdamer Platz ein. Von den dort postierten Grenzpolizisten verlangt er Auskünfte über das Geschehen – und freie Durchfahrt. Nach kurzem Wortwechsel wird tatsächlich der Stacheldraht beiseitegeschoben, so daß Smyser mit seinem Auto passieren kann. Auf den dämmrigen Straßen Ost-Berlins sieht er Militärfahrzeuge, Schützenpanzer und LKW mit Stacheldraht und Betonpfählen; aber er sieht keinen einzigen sowjetischen Panzer.[12] Auch ein britischer Offizier hat sich Zugang nach

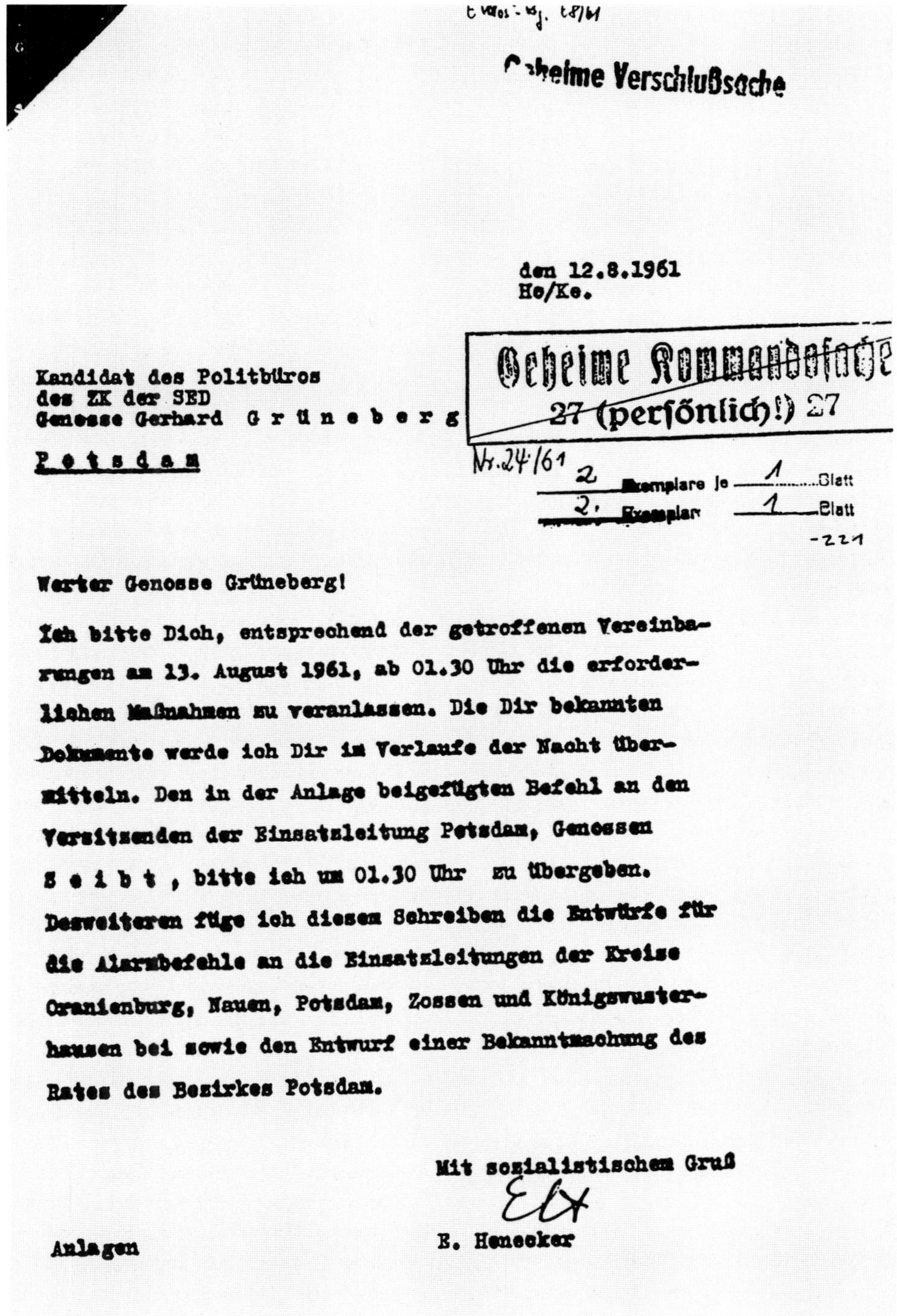
Geheime Verschlußsache

den 12.8.1961
Ho/Ke.

Kandidat des Politbüros
des ZK der SED
Genosse Gerhard G r ü n e b e r g

P o t s d a m

Geheime Kommandosache
27 (persönlich!) 27

Nr. 24/61
2 Exemplare je 1 Blatt
2. Exemplar 1 Blatt
-221

Werter Genosse Grüneberg!

Ich bitte Dich, entsprechend der getroffenen Vereinbarungen am 13. August 1961, ab 01.30 Uhr die erforderlichen Maßnahmen zu veranlassen. Die Dir bekannten Dokumente werde ich Dir im Verlaufe der Nacht übermitteln. Den in der Anlage beigefügten Befehl an den Vorsitzenden der Einsatzleitung Potsdam, Genossen S e i b t , bitte ich um 01.30 Uhr zu übergeben. Desweiteren füge ich diesem Schreiben die Entwürfe für die Alarmbefehle an die Einsatzleitungen der Kreise Oranienburg, Nauen, Potsdam, Zossen und Königswusterhausen bei sowie den Entwurf einer Bekanntmachung des Rates des Bezirkes Potsdam.

Mit sozialistischem Gruß

E. Honecker

Anlagen

Die Uhr tickt. Am 12. August 1961 löst Honecker die Befehlskette für die Grenzsperrung aus.

Ost-Berlin verschafft, wo er dieselben Beobachtungen macht – Vopos, Militärlastwagen, Schützenpanzer, aber keine Russen.

In Washington treffen die ersten Nachrichten aus Berlin kurz nach 5.00 Uhr MEZ (gegen Mitternacht Ortszeit) ein. Als erster wird John Ausland, Mitarbeiter der Berlinabteilung im US-Außenministerium, informiert. Er hört sich den Telefonbericht an und geht wieder zu Bett. Vier Stunden später erhält er ein CIA-Telegramm aus Berlin, welches das Code-Wort zur sofortigen Unterrichtung des Präsidenten enthält. Nun eilt Ausland ins State Departement und sucht in den Unterlagen hektisch nach Plänen für den vorliegenden Fall. Nach längerem Suchen findet er endlich einen Ordner mit der entsprechenden Aufschrift »Border closure« – er ist leer.[13]

US-Präsident Kennedy wird um 12.30 Uhr Ortszeit an Bord seiner Yacht in Hyannis Port, dem Familiensitz in Massachusetts, in Kenntnis gesetzt. Er ist zunächst ungehalten, erst jetzt von den Berliner Ereignissen zu erfahren, beruhigt sich jedoch rasch. Mit Außenminister Dean Rusk entwirft er eine Presseerklärung und sagt dann: »Ich gehe jetzt segeln. Gehen Sie wie geplant zu Ihrem Baseball-Spiel.«[14] In der Presseerklärung heißt es: »Die Absperrung Ost-Berlins ist eine für alle Welt sichtbare Niederlage des kommunistischen Systems. Das ostdeutsche Ulbricht-Regime ist für die unmenschliche Einsperrung der eigenen Landsleute vor aller Welt verantwortlich.«[15]

In Berlin reibt sich mancher die Augen. Keine Rede von Gegenmaßnahmen, keine konkreten Forderungen, kein Ultimatum. In all die Wut und die Ängste mischt sich Enttäuschung, und zwar über die Westalliierten.

Auch in Paris und London bleibt es an diesem Sonntag ruhig. Präsident Charles de Gaulle erholt sich weiter in seinem Heimatort Colombey-les-deux-Eglises; der britische Premier Harold Macmillan läßt sich nicht bei der Jagd in Schottland stören.

In vertraulicher Runde macht Kennedy aus seiner Erleichterung über die Entwicklung keinen Hehl. »Chruschtschow hätte doch keine Mauer bauen lassen, wenn er wirklich West-Berlin will. Wenn er die ganze Stadt besetzt, dann braucht er keine Mauer. ... Keine besonders angenehme Lösung, aber eine Mauer ist verdammt noch mal besser als ein Krieg.«[16] Zudem waren die »drei Essentials« der amerikanischen Berlin-Politik gewahrt – 1. Präsenz der Westalliierten in Berlin, 2. freie Zugangswege, 3. Selbstbestimmungsrecht der West-Berliner. Für Washington bestand somit wenig Anlaß zu energischem Handeln.[17] Gegenüber seinem Vertrauten Kenneth O'Donnell gibt Kennedy, den das Berlin-Problem in den vergangenen Monaten stark belastet hat, seine Erleichterung deutlich zu erkennen: »Die anderen sind in Panik geraten – nicht wir. Wir werden jetzt nichts tun, weil es keine Alternative gibt außer Krieg. Es ist vorbei, sie werden Berlin nicht überrollen.«[18]

In West-Berlin sieht man die Dinge an diesem 13. August völlig anders.

Der Regierende Bürgermeister Willy Brandt befindet sich nicht in der Stadt, sondern in einem Wahlkampfsonderzug auf der Fahrt von Nürnberg nach Berlin. Brandt ist SPD-Kanzlerkandidat für die im September 1961 anstehenden Bundestagswahlen. Um 4.30 Uhr wird er von Heinrich Albertz, dem Chef der Senatskanzlei, geweckt. Mit dem ersten Flugzeug kehrt Brandt nach Berlin zurück. »Am Flughafen Tempelhof empfingen mich Albertz und Polizeipräsident Stumm. Wir fuhren zum Potsdamer Platz und ans Brandenburger Tor und sahen überall das gleiche Bild: Bauarbeiter, Hindernisse, Betonpfähle, Stacheldraht, Militärs der DDR. Im Rathaus Schöneberg entnahm ich den Meldungen, daß rings um die Stadt sowjetische Panzer in Bereitschaft gegangen seien und Walter Ulbricht den mauerbauenden Einheiten bereits gratuliert habe ...«[19] Wut und Zorn empfindet er an diesem Morgen und Besorgnis über eine mögliche Eskalation der Lage.

Noch am Vormittag fährt Brandt zu den westlichen Stadtkommandanten in den Villenvorort Dahlem. Er fragt eindringlich, was die Westalliierten zu tun gedächten, und erntet zunächst betretenes Schweigen. In wachsender Erregung fordert der Regierende Bürgermeister wenigstens einen scharfen Protest in Moskau und fügt hinzu: »Schickt mindestens sofort Patrouillen an die Sektorengrenze, um dem Gefühl der Unsicherheit zu begegnen und den West-Berlinern zu zeigen, daß sie nicht gefährdet sind!«[20] Das immerhin veranlassen die drei Stadtkommandanten. Ansonsten sehen sie wenig Grund zu Aktivitäten, zumal sie auf Instruktionen aus ihren Hauptstädten warten. Vom passiven Verhalten der westlichen Stadtkommandanten ist Willy Brandt maßlos enttäuscht. »Selten habe ich Brandt so vor Wut bebend erlebt wie nach der Rückkehr von dem Gespräch mit den drei westlichen Kommandanten...«[21], schreibt sein langjähriger Vertrauter Egon Bahr.

Bundeskanzler Konrad Adenauer wird noch in der Nacht zum 13. August über die Abriegelung West-Berlins informiert. Zwar protestiert er in scharfen Worten gegen die Sperrmaßnahmen des SED-Regimes, sieht aber zu konkretem Handeln weder Anlaß noch Möglichkeit. Die Deutschen und vor allem die Berliner ruft er auf, den Westalliierten auch in dieser schwierigen Lage zu vertrauen. Ansonsten setzt Adenauer seine Wahlkampfreisen durch Westdeutschland fort, was ihm von den Berlinern sehr verübelt wird. Als er am 22. August – viel zu spät nach dem Empfinden der Menschen in der Stadt – nach West-Berlin kommt, schlägt ihm eine kühle, fast ablehnende Atmosphäre entgegen.

In der West-Berliner Bevölkerung verbreitet sich das Gefühl, im Stich gelassen zu werden. »Der Westen tut nichts« titelt die Bild-Zeitung am 16. August und bringt damit die Gefühle einer halben Stadt zum Ausdruck. Bei den Menschen wachsen Enttäuschung über die Westalliierten und Angst vor weiteren Aggressionen aus dem Osten. In dieser Situation entschließt sich Brandt zu einem ungewöhnlichen Schritt: Er schickt – unter Umgehung des US-Stadtkommandanten – ein Telegramm an US-Präsident Kennedy. Darin hält er den Amerikanern ihre zögerliche Haltung vor, die geeignet sei, bei der West-Berliner Bevölkerung »Zweifel in die Reaktionsfähigkeit und Entschlossenheit der drei Mächte zu wecken.« Könne es der Westen einfach so hinnehmen, daß z.B. der Viermächte-Status Berlins in so eklatanter Weise beschädigt wird? In fast undiplomatischer Direktheit fordert der Regierende Bürgermeister vom Westen Aktionen. »1. Untätigkeit und reine

17. August 1961 Berliner Zeitung Seite 3

Mittwoch, 16. August 1961 · 15 Pf

Bild Zeitung

Unabhängig · Überparteilich

Berliner Illustrierte Nachtausgabe

Der Osten handelt – was tut der Westen?

... denn Zigarren raucht der Mann

Der Westen tut NICHTS!

Enttäuscht

Der Osten hat gehandelt. Der Osten handelt noch.

US-Präsident Kennedy schweigt...

Macmillan geht auf die Jagd...

...und Adenauer schimpft auf Brandt

Lesen Sie die Berichte auf den Seiten 2, 3, 4 und

„BZ"-Kommentar

Die Kriegstreiber isolieren sich

„Enttäuscht. – Der Osten hat gehandelt. Der Osten handelt noch." So beginnt das Massenblatt des Springer-Konzerns sein Klagelied. „Wir sind enttäuscht." So endet es an dieser Stelle jener Seite 1.

Enttäuscht und ungeheuer wütend zugleich sind die Kriegstreiber. Worüber? Darüber, daß ihr Westberlin-Programm gescheitert ist. Der „politische Lebenszweck" Westberlins sei verlorengegangen, schreibt die bürgerliche „Stuttgarter Zeitung" völlig einleuchtend.

Dieser „Lebenszweck", der nichts – aber auch gar nichts – mit den Interessen der friedlichen Westberliner zu tun hatte, bestand darin, Störzentrum gegen die DDR, gegen das ganze sozialistische Lager zu sein. Das haben Brandt und Konsorten oft genug deutlich gesagt. Das wollten sie in diesen Wochen auf die Spitze treiben.

Nun ist es aus mit der Menschenfängerei, mit dem Kinderraub, mit der Vergiftung unserer Jugend in den Grenzkinos, mit der 1:4-Korruption und was noch alles zum Frontstadt-Lebenszweck gehörte. Die DDR hat auf Empfehlung ihrer Partner des Warschauer Vertrages das Störzentrum dicht gemacht. Klappe zu – Affe dot, so sagt der Berliner. Herr Brandt, Sie sind damit gemeint!

Und was sich Herr Brandt als Antwort auf unsere Schutzmaßnahmen wünscht, den Gipfel der Scharfmacherei nämlich, das kommt nicht zustande. Es kommt nicht zustande, weil die Berechtigung unserer Vorkehrungen bei allen klardenkenden Politikern im Ausland erkannt worden ist; weil die Stärke des sozialistischen Lagers, das hinter unseren Maßnahmen steht, offenbar erkannt wird.

Und Brandts Scharfmacher-Forderungen verhallen, weil kein Engländer, kein Franzose und Italiener, kein Amerikaner oder Kanadier für eine Handvoll Westberliner Militaristen die Kastanien aus dem Feuer holen will. Millionen Menschen aus allen Klassen und Schichten auch der imperialistischen Staaten, vor allem aber die Arbeiterklasse dort, verstehen und billigen unser Vorgehen gegen die Friedensstörer.

Sehen Sie sich die drei Köpfe an, die „Bild" zeigt, und die fetten Zeilen dazu – dann können Sie sich denken, wie die Kriegstreiber enttäuscht sind und warum. Sogar von denen, die sie (fälschlich oder zu recht) für die eigenen Leute halten, isoliert zu sein, ist eine harte Nuß. Wohl darum hat „Bild" um seine Seite einen Stacheldraht montiert. Der paßt ganz gut ...

Maßlos enttäuscht schließlich sind jene Scharfmacher, weil die große Mehrheit unserer Bevölkerung hinter der Partei der Arbeiterklasse, hinter der Regierung der Deutschen Demokratischen Republik und ihren Maßnahmen steht, ja sie aktiv unterstützt.

Bleibt noch zu sagen: Eine solche Enttäuschung für die Militaristen ist uns ein Hochgenuß. Das Zeitalter des Sozialismus ist seit vielen Jahrzehnten voll von dergleichen Enttäuschungen und Schlägen gegen die imperialistischen Scharfmacher. Daß sie sich hiermit nicht abfinden wollen, ist ihre Sache. Daß sie sich damit abfinden müssen und immer neue Enttäuschungen erleben, ist unsere Sache.

Dr. A.

Liebe Leser

DER

Berliner Zeitung

Wir erlauben uns, Ihnen hier in Originalgröße die gestrige Seite 1 der „Bild"-Zeitung zu präsentieren. Sie erscheint in Hamburg und Westberlin,

Platzverschwendung – werden Sie vielleicht sagen. Nun ja, wir haben einige Manuskripte zurückgestellt, die uns sehr am Herzen liegen.

Beispielsweise aus der Fülle der Zustimmungserklärungen, der Berichte von guten Taten, mit denen die Werktätigen unserer Republik auf die Schutzmaßnahmen ihrer Regierung antworten.

Diese Dokumente eines weiteren Schrittes in die neue Zeit, der Schritte zu einem sauberen Berlin, des Wachstums unserer Menschen haben wir sehr ungern zurückgestellt.

Aber wir meinen, daß diese Seite 1 aus „Bild" für manche unserer Bürger, die noch nicht ganz mit der Zeit gewachsen sind, interessant sein könnte.

Besonders denken wir an einige Grenzgänger, die bisher dergleichen Zeitungen zu lesen und sogar mitzubringen pflegten. Diese Bürger unseres Staates haben nun keine Gelegenheit mehr dazu. Wir verschaffen sie ihnen heute.

Es könnte nämlich sein, daß diese Bürger zur Zeit noch geneigt sind, „ihrer" bisherigen Zeitung mehr Glauben zu schenken als unseren Argumenten. Mögen sie also lesen, wie „Bild" die Lage einschätzt.

Da unsere alten Leser eine Bemerkung zu dieser nicht alltäglichen Seite 1 eines Westblättchens erwarten dürften und unsere neuen Leser vielleicht das Bedürfnis haben, nun umzudenken, empfehlen wir den gegenüberstehenden BZ-Kommentar.

Triumphierend präsentiert die Ost-«Berliner Zeitung« ihren Lesern diese »Bild«-Titelseite.

Defensive könnten eine Vertrauenskrise zu den Westmächten hervorrufen. 2. Untätigkeit und reine Defensive könnten zu übersteigertem Selbstbewußtsein des Ostberliner Regimes führen ...«[22]

Bei Kennedy ruft das Schreiben Verärgerung hervor. Er will sich nicht vorschreiben lassen, was er zu tun oder zu lassen hat, macht Brandt allerdings einige Zusagen, was den Schutz West-Berlins und das Engagement der USA angeht. Daß ein energischeres Handeln des Westens dringend geboten ist, wird nicht zuletzt durch diesen Brief drei Tage nach Grenzsperrung immer deutlicher.[23]

Am Nachmittag des 16. August haben sich rund 300 000 West-Berliner vor dem Schöneberger Rathaus zu einer Protestkundgebung versammelt. Die Stimmung ist aufgeheizt. Auf Plakaten ist zu lesen: »Wir sind schutzbedürftig. Wo sind die Schutzmächte?« – »Genug der Proteste. Jetzt laßt Taten sprechen« – »Was muß noch geschehen, damit etwas geschieht?« – »Vom Westen betrogen«. Brandt steht vor einer überaus schwierigen Aufgabe. Einerseits muß er die Gefühle der Menschen ansprechen, andererseits verhindern, daß es zu einer Verschärfung der Lage und zu unbedachten Handlungen an den Sperranlagen kommt.[24]

Mit seiner Rede trifft er den richtigen Ton: »Die Sowjetunion hat ihrem Kettenhund Ulbricht ein Stück Leine gelassen. Sie hat ihm gestattet, seine Truppen einmarschieren zu lassen in den Ostsektor dieser Stadt. ... Die Proteste der drei westlichen Kommandanten waren gut, aber dabei allein darf es nicht bleiben!« An Funktionsträger und Militärs der DDR richtet er einen dringlichen Appell: »Laßt euch nicht zu Lumpen machen! Zeigt menschliches Verhalten, wo immer es möglich ist, und vor allem, schießt vor allem nicht auf eure Landsleute! ... Diese Stadt Berlin wünscht den Frieden, aber sie kapituliert nicht. ... Nachgeben und Beschwichtigen sind nur die Einladung zu neuen Übergriffen ... Berlin erwartet mehr als Worte, Berlin erwartet politische Aktionen ...«[25]

Protestkundgebung mit Willy Brandt am 16. August 1961 vor dem Schöneberger Rathaus.

Die Menschen jubeln. Sie sind dankbar für die deutlichen Worte. Sie sind in jenen Tagen dankbar für jede Ermutigung.

Unterdessen laufen in Washington alarmierende Berichte aus West-Berlin ein. Ein Mitarbeiter des State Departement telegrafiert: »Es besteht die Gefahr, daß jene leicht verderbliche Ware zerstört wird, die man Hoffnung nennt.«[26] Es steht zu befürchten, daß die Amerikaner durch Zurückhaltung ihren Kredit bei den Menschen in West-Berlin, ja in der ganzen Bundesrepublik verspielen. In dieser Lage entschließt sich Kennedy zu zwei symbolischen Aktionen. Er schickt 1500 GI's zur Verstärkung der US-Garnison über die Autobahn von Helmstedt nach Berlin, wo sie von der Bevölkerung stürmisch begrüßt werden. Und er entsendet seinen Vizepräsidenten Lyndon B. Johnson in die abgeriegelte Stadt. Als Johnson am 19. August auf dem Flughafen Tempelhof eintrifft, ist er überwältigt von dem triumphalen Empfang. Hunderttausende säumen die Straßen auf seiner Fahrt durch die Westsektoren. Unter dem Jubel von 300 000 Menschen versichert er vor dem Rathaus Schöneberg, daß die USA auch weiterhin die Freiheit West-Berlins und den ungehinderten Zugang zur Stadt garantieren werden.

Mit Johnson ist General Lucius D. Clay nach Berlin gekommen, der in der Stadt als Organisator der Luftbrücke von 1948/49 noch in bester Erinnerung ist. Clay ist als Vertreter einer unnachgiebigen Haltung gegenüber den Sowjets bekannt und mag durch seine bloße Anwesenheit zur Beruhigung der Bevölkerung beitragen. Ende Oktober 1961 schon wird seine Entschlossenheit besonders gefragt sein.

Die Lage in Ost-Berlin

Während die Bilder der Wut und des Protestes der West-Berliner um die Welt gehen, dringt über die Situation im Ost-Sektor kaum etwas nach außen. Die DDR-Medien verbreiten nur Propaganda-Meldungen. »Seit Sonntag stehen in Berlin Grenzpfähle«, heißt es am 17. August im »Neuen Deutschland«. »Die Bevölkerung der DDR schützt diese Pfähle, weil diese Pfähle der Bevölkerung der DDR den besten Schutz vor den westdeutschen Militaristen bieten. Die Störenfriede in Schöneberg und Bonn ereifern sich über diese Pfähle, weil ihnen diese Pfähle unmißverständlich die Grenzen ihrer Macht demonstrieren. Die Bevölkerung der DDR bekennt sich zu diesen Pfählen, weil diese Pfähle handfeste Garantien für eine friedliche und demokratische Wiedervereinigung sind.«[27] Dieselbe Zeitung drei Tage später unter der Überschrift »Die DDR rettete den Frieden«: »Jetzt sind die über Westberlin in die DDR greifenden Fangarme des militaristischen Ungeheuers abgehackt ...«[28] Vom »antifaschistischen Schutzwall« ist in diesen Tagen noch nicht die Rede – diese später zur verbindlichen Sprachregelung erhobene Bezeichnung der Mauer wurde erst Monate später geprägt.

Wie erleben die Menschen in Ost-Berlin die Abriegelung der Stadt? »Straßenbahnen fuhren vorbei, olivgrüne Militärlastwagen, auf denen Uniformierte saßen mit eisernen Mienen«, beschreibt der Schriftsteller Klaus Schlesinger rückblickend den 13. August. »An der Dimitroff sprang mir ein Transparent ins Auge, das weiß auf rot ›Alle Kraft zur Lösung der ökonomischen Hauptaufgabe‹ forderte ... Überall dasselbe Bild, Sperrketten bewaffneter Kampfgruppen und auf beiden Seiten Menschen. Ich ... lief instinktiv die Straßen in Grenznähe entlang ... überall Menschen vor bröckelnden Fassaden, Kopfschütteln und heftige Armbewegungen. An einer Ecke standen Frauen und sahen hinüber auf die andere Seite. Eine rief: Verwandte ersten Grades dürfen immer, Verwandte zweiten Grades nur auf Genehmigung!«[29]

Die DDR-Presse verbreitet nichts als Jubelmeldungen und Solidaritätsbekundungen. Das »Neue Deutschland«, 14. August: »Junge Eisenbahner an Walter Ulbricht: Gefahrenherd Westberlin austreten!« – »Wir können aufatmen« – »Wehe dem, der frech wird!« werden »Werktätige der DDR und ihrer Hauptstadt« zitiert.[30] Eine vergleichsweise differenzierte Darstellung findet sich am 15. August in der »Berliner Zeitung«: »Rund 30 Stunden sind vergangen, seit die Menschenhändler in Westberlin kalte Füße bekamen. In diesen Morgenstunden des Montag ist unser Berlin längst zur neuen Tagesordnung übergegangen. ... Und überall, wo sich die Werktätigen auf dem Weg zur Arbeit oder beim Umkleiden vor Schichtbeginn treffen, ist der Schlag gegen die Fronstadtleute, sind die Maßnahmen unserer Regierung gegen die Militaristen Hauptgespräch. ... ›Haste unsere Polizei und die Jungens von den Kampfgruppen gesehen – die sind richtig!‹ ... Hier und da auch eine besorgte Stimme: ›Hoffentlich bleibt alles ruhig ...‹ Und auch darauf gleich eine Antwort: ›Ist es ruhig zugegangen und ist es jetzt ruhig? Na siehste – und es bleibt ruhig. Die drüben haben gesehen, was bei uns Sache ist.‹«[31] Heute zugängliche Geheimberichte der SED-Kreisleitungen geben Einblick in die Stimmungslage der Ost-Berliner Bevölkerung unmittelbar nach der Grenzschließung. Diese »Informationsberichte« zeigen ein erstaunlich ungeschminktes Bild von den Reaktionen in den Stadtbezirken. Recht drastisch führen die zentral ausgewerteten und an Ulbricht weitergeleiteten Meldungen der SED-Führung vor Augen, was viele

Erweiterung des Grenzstreifens. Ausbau der Sperranlagen am Checkpoint Charlie im November 1961.

Das passierte, es war bitter

Dieter Breitenborn, Bildjournalist, Ost-Berlin

Ich erfuhr es aus den Nachrichten. Nachbarn klingelten und erzählten, daß die Grenze gesperrt war. Ich wohnte damals in Treptow. Wir haben dann einen Spaziergang gemacht, um zu gucken, wie das konkret aussieht, und sind runtergelaufen zur Elsenstraße, zur Wiener Brücke.

Ich war damals bei der »Neuen Zeit«, dem Zentralorgan der CDU, tätig. Das Verlagsgebäude lag am Checkpoint Charlie, und bis zum Mauerbau bin ich immer von Treptow mit der Ost-Straßenbahn und dem West-Bus durch West-Berlin bis zur Friedrichstraße zur Arbeit gefahren. Wir blickten nach dem Mauerbau direkt auf den Checkpoint Charlie, auf die Ecke Friedrichstraße/Zimmerstraße, und dort hab ich auch manches Foto von den Grenzanlagen gemacht.

Ich kann mich noch erinnern, daß ich gleich am Montag, am 14. August, direkt auf dem Grenzstreifen stand zusammen mit Kollegen von ADN und mit Leuten in Zivil, ungewöhnlich ernsten Herren in Ledermänteln, also Staatssicherheit. Die hatten übrigens Ferngläser, in die Fotoapparate integriert waren, was mir damals sehr imponierte. Wir standen also dort direkt auf der Grenze und fotografierten – ein Schritt und man wäre drüben gewesen, aber es lag ja, jedenfalls für mich, keine Veranlassung vor. Erst nachdem zwei Kollegen bei einem solchen Auftrag »abhanden« gekommen waren, wurden etwas strengere Maßnahmen von Seiten der Sicherheitsleute eingeleitet, und wir konnten dann, nach etwa ein bis zwei Wochen, nicht mehr so direkt an die Grenze.
Ich habe in den ersten Tagen und Wochen auch winkende Menschen fotografiert, in der Friedrichstraße. Man ließ die Menschen ja nicht mehr bis zur Grenze vor, aber sie hatten sich vorher mit Verwandten aus West-Berlin verabredet. Auf beiden Seiten hatten sie teilweise Ferngläser dabei und beobachteten sich und winkten sich zu. Die Zusammengehörigkeit wurde auf diese Weise noch eine ganze Weile gepflegt. Das gefiel den DDR-Oberen natürlich nicht, und man weitete den Sperrbereich immer weiter aus, so daß die Menschen immer weiter zurückgedrängt wurden und letztendlich das Winken einfach unmöglich war. Es war im Osten nicht verboten, solche Szenen zu fotografieren. Aber den Menschen war es unangenehm, fotografiert zu werden, weil sie vielleicht annahmen, daß so ein Bild zur Staatssicherheit ging, um festzustellen, wer dort winkte. Aber es ist von mir nie verlangt worden, ein solches Bild herauszugeben.

Als im Oktober 1961 die amerikanischen Panzer in der Friedrichstraße auffuhren und unmittelbar danach auf Ost-Berliner Seite russische Panzer anrollten, gab es in der Bevölkerung und auch bei mir die Befürchtung, daß es tatsächlich zu einer militärischen Konfrontation kommen könnte. Das empfand man in Berlin, jedenfalls in den Kreisen, in denen ich verkehrte, als eine große Gefahr. Und man war erleichtert, als im Herbst 1961 kein Krieg daraus entstanden war.

Die meisten Leute haben den Bau der Mauer über sich ergehen lassen wie früher etwa die Ausgabe von Lebensmittelkarten. Das passierte, es war bitter. Jeder mußte für sich überlegen, welche Schlußfolgerung er daraus ziehen wollte. Viele Ost-Berliner fanden das nicht gut. Aber die Menschen versuchten, ihr Leben zu leben, jeder sein Leben, wie er sich das vorstellte.

Ich bin mit der Mauer bis zum Schluß nicht fertig geworden. Die Mauer war ein drastischer Einschnitt in das bisherige Leben. Ich hatte Verwandte in West-Berlin, die zwischenzeitlich dann gestorben sind, die ich nicht wiedergesehen habe. Das hat man alles als sehr schmerzlich empfunden. Es war bitter, plötzlich eingesperrt zu sein, obwohl uns unsere Oberen immer wieder sagten, daß nicht wir eingesperrt sind, sondern die andere Seite, aber die Praxis sah ja so aus, daß wir nirgends hinkonnten. Und als das erste Passierscheinabkommen unterschrieben wurde, konnten die West-Berliner zu uns kommen, nicht umgekehrt. Übrigens regten sich beim Passierscheinabkommen einige West-Berliner über das kleine Salär auf, das sie bezahlen mußten. Wir hätten das Vielfache gegeben, wenn wir in die andere Richtung hätten nur besuchsweise fahren dürfen.

Im August 1962, ich kam gerade von einer Foto-Aktion in die Redaktion zurück, wunderte ich mich, daß im Grenzbereich – ich hatte einen Spezialausweis, daß ich dort Zugang hatte, weil der Eingang zum Verlagsgebäude unmittelbar an der Grenze war – kein Grenzer zu sehen war. Bei genauem Hinsehen erkannte ich dann, daß die DDR-Grenzer in Deckung lagen, Gewehr im Anschlag. Ich ging durch das Verlagsgebäude in meine Arbeitsräume und kriegte dann von meinen Kollegen mitgeteilt, daß irgendwas an der Grenze im Gange war. Da hatte ein DDR-Bürger, Peter Fechter, die Grenze schon fast überwunden, war aber angeschossen worden und lag verletzt im Grenzstreifen. Ich öffnete also mein Fenster, um rauszugukken, und sah auf West-Berliner Seite Polizei und eine Menschenansammlung. Auf der Ostseite der Mauer sah ich die Grenzer in Deckung mit ihren Waffen. Ich sah auch, daß da ein Angeschossener an der Mauer lag. Ich holte meine Exacta-Kleinbildkamera heraus, setzte ein Teleobjektiv auf und fotografierte, weil man das als Fotograf so macht. Ich hatte keine Informationen was, nur daß etwas passiert war. Ich hab also den Film zuende fotografiert. Später erfuhr man dann von dem Schicksal des Peter Fechter.

Ich hatte niemandem erzählt, daß ich da Fotos gemacht hatte, aber noch vor Feierabend wurde der Film von einem Kollegen – wir wußten, daß der mit der Staatssicherheit zusammenarbeitete – eingezogen, bevor er entwickelt werden konnte. Ich hab den Film nicht wiedergesehen. Auch auf West-Berliner Seite müssen Informanten der Stasi gewesen sein, die gemeldet haben, daß dort jemand aus dem Fenster fotografiert hat. Ich hatte allerdings später keine Schwierigkeiten, weil ich diese Fotos gemacht hatte. Wahrscheinlich akzeptierte man auch, daß es einfach Sache des Fotografen ist, alles, was passiert, zu fotografieren.

Menschen in Ost-Berlin vom »antifaschistischen Schutzwall« tatsächlich halten.

Wollankstraße, Bezirk Pankow, am Morgen des 13. August, 10.30 Uhr. Der anonyme Informant berichtet: »So schrie eine Frau: ›Gehen wir doch in die Straßenmitte und machen einen gewaltsamen Durchbruch. Wir sind alles Deutsche, wir wollen rüber zu unseren Brüdern.‹ Andere Jugendliche brüllten ›Eine Schande, daß ihr Euch dafür hergebt, die Grenze zu bewachen und uns nicht hinüberzulassen. Ihr seid keine Deutschen.‹«[32]

Eine andere Meldung: »Kollegen aus dem Gaswerk Lichtenberg: ›Jetzt wird es noch schöner. Jetzt haben wir schon Grenzen innerhalb der Stadt.‹ In der Drisener Straße, Prenzlauer Berg, hatten Bewohner die Fenster geöffnet und grölten sehr laut: ›Morgen schufften wir für 1.20 DM, wir kommen nicht mehr rüber. Jetzt gibt es keine Butter mehr‹ usw. ... Die Kreisleitung hat eine Einsatzgruppe der VP (Volkspolizei, d. Verf.) hingeschickt, um die Ruhe herzustellen.«[33]

Etwas kleinlaut heißt es in einem Bericht aus Weißensee, ebenfalls vom 13. August: »Es gibt eine ganze Reihe, doch im Verhältnis doch nur einzelne, offene Zustimmungserklärungen.« Und: »Es gibt eine ganze Anzahl von negativen Äußerungen. Sie haben im wesentlichen folgenden Inhalt: – Vertiefung der Spaltung durch uns, – Beschränkung der Freiheit, – das ist keine Demokratie, in einer Anzahl Gesprächen kommt erneut die Kriegsangst zum Ausdruck.«

Besonders heftig äußert laut Informationsbericht ein Ost-Berliner Busfahrer seine Wut: »Der Bus ist nicht im Verkehr geblieben, sondern nach Weißensee auf den Hof gefahren. Dort erklärten Fahrer und Schaffner, bei uns sei das genau wie

Blumen für die Grenzer. Organisierter Kinderbesuch am Brandenburger Tor, August 1961.

bei den Nazis, wenn man nicht einverstanden ist, kriegt man ein paar in die Fresse.« Über Maßnahmen der Staatsgewalt schweigt der Bericht sich aus.

An vielen Orten greift das Regime bei den ersten Ansätzen von Kritik hart durch: »Auf dem Bahnhof Schönhauser Allee wurde ein Provokateur verhaftet, der u.a. auftrat: ›Bei uns gibt es keine Demokratie‹, und er wird schon ein Loch finden, wie er rüberkommt.«[34]

»In der Straßenbahnlinie 69 E wurde in der Nähe des Tierparks von einem BVG-Angehörigen ... provoziert: ›Die müssen aber Angst haben, 300 Panzer sind im Einsatz und die Schienen haben sie aufgeschweißt.‹ Als ihm ein Genosse entgegentrat, jammerte er um Bananen für seine Kinder usw. ... Der Genosse wurde darauf hingewiesen, wie mit solchen Provokateuren in Zukunft zu verfahren ist.«[35] Am 16. August meldet die »Abteilung Organisation und Kader« der SED-Kreisleitung aus Weißensee: »Eine Frau Dienzloff, ... Weißensee, anläßlich der Listenversammlung der Nationalen Front: ›Jetzt sitzen wir hinter Stacheldraht und das nennt sich Freiheit.‹«

Wie die »Informationsberichte« zeigen, gibt es vielfältige Formen des Protests: »Im PKB Kohle wurde ein Mitglied der Kampfgruppe verhaftet, weil er sich in provokatorischer Weise gegen die Partei und Regierung äußerte und Befehle verweigerte. An einigen Punkten gab es ›Zufälligkeiten‹ mit Arbeitspausen, gerade zu der Zeit, als der DGB in Westberlin zum sogenannten Proteststreik aufrief. Z. B. im VEB Heizkraftwerk wurde zu dieser Zeit der Riemen an einer Maschine ... ausgewechselt, so daß die Maschinen ausfielen. Auch im VEB Milchhof wurde um 11.00 eine Maschine repariert und bewirkte damit eine ... Arbeitsstille. An der Werkmauer des OWL, Treptow, wurde in den Mittagsstunden des 15.8. die Losung angemalt: ›Jetzt haben wir das Zuchthaus in Berlin.‹ Die Täter wurden noch nicht ermittelt.«[36]

Die SED schickt in den kritischen Tagen auch mehrere Dutzend »Agitatoren« auf die Straße, die sich in Diskussionen einmischen und größere Menschenansammlungen zerstreuen sollen. Sie haben keinen leichten Stand. Die Agitatorin Luise Z. meldet über ihren Einsatz am 13. August an der Wollankstraße: »Als es wieder einmal notwendig war, Ordnung zu schaffen, wehrte sich ein Mann ... gegen das Eingreifen unserer Polizei. ... Als man den ganz Widerspenstigen mit ›Gewalt‹ zur Ordnung zwang, er beinahe schreiend unserer Volkspolizei folgte, sagte ein junger Mann, daß der Betreffende vielleicht deshalb so schreit,

»Heißen Kaffee, Süßigkeiten und kleine Geschenke ...«

»Heißen Kaffee, Süßigkeiten und kleine Geschenke überreichten mit großer Herzlichkeit am 16.8.1961 im Namen der Deutschen Lufthansa (Ost, d.Verf.) fünf reizende Stewardessen Kameraden der Deutschen Volkspolizei an den Übergängen Eberswalder und Bornholmer Straße. Auch strömender Regen konnte die fünf Mädchen von ihrer ehrenvollen Aufgabe nicht abhalten. ›Wir tun dies mit großer Freude, gilt es doch, den Kameraden unserer Volkspolizei für ihren aufopferungsvollen Einsatz herzlichen Dank zu sagen‹...«

Original-ADN-Bildkommentar im August 1961

weil er 12 Jahre lang den Stacheldraht von Buchenwald gesehen hat. Man solle ihn also verstehen und Verständnis entgegenbringen. Ohne es auszusprechen, war er also der Meinung, daß sich dieser Mann offensichtlich vor dem Stacheldraht der Arbeiter- und Bauernmacht fürchtet. Mit meiner Antwort, daß ein Mann, der 12 Jahre im Konzentrationslager der Faschisten saß, sich nicht gegen die Arbeiter- und Bauernmacht, nicht gegen die Volkspolizei auflehnt, war er einverstanden. Wenn es dennoch ein Mann tut, dann müsse er wohl zu einer anderen Sorte von Menschen gehören.«[37]

Auch aus der Charité werden empörte Äußerungen zugetragen. Eine Meldung vom 16. August übermittelt folgende Aussage: »Maßnahmen werden dazu führen, daß ein 17. Juni 1963 folgt.« Was mit demjenigen passierte, der so unverblümt von einem neuerlichen Volksaufstand sprach, ist nicht überliefert.

In einem zusammenfassenden Bericht aus dem VEB Volksbau Lichtenberg vom 28. August wird die Stimmung wie folgt gekennzeichnet: »... haben nicht nur einige Kollegen, sondern auch einige Genossen die Maßnahmen nicht verstanden und sind sogar feindlich aufgetreten.« Vereinzelt kommt es auch zu offener Verweigerung: »Der Genosse Danis von der Brigade Drolshagen hat verweigert, an der Sektorengrenze zu mauern. Er wurde sofort von der Brigade isoliert, sein Dokument (SED-Parteibuch, d. Verf.) ... wurde ihm später abgenommen.«[38]

Ab dem 15. August häufen sich Meldungen über Hamsterkäufe (»Angsteinkäufe«), insbesondere von Zucker und Konserven in Ost-Berlin. Auch gibt es jetzt zunehmend Proteste, gegen die Polizei und Stasi mit großer Schärfe vorgehen. »Hetzerische Äußerungen wurden von Ang. der Staatsoper bekannt. Die entsprechenden Untersuchungen sind eingeleitet.«[39]

Vereinzelt gibt es auch offenen Protest und Befehlsverweigerung von Volkspolizisten und Grenzposten. So erscheint am 15. August ein Offizier der Volkspolizei nicht zum Dienst. »Obwohl er in der Aussprache auf sein politisch falsches Verhalten hingewiesen wurde, reagierte er mit der Abgabe des Parteidokumentes und Dienstbuches darauf. Die erforderlichen Maßnahmen wurden veranlaßt.«[40] Ein Volkspolizist erklärt laut Lagemeldung, daß er die Sperrung der Grenze

November 1961: Am Potsdamer Platz wird die Grenze durch Tarnnetze und Panzersperren verstärkt.

nicht billige und »diesen Mist nicht mehr mitmachen würde.«[41]

In allen Bezirken Ost-Berlins gab es in den ersten Tagen und Wochen zahlreiche Proteste, vereinzelt auch Zusammenstöße mit der Polizei. Nach einer für Ulbricht gemachten Aufstellung wurden bis Ende August im Zusammenhang mit Protesten gegen die Grenzschließung allein in Ost-Berlin 2 192 Personen festgenommen, 691 Personen für längere Zeit inhaftiert.[42] Durch den gezielten Einsatz von Polizei und Stasi gelang es der SED-Führung bis etwa Oktober 1961, Kritik und Protest weitgehend zum Schweigen zu bringen.

Schüsse auf Flüchtlinge

Nach Schließung der Grenzen geraten zahlreiche Ost-Berliner und DDR-Bürger in Panik. »Jetzt oder nie« sagen sich viele und entschließen sich zur spontanen Flucht. In den Tagen und Wochen nach dem 13. August kommt es zu einem makabren Wettlauf zwischen Flüchtlingen und den Grenztruppen, die Stacheldraht und Mauer immer unüberwindlicher zu machen suchen. Die Flüchtenden überspringen den Stacheldraht, kriechen durch Absperrzäune, durchbrechen mit Fahrzeugen die Grenze oder schwimmen durch Spree und Teltow-Kanal.

Bis Mitte September gelangen auf diese Weise noch mehr als 600 Menschen, darunter ganze Familien mit Kindern, nach West-Berlin.

Besonders spektakulär verlaufen Fluchtaktionen an der Bernauer Straße, wo die Fassaden mehrerer Wohnhäuser die Sektorengrenze bilden. Unter den Augen dort versammelter West-Berliner nutzen viele Ost-Berliner diese Häuser zur Flucht. Sie springen aus den Fenstern, seilen sich ab oder lassen sich in Sprungtücher der West-Berliner Feuerwehr fallen. Wiederholt kommt es dabei zu dramatischen Situationen, beispielsweise am 24. September 1961, als Volkspolizei und Stasi-Leute eine 77jährige Frau, die bereits aus einem der Fenster geklettert ist, zurückzuzerren versuchen. Am 22. August 1961 springt die 59jährige Ida Siekmann in der Bernauer Straße aus dem dritten Stock, verfehlt eine bereitgelegte Matratze und erleidet bei dem Aufprall tödliche Verletzungen. Ein 57jähriger Mann erleidet am 19. August beim Abseilen schwere Verletzungen, an deren Folgen er am 17. September 1961 stirbt. Diese Flüchtlinge sind die ersten Todesopfer an der Berliner Mauer.[43]

Als Gegenmaßnahme verfügt die Volkspolizei, daß ab 24. September 1961 die rund 2000 Bewohner der Bernauer Straße innerhalb von vier Tagen ihre Wohnungen zu räumen haben. Hauseingänge und Fenster werden zugemauert. In einem Bericht an die SED-Bezirksleitung Berlin heißt es über die zunächst betroffenen Personen, insgesamt 149 Familien, es handele sich um ehemalige »Mitglied(er) in faschistischen Organisationen«, um Personen, die »kriminelle Verbrechen begangen haben, Rückkehrer, ehemalige Grenzgänger und solche, die in der zurückliegenden Zeit als feindlich ... registriert wurden.«[44] Die SED-Kreisleitung fordert, sämtliche Mieter in der Bernauer Straße, der Luckauer und der Liesenstraße umzusiedeln. »Eher wird es in diesem Gebiet, was die Grenzdurchbrüche betrifft, keine Ruhe geben.«[45]

An den Sperr- und Bewachungsmaßnahmen sind im August 1961 rund 18000

15. August 1961. Noch ringt der Volkspolizist Conrad Schumann (2. v. l.) um seinen Entschluß.

Mann (NVA, Volkspolizei, Angehörige der Kampfgruppen, Grenzpolizei, Transportpolizei) beteiligt. Den Inhalt ihres Auftrags haben sie erst unmittelbar am Einsatzort erfahren; mit den physischen und psychischen Belastungen ihres Dienstes müssen sie zunächst allein fertig werden. Am 15. August hat der 19jährige Grenzpolizist Conrad Schumann an der Bernauer Straße Dienst. Seit zwei Tagen bewacht er die Sektorengrenze, droht Personen, die sich von Osten dem Stacheldraht nähern, mit vorgehaltener MP, hört die Beschimpfungen von der Westseite: »Verräter!«, »KZ-Wächter!« Er ist übermüdet. In ihm wachsen die Zweifel am Sinn seines Tuns.

Der West-Berliner Pressefotograf Klaus Lehnartz hält sich seit dem 13. August an der Sektorengrenze auf, immer auf der Suche nach spektakulären Bildern. An jenem 15. August ist er in der Bernauer Straße, wo es aus Wohnhäusern bereits zahlreiche Fluchtaktionen gegeben hat. Einer der Grenzpolizisten verhält sich merkwürdig. Mehrmals tritt er an die Stacheldrahtbarriere und drückt sie mit der Hand ein Stück herunter. Lehnartz hält die Kamera in Bereitschaft – Reporterinstinkt. Der Grenzer nähert sich dem Stacheldraht, als wolle er den Fotografen verscheuchen; doch er gibt ihm flüsternd einen Hinweis. Einige Minuten verstreichen, dann geht es blitzschnell. Schumann nimmt Anlauf und überspringt den Stacheldraht. Noch im Sprung läßt er seine MP fallen, dann verschwindet er in einem Mannschaftswagen der West-Berliner Polizei. Lehnartz hat das Foto seines Lebens gemacht. Das Bild des ersten geflüchteten DDR-Grenzposten geht um die Welt.

Im Westen wird Conrad Schumann als Held gefeiert. Die Amerikaner interessieren sich bei ihren Befragungen insbesondere für die psychische Verfassung der zumeist jungen DDR-Posten an der Grenze. Schumann berichtet, wie man ihnen während der Ausbildung ein Feindbild eingebleut habe: im Westen stehe der Klassenfeind. Kriegstreiber, Revanchisten, Konzernbosse versuchten mit allen Mitteln, die DDR und das »sozialistische Lager« zu schwächen, um es über kurz oder lang ihrem Herrschaftsbereich einzuverleiben. Erstaunt sind die Amerikaner über die geringe Vorbereitung der DDR-Einsatzkräfte. »Es gab nur drei Anweisungen: Wir durften in unserem Grenzbereich niemanden von Ost nach West lassen, wir sollten nicht auf Provokationen aus dem Westen eingehen, und wir durften nicht scharf schießen.«[46] Für die ersten Tage nach dem Mauerbau entspricht diese Aussage offenbar den Tatsachen.

Die Einsatzleitung um Honecker hat zunehmend Grund zur Sorge um Motivation und psychische Verfassung der Grenzsoldaten. Fälle von Fahnenflucht häufen sich. Mit der Moral der Posten steht es nicht zum besten. Am 18. August wird gemeldet, daß die »parteipolitische

Der Sprung in den Westen – ein Bild, das um die Welt ging. Auf einem West-Berliner Polizeirevier spricht Schumann über die Beweggründe für seine Flucht.

Es war ja kalter Krieg

Klaus Lehnartz,
freier Bildjournalist, Berlin-West

Ich bin am 12. August, einem Sonnabend, nach Westdeutschland gefahren, in meine Heimatstadt Remscheid, und wollte von dort am nächsten Tag in Urlaub. Und da höre ich am Sonntagmorgen um 9.00 Uhr, als ich gerade in Remscheid mein Auto besteige, in den Nachrichten, was über Nacht in Berlin passiert ist. Ich mußte sofort versuchen, genauere Informationen zu bekommen; das ging ja damals noch nicht so schnell wie heute. Ich erinnere mich, daß ich zu meiner Oma in einen anderen Stadtteil gefahren bin, weil deren Nachbarin ein Fernsehgerät hatte. Da habe ich dann um 18.00 Uhr die ersten Bildinformationen über die Grenzsperrung bekommen und habe zu meiner Oma und meinen Eltern gesagt: »Ich setz mich ins Auto und fahre nach Berlin zurück, da werde ich jetzt gebraucht, da muß ich jetzt hin.« Und ich erinnere mich auch, daß sie alle dem Weinen nahe waren und gesagt haben: »Um Gottes Willen, Junge, dahin, jetzt, wo es doch Krieg geben könnte. Stell dir vor, wenn wir uns nie wiedersehen.« Die letzten Worte meines Vaters, bevor ich in der Nacht nach Berlin losfuhr: »Mein Junge, ich befürchte, daß ich irgendwann eine Nachricht bekomme, daß dich die Russen bei Magdeburg auf den Kartoffelfeldern eingesetzt haben.« So ging das damals. Es war ja kalter Krieg.

Ich bin dann die ganze Nacht durchgefahren und stand morgens um halb fünf am Potsdamer Platz. Da waren Stacheldrahtrollen, und im Abstand von 50 bis 100 Metern sah man die Vopos stehen, von NVA noch keine Spur. Und dann habe ich angefangen zu fotografieren und mich den ganzen Tag im Bereich zwischen Potsdamer Platz und Brandenburger Tor aufgehalten, denn da war eindeutig der Brennpunkt des Geschehens. Ich habe dann praktisch den ganzen Tag fotografiert und immer geschaut, wo etwas passiert.

Konkret bezogen auf die Mauer war die Stimmungslage der Menschen Wut. Auch bei mir persönlich. Und so habe ich möglicherweise auch fotografiert. Da gab es auf westlicher Seite nicht ein Stück Sympathie für den Osten oder ein gewisses Verständnis nach dem Motto: Was sollen sie machen? Denen laufen die Leute weg ... Nein, davon war nichts zu spüren. Die allgemeine Haltung war vielmehr: Wenn denen die Leute weglaufen, dann sind sie selber schuld, dann soll das Regime für andere Verhältnisse sorgen. Niemand verläßt seine Heimat ohne Grund.

Ich erinnere mich an die Schlagzeilen: »Der Westen tut nichts! – Adenauer spielt Bocchia – Kennedy geht segeln.« Das war so die allgemeine Stimmung zu Anfang, das dauerte vielleicht zwei, drei Tage. Dann halfen die Ansprachen von Willy Brandt; man sah, daß die Alliierten immer noch da sind. Ich kann nicht sagen, daß man sich in West-Berlin zur damaligen Zeit richtig unsicher gefühlt hätte. Zu formulieren, man habe sich sicher gefühlt, wäre auch falsch. Irgend etwas dazwischen. Aber niemand von denen, die nachdachten, glaubte, daß dies der Zündfunke für einen Weltkrieg sein könnte – wenn beide Seiten einigermaßen bei Vernunft waren. Aber man weiß in der Politik natürlich nie, ob beide Seiten so ganz bei Vernunft sind.

Am 15. August war ich an der Bernauer Straße, weil dort schon einige Menschen geflüchtet waren durch die Häuser, die unmittelbar an der Grenze standen. An der Ecke Ruppiner Straße bin ich stehengeblieben und habe die Szene länger beobachtet, weil der dort stehende Volkspolizist sich mit der Hand am Stacheldraht zu schaffen machte. Für mich war das ein Foto. Ich merkte, wie der Vopo sich immer wieder umdrehte nach dem anderen Posten in der Straße. Dann ging er etwa 10 Meter zurück. Und plötzlich fing der an zu laufen – ich habe den Klang der Stiefel heute noch in den Ohren. Ich drückte auf den Auslöser. Es gab einen Sprung – diesen Sprung, die Knarre fiel auf den Boden. Er hatte sich die Szenerie offensichtlich die ganze Zeit so gut angesehen, daß er jetzt sofort einen großen Bogen lief, in die offenstehende Tür eines Polizei-Mannschaftswagen sprang und verschwand. Ich bin in mein Auto gesprungen und hinter dem Polizeiwagen hergefahren. In der Swinemünder Straße im Wedding gab es dieses Polizeirevier im ersten Stock, und da rauchte er, Schumann, seine erste Zigarette und bekam eine Schrippe, wie der Berliner sagt.

Die Wut hat sich gehalten in West-Berlin, schon deswegen, weil fast jede Familie Bindungen zum Osten hatte, Verwandte, Freunde oder Kollegen. Da schlug die Mauer schon Wunden. Man konnte nicht telefonieren. Das Schreiben von Briefen war sehr mühsam, der Inhalt wurde vielfach kontrolliert, und es kam auch nicht alles an. Im Westen sprach man nur von »Pankow« und von der »Ulbricht-Clique«. Es war eben kalter Krieg, als man miteinander überhaupt kein Wort gewechselt hat, und zwar auf beiden Seiten nicht. Das ging mehrere Jahre so, bis dann das erste Passierscheinabkommen zu Weihnachten 1963 Erleichterungen brachte.

Arbeit mit den Sicherungskräften« noch »nicht befriedigend« sei.[47] Umgehend wird der bewährte Propagandist Karl-Eduard von Schnitzler abkommandiert, um die wacklige ideologische Haltung der Truppen zu stärken. Auch das kann aber nicht verhindern, daß die Zahl der Desertionen weiter zunimmt. Allein in den ersten sechs Wochen nach Grenzschließung flüchten 85 DDR-Grenzpolizisten in Berlin in den Westen. Für den Monat Oktober 1961 verzeichnet eine interne Aufstellung der Grenztruppen weitere 40 Fälle von Fahnenflucht. Die Führung der Grenztruppen läßt über jede Desertion Buch führen. Genauestens werden Ort und Umstände der Flucht, mitgeführte Waffen und Munition doku-

Appell der »Kampfgruppen der Arbeiterklasse« am 23. August 1961. Ulbricht (vorn), Honecker (2. v. l.) und Verner (4. v. l.) danken für »vorbildlichen Einsatz«.

mentiert. Als Konsequenz aus der hohen Zahl der Fahnenfluchten werden die politisch-ideologische Schulung der Grenztruppen intensiviert und Überwachung und Sanktionen in den Grenzregimentern verstärkt. Es sollen fortan nur noch Zweier- oder Dreier-Patrouillen, zur gegenseitigen Kontrolle, eingesetzt werden.

Die Befehle und Dienstvorschriften der folgenden Monate und Jahre sprechen eine deutliche Sprache. Gegen »Grenzverletzer« soll »rücksichtslos« von der Schußwaffe Gebrauch gemacht werden. Auf seiner Sitzung vom 22. August 1961 ergeht vom SED-Politbüro die Anweisung, »daß jeder, der die Gesetze unserer Deutschen Demokratischen Republik verletzt, auch – wenn erforderlich – durch Anwendung der Waffe zur Ordnung gerufen wird.«[48] Zwei Tage später fallen die ersten tödlichen Schüsse.

Am Nachmittag des 24. August 1961 läuft der 24jährige Schneider Günter Litfin am Bahnhof Friedrichstraße unterhalb der Bahngleise in Richtung Grenze. Ein Posten der DDR-Transportpolizei (Trapo) fordert ihn auf stehenzubleiben und gibt zwei Warnschüsse ab. Litfin springt ins Wasser des Humboldthafens, um schwimmend nach West-Berlin zu gelangen. Militärisch knapp und kalt schildert der Bericht des Trapo-Abschnittleiters das weitere Geschehen: »Nachdem eine MPI-Salve von drei Schuß einige Meter vor dem Grenzver-

Übersicht über bestätigte Fahnenfluchten

Lfd. Nr.	Datum	Dienstgr.	Name, Vorname	Einheit	flüchtig mit Waffe/Mun.	Wo	Wie
1.	~~12.8. 15.00 h~~	~~Ltn.~~	Pilz, ~~Wilfried~~	~~III./Brig.~~	/	/	~~P. verliess am 12.8. - 15 h seine Wohnung~~
2.	15.8. 15.40 h	Owm.	Schumann, Konrad	I.Brig.	mit MPi	Stützpunkt 3 Bernauer - Ecke Rubiner Strasse	Übersteigen der Drahtsperre
3.	16.8. 16.30 h	Uwm.	Oschmann, Helmut	Lehrber.	Leuchtp. 20 Schuss	Schönefelder Str.-Bahnh. Schönefeld	nagelten bei Sperrenbau so, dass immer 100m voraus
4.	16.8. 16.30 h	Uwm.	Phillipeit, Jürgen	Lehrber.	/	dto.	dto.
5.	16.8. 18.00 h	Uwm.	Strauss, Werner	Lehrber.	Karabiner"S" 20 Schuss	Nähe Schönef. Strasse	unter Vorspiegelung Essen zu empfangen und Überprüfung, ob Arbeitsgeräte liegen geblieben, überschritten die Grenze
6.	16.8. 18.00 h	Uwm.	Luding, Klaus	Lehrber.	dto.	dto.	dto.
7.	17.8. 01.20 h	Uwm.	Höhth, Ulli	8. Ber.	mit MPi.	Stützpunkt 10 KP 70 Massantebrücke	Durchkriechen der Drahtsperre
8.	17.8. 01.00 h	Anw.	Dachsel, Günter	9. Ber.	m. Pistole "M"	Stützpunkt 10 Dagmarstieg	Übersteigen des Stacheldrahtzaunes
9.	17.8. 0.30 h	Uwm.	Katzer, Rudolf	I./Brig.	MPi u. 40 Schuss	Koboltwerk, Brunnenstrasse	Übersteigen der Mauer des Betriebes welche gleichzeitig Grenze ist

- 2 -

208

Über Anzahl und Umstände von Desertionen wurde in Ost-Berlin genauestens Buch geführt.

letzer ins Wasser abgefeuert wurde und dieser nicht umkehrte, erfolgte die Abgabe von zwei gezielten Schüssen, worauf der Grenzverletzer unterging.«[49] Zwei Stunden später wird die Leiche von Vopos aus der Spree geborgen. Günter Litfin ist der erste Flüchtling, der an der Berliner Mauer durch gezielte Schüsse getötet wurde. Der offizielle Lagebericht enthält auch eine Meldung über die Beisetzung. »An der Beerdigung des Litfin (Verbrecher – Humboldt-Hafen) nahmen ca. 80 Personen, überwiegend ältere Menschen, teil. Es gab keine besonderen Vorkommnisse.«[50]

Fluchtversuche – im Jargon der Grenztruppen »Grenzdurchbrüche« genannt – werden zunehmend schwieriger und gefährlicher. Am 29. August wird ein Mann beim Versuch, den Teltow-Kanal zu durchschwimmen, erschossen. Am 13. Oktober wird ein Flüchtling an der Grenze zwischen Potsdam-Babelsberg und West-Berlin von Angehörigen der Transportpolizei erschossen. Bis Ende Oktober 1961 kommen an der Grenze zu West-Berlin 15 Menschen zu Tode.

Jede bekanntgewordene Flucht wird von den Grenztruppen der DDR genau registriert. Benutzte Hilfsmittel, z.B. PKW oder Boote, werden ebenso festgehalten wie die näheren Umstände der Flucht. Diese Informationen werden von den Führungsstäben ausgewertet und den Planungen zum weiteren Ausbau der Grenzbefestigungen zugrundegelegt. Obwohl die Organisierung des Grenzregimes und der weitere Ausbau der Sperranlagen rasch voranschreiten, verzeichnen die Grenztruppen allein bis zum 18. September 1961 insgesamt 216 Durchbrüche mit 417 beteiligten Personen. Auf einer Sitzung des »Zentralen Stabes« am 20. September 1961 moniert Honecker namens des Politbüros »noch bestehende unzulängliche Pioniermaßnahmen zur Sicherung der Staatsgrenze in Berlin«.[51] Den Kommandeuren der Grenztruppen gibt er die Anweisung, an der Grenze künftig konsequent durchzugreifen. »Alle Durchbruchsversuche müssen unmöglich gemacht werden.«[52]

Das SED-Politbüro hatte schon am 22. August 1961 vorgeschlagen, daß ganze Kompanien schriftlich ihre Entschlossenheit erklären sollten, auf Flüchtlinge zu schießen. Zur Warnung und Abschreckung der Bevölkerung sollten diese Erklärungen, z.T. mit Fotos der Grenzposten, veröffentlicht werden. Tatsächlich erscheinen in der DDR-Presse in den folgenden Wochen und Monaten eine Vielzahl solcher »Selbstverpflichtungen«. Zur Verhinderung von Fluchtversuchen sollte, wenn es keine andere Möglichkeit zur Festnahme mehr gebe, auch gezielt geschossen werden. »Gegen Verräter und Grenzverletzer ist die Schußwaffe anzuwenden. ... Beobachtungs- und Schußfeld ist in der Sperrzone zu schaffen.«[53]

Eine Grenztruppen-Statistik listet für den Monat Oktober 1961 trotzdem noch 85 »Grenzdurchbrüche« auf (»49 einfache Fälle; 36 schwere Fälle«), bei denen insgesamt 151 Personen (in den Akten genau nach Geschlecht und Alter aufgeteilt) die Flucht nach West-Berlin gelang. In der Kategorie »Richtung« sind zwei Spalten aufgeführt: »DDR – West« und »West – DDR«. Letztere bleibt allerdings leer.

Als häufigste Fluchtmethoden werden in der Statistik »Zerschneiden« oder »Durchkriechen der Drahtsperre« und »Überklettern der Mauer« genannt. Im erfaßten Zeitraum Oktober 1961 werden 9 Warnschüsse und 8 Zielschüsse abgegeben, wobei eine Person verletzt worden sein soll. Ein Zielschuß vom 5. Oktober wird in der Auflistung als »unberechtigt« deklariert, allerdings ohne Begründung.[54]

Eine Aufstellung des Ministeriums des Innern der DDR vom 18. Oktober 1961 enthält für den Zeitraum vom 13. August bis 10. Oktober 1961 genaue Angaben über den Schußwaffengebrauch bei »Grenzdurchbrüchen« im Bereich der 1. Grenzbrigade. Insgesamt wurden demnach 50 Warnschüsse und 8 Zielschüsse abgegeben. Unter der Rubrik »erzielte Wirkung« heißt es: » 2 Tote, 13 Verletzte, 40 Festnahmen.«[55]

Fraglos waren die Grenzposten verpflichtet, zur Verhinderung von »Grenzdurchbrüchen« in letzer Konsequenz auch gezielte Schüsse abzugeben. Dies sollte aber nach dem Willen der Hauptverantwortlichen in Partei und Militär nur ultima ratio sein; nicht zuletzt mit Blick auf den Schaden für das internationale Ansehen der DDR sollten Schüsse an Mauer und innerdeutscher Grenze möglichst vermieden werden. Das Grenzsicherungssystem wird auch darum immer tiefer gestaffelt und engmaschiger gestaltet – mit mehreren Sperrzonen, dem Einsatz von »Freiwilligen Helfern« etc. –, um zu verhindern, daß Flüchtlinge überhaupt in die Nähe von Sperrzaun und Mauer gelangen. Zugleich werden die Grenzposten im Rahmen der politisch-ideologischen Schulung belehrt, daß diejenigen, die es bis unmittelbar an die Mauer schafften, von besonders hoher »krimineller Energie« und damit besonders gefährliche »Staatsfeinde« seien, gegen die rücksichtsloser Einsatz der Schußwaffe gerechtfertigt wäre.

264

Ministerium des Innern
Bereitschaftspolizei
1. Grenzbrigade (B)
- Leiter Operativ -

O.U., den 18.10.1961

An das
Kommando der Bereitschaftspolizei
Leiter Operativ
Oberstleutnant Z i e s c h o w

Betr.: Schußwaffengebräuche bei Grenzdurchbrüchen und versuchten Grenzdurchbrüchen in der Zeit vom 13.08. - 10.10.1961

Bezug: Telefonische Anweisung vom 17.10.1961

Z e i t	Warnschüsse	Zielschüsse	erzielte Wirkung
13.08 - 31.08.	3	1	1 Toter
01.09.- 10.09.	-	-	-
11.09.- 20.09.	6	3	2 Verletzte
21.09.- 30.09.	29	10	9 Verletzte 29 Festnahmen
01.10.- 10.10.	12	4	1 Toter 2 Verletzte 11 Festnahmen
Gesamt	50	18	2 Tote 13 Verletzte 40 Festnahmen

Am 24. August 1961 fielen die ersten tödlichen Schüsse auf einen Mauer-Flüchtling.

Etwaige Skrupel sollen den Grenzern durch regelrechte Verteuflung der Flüchtlinge ausgetrieben werden. So äußert das Politbüro-Mitglied Albert Norden in einer Rede am 30. September 1963 vor Angehörigen der Grenzbrigade Berlin: »Ihr haut alle diejenigen auf die Finger, die ihre Schweineschnauze in unseren sozialistischen Garten hineinstecken wollen. ... Ihr schießt also nicht auf Bruder und Schwester, wenn ihr mit der Waffe den Grenzverletzer zum Halten bringt. Wie kann der euer Bruder sein, der die Republik verläßt, der die Macht des Volkes verrät ... Auch der ist nicht unser Bruder, der zum Feinde desertieren will. Mit Verrätern muß man sehr ernst sprechen. Verrätern gegenüber menschliche Gnade zu üben, heißt unmenschlich am ganzen Volke zu handeln.« Und weiter: »Ich sage, jeder Schuß aus der Maschinenpistole eines unserer Grenzsicherungsposten ... zur Abwehr solcher Verbrecher rettet in der Konsequenz hunderte von Kameraden, rettet tausenden Bürgern der Deutschen Demokratischen Republik das Leben und sichert Millionenwerte am Volksvermögen.«[56]

In der DDR wird es bald zur Gewohnheit, jedes Vorkommnis an der Mauer, bei dem DDR-Grenzposten irgendwie in Bedrängnis geraten, ungeheuer aufzubauschen. Die Gefährlichkeit des »imperialistischen Gegners« muß bewiesen, das »Heldentum« der Grenzsoldaten gefeiert werden, manchmal auch um den Preis der Lächerlichkeit. Im März 1962 werden zwei DDR-Grenzposten auf der Havel ans West-Berliner Ufer getrieben. Das FDJ-Zentralorgan »Junge Welt« macht daraus eine wahre Heldengeschichte: »Stetig weht der Wind in Richtung Staatsgrenze; er treibt das Boot auf den Westen zu. Paddeln? Unmöglich! Stabsgefreiter Radewald reißt deshalb die Leuchtpistole aus der Tasche. ›Eilt zu Hilfe‹, schreibt die Leuchtkugel an den nächtlichen Himmel. Ob es die Genossen noch schaffen werden? Und wenn nicht – da sind doch die geheimen Dienstunterlagen im Boot! ›Versenken!‹ befiehlt der Bootsführer. ... In respektablem Abstand warten die westlichen Polizeiboote und holen Verstärkung heran: 16 weitere Polizisten und vier Militärpolizisten. 25 Mann beträgt jetzt ihre ›Streitmacht‹. Erst als diese ›Armee‹ sich anschickt, Gewalt anzuwenden, verläßt die Besatzung des G 12-72 ihr Boot. Inzwischen sind alle Dienstunterlagen vernichtet. ... Unaufhörlich prasseln die Fragen auf den Genossen Radewald nieder. Doch der Stabsgefreite schweigt. Er verrät keine Geheimnisse, sondern setzt den Agenten mit seinen Argumenten hart zu. Beim Soldaten Olbricht versucht man es auf die süße Tour: ›Bleiben Sie doch hier, Sie haben hier alle Möglichkeiten. Sie können auch mal nach Italien fahren.‹« Doch auch mit diesen Mitteln ist dem Soldaten nicht beizukommen. »›Ich verlange eine sofortige Rückführung‹, sagt er, setzt sich demonstrativ im Sessel zurecht und beginnt zu schlafen. Die Geheimdienstleute beenden das aussichtslose Verhör.« Am nächsten Morgen kehren die Grenzsoldaten nach Ost-Berlin zurück. Die »Junge Welt« beendet ihren Bericht: »Auch heute zieht das G 12-72 ... seine Bahn, davon kündend, daß Soldaten unserer Republik mit keinem Mittel zu besiegen sind ...«[57]

Nicht immer geht es so vergleichsweise harmlos zu wie in solchen Propagandageschichten. Im Mai 1962 kommt es bei einem spektakulären Zwischenfall an der Mauer zu einem regelrechten Feuergefecht zwischen DDR-Grenzern und West-Berliner Polizisten. Ein erst 15jähriger Junge aus Thüringen, Wilfried T., springt gegen 17.45 Uhr in den Spandauer Schiffahrtskanal, um nach West-Berlin zu schwimmen. DDR-Grenzposten eröffnen das Feuer. Trotz mehrerer Schußwunden kann Wilfried T. das westliche Ufer erreichen, wo ihm Transportarbeiter zu Hilfe kommen. Dennoch schießen die DDR-Grenzsoldaten weiter auf den Flüchtling, woraufhin zwei West-Berliner Polizisten das Feuer erwidern. Bei dem heftigen Schußwechsel wird der 21jährige DDR-Grenzsoldat Peter Göring tödlich getroffen. Insgesamt geben die DDR-Grenzer 121 Schüsse ab. Der durch einen Querschläger getötete Peter Göring hat nach Erkenntnissen der Ermittlungsbehörden selbst nicht geschossen.[58]

Waren West-Berliner Polizisten berechtigt, »Feuerschutz« zu geben, wenn von DDR-Grenzposten auf Flüchtlinge geschossen wurde? Den militärischen Ausdruck »Feuerschutz« hört man bei der Polizeiführung nicht gern, man spricht von »Notwehrsituationen«. Diese gelten als gegeben, wenn ein Flüchtling, der bereits West-Berliner Gebiet erreicht hat, beschossen wird. Auch wenn DDR-Grenzposten einen Flüchtling westlich der Mauer, aber noch auf Ost-Berliner Gebiet beschießen und dabei Polizei oder andere Personen auf West-Berliner Gebiet gefährden, sollen zunächst Warnschüsse, bei anhaltendem Feuer von der

Ausbau der Grenzsperren mit ideologischer »Rückendeckung« durch die FDJ.

Ostseite der Mauer auch gezielte Schüsse abgegeben werden.[59]

Im August 1962, ein Jahr nach der Grenzsperrung, führt der qualvolle Tod des Peter Fechter die Monstrosität der Mauer aller Welt mit grausamer Deutlichkeit vor Augen. Mit einem Arbeitskollegen will der 18jährige Maurergeselle in der Zimmerstraße, unmittelbar am Checkpoint Charlie, in den Westen fliehen. Beide haben den ersten Zaun bereits überklettert, als sie von Grenzposten entdeckt und nach Anruf beschossen werden. Insgesamt fallen 21 Schüsse. Während der Freund die Sperranlagen überklettern kann, bleibt Peter Fechter, in Bauch und Rücken getroffen, unterhalb der Mauer auf östlicher Seite liegen. Die DDR-Grenzer machen keinerlei Anstalten, dem Verblutenden zu helfen. West-Berliner Polizisten können an den um Hilfe rufenden Fechter nicht herankommen, er liegt auf Ost-Berliner Gebiet. In ihrer Hilflosigkeit werfen sie dem Schwerverletzten Verbandspäckchen zu. Auch am Checkpoint Charlie diensttuende amerikanische Soldaten schrecken davor zurück, Ost-Berliner Gebiet zu betreten, um dem Verwundeten erste Hilfe zu leisten. Auf der Westseite der Mauer sammeln sich Hunderte von West-Berlinern, die in ohnmächtiger Wut und Empörung die DDR-Grenzer beschimpfen und zur Hilfeleistung auffordern. Sie beschwören die Amerikaner einzugreifen. Vergeblich. In lauernder Starre stehen sie sich gegenüber – West-Polizisten, die nicht helfen können, DDR-Grenzer die nicht helfen wollen, nicht helfen dürfen? Zwischen ihnen der Getroffene, dessen Rufe immer leiser werden. Nach einer Stunde wird der leblose Peter Fechter von DDR-Grenzpolizisten weggetragen.[60]

DDR-Grenzposten bergen den leblosen Peter Fechter.

Kein Zwischenfall an der Mauer hat die Berliner so aufgewühlt wie das langsame Sterben des Peter Fechter. In den folgenden Tagen kommt es in West-Berlin zu wütenden Protestdemonstrationen. Aufgebrachte Menschen werden gegen Sowjetsoldaten handgreiflich, auf den Bus, der sowjetische Soldaten zum Ehrenmal im Tiergarten fährt, fliegen Steine. Auch die Alliierten bekommen den Zorn zu spüren. Erstmals gibt es Beschimpfungen und sogar Tätlichkeiten gegen amerikanische Militärangehörige.[61]

Warum haben die DDR-Grenzsoldaten dem verblutenden Fechter nicht geholfen? Ein Aspekt dieser nie geklärten Frage ist, daß auch sie wahrscheinlich Angst hatten. In den vorangegangenen Wochen waren zwei DDR-Grenzsoldaten durch Schüsse eines Flüchtlings – eben am Checkpoint Charlie, dem Ort, an dem Peter Fechter zu Tode kam –, im anderen Fall bei einem Schußwechsel mit West-Berliner Polizisten getötet worden. Die Angehörigen der Grenztruppen waren im Sommer 1962 stark verunsichert. Bei der Führung der Grenztruppen setzte sich nach diesen Vorkommnissen die Erkenntnis durch, daß für verletzte Flüchtlinge keinerlei Vorkehrungen getroffen waren. Um die Wiederholung eines derartigen Vorfalls mit seinen verheerenden politischen Wirkungen zu verhindern, wurde umgehend das Bereithalten von Krankentragen und Sanitätswagen bei den Grenzregimentern angeordnet.

Der Tod Peter Fechters bewirkte bei der West-Berliner Bevölkerung und den Politikern eine Bewußtseinsveränderung. Die Zurückhaltung der Amerikaner hatte gezeigt, daß es zuallererst Aufgabe der Berliner Politiker sein würde, der Grenze wenigstens einen Teil ihres Schreckens zu nehmen, sie nach Möglichkeit durchlässiger zu machen. Unter den West-Berliner Politikern waren es neben Willy Brandt vor allem Egon Bahr und Heinrich Albertz, die aus dieser schmerzlichen Einsicht konkrete Politik machen wollten.[62]

Potsdamer Platz, November 1961. Allmählich wird die Mauer auch zu einem Besichtigungsobjekt.

FRONTSTADT IM KALTEN KRIEG

Berlin-Krisen

Nicht zum ersten Mal prallten im Sommer 1961 in Berlin die Interessen der Westmächte und der Sowjetunion direkt aufeinander. Der Mauerbau hatte eine über 15jährige Vorgeschichte.
Um was es ging im geteilten Deutschland und in Berlin, hatte der sowjetische Parteichef Nikita Chruschtschow bereits 1956 in aller Klarheit ausgesprochen – um Sein oder Nichtsein des Sozialismus: »Dort wird nicht nur eine ideologische Schlacht geschlagen, sondern eine ökonomische Schlacht zwischen Sozialismus und Kapitalismus. Dort wird der Vergleich gezogen, welche Ordnung bessere materielle Bedingungen schafft: die in Westdeutschland oder die in Ostdeutschland.«[1]

Der »Wettkampf der Systeme« war entbrannt, und seine Entscheidung würde in Deutschland, in Berlin fallen. Nicht nur in Moskau sah man das so. Für die Berliner Bevölkerung eine zwiespältige Lage. Seit 1948 schaute die Welt tatsächlich auf diese Stadt an der Frontlinie des Kalten Krieges. Und da war stets die bange Frage, wie weit die Konfliktparteien gehen würden, um ihre Machtstellung zu behaupten. Bis zum Atomkrieg?

Die einstige Anti-Hitler-Koalition von USA, Großbritannien, Frankreich und der Sowjetunion war 1946/47 zerbrochen, aus Partnern im Kampf gegen das

1948 vertieft sich die Spaltung der Stadt. Markierung der Demarkationslinie zwischen den Bezirken Tiergarten und Mitte.

nationalsozialistische Deutschland – sehr ungleichen Partnern – erbitterte Gegner im Kalten Krieg geworden. Noch während des Zweiten Weltkrieges hatten die Alliierten die Aufteilung Deutschlands in Besatzungszonen beschlossen, in der die jeweilige Siegermacht die alleinige Befehlsgewalt ausüben sollte. Theoretisch war geplant, in den Besatzungszonen nach gemeinsamen Grundsätzen vorzugehen, doch in der Praxis scherte sich insbesondere die UdSSR wenig um die auf der Potsdamer Konferenz im Juli/August 1945 getroffenen Vereinbarungen.

Auch für Berlin hatten die Siegermächte eine gemeinsame Besatzung beschlossen. Die kriegszerstörte Stadt wurde in vier Sektoren geteilt und erhielt einen Vier-Mächte-Status. Die Stadtkommandanten arbeiteten in der Allied Kommandatura mit Sitz in Dahlem zusammen. Da Berlin inmitten der Sowjetischen Besatzungszone lag, bestanden Amerikaner, Briten und Franzosen auf freien Zugangswegen, die Moskau ihnen auch bereitwillig zusicherte.

Dies alles schien eine praktikable Konstruktion – solange zwischen den Beteiligten Einvernehmen herrschte. Doch schon Anfang 1947 konnte davon keine Rede mehr sein. Die UdSSR hatte sich darangemacht, ihre Machtposition in Osteuropa zu festigen. Auf demokratische Prinzipien wurde dabei keine Rücksicht genommen, in Bulgarien nicht, nicht in Ungarn und nicht in der Sowjetischen Besatzungszone in Deutschland. Winston S. Churchill, der frühere britische Premierminister, sprach bereits im März 1946 von einem »Eisernen Vorhang«, der zwischen Stettin und Triest niedergegangen sei. Mit bitterem Nachdruck stellte er fest: »... das ist sicher nicht das befreite Europa, für dessen Aufbau wir gekämpft haben.«[2]

Die Westmächte beobachteten die Entwicklung in Europa mit wachsender Sorge. Im März 1947 gaben die USA mit der sogenannten Truman-Doktrin ein deutliches Signal, daß sie die Expansionspolitik der Sowjetunion nicht mehr hinzunehmen gedachten. US-Präsident Harry S. Truman erklärte, daß die USA künftig jeden Staat gegen »Druck von außen« unterstützen würden. Washington hatte den Fehdehandschuh geworfen.[3]

Zu einer ersten Zuspitzung der Lage in Berlin kam es im Frühjahr 1948. Die Sowjetunion nahm die Währungsreform in den drei westlichen Besatzungszonen vom 20. Juni zum Anlaß, die Landverbindungen zwischen den Westsektoren Berlins und Westdeutschland zu unterbrechen.[4] Ziel der Blockade war es, die geplante Bildung eines westdeutschen Staates zu verhindern. Nach einer »Schrecksekunde« – sie währte genau zwei Tage – entschlossen sich die Westalliierten, die abgeschnittenen Westsektoren von Berlin über eine Luftbrücke zu versorgen. Die technischen und organisatorischen Probleme waren überraschend schnell gemeistert, wobei die USA auf Erfahrungen aus Transport- und Luftlandeunternehmen im Zweiten Weltkrieg zurückgriffen. Auch blieb der Konflikt stets unter einer kritischen Marke, da Stalin keinerlei Anstalten machte, auch die Luftkorridore zu sperren.[5] Das Brummen der »Rosinenbomber« wurde den Berlinern rasch zu einem vertrauten Geräusch und gab ihnen das beruhigende Gefühl, vom Westen nicht im Stich gelassen zu werden. Gleichwohl hatten die rund 2,2 Millionen Menschen in West-Berlin entbehrungsreiche Monate zu überstehen, da nur das Allernotwendigste eingeflogen werden konnte. Erst am 12. Mai 1949, nach elf Monaten, war diese Probe ihres Selbstbehauptungswillens bestanden. In West-Berlin trug das Bewußtsein, einer Weltmacht die Stirn geboten zu haben, erheblich zur inneren Stärkung der Bevölkerung bei. Und auch das Verhältnis zu den Westalliierten hatte sich verändert: Aus »Besatzern« waren »Schutzmächte« geworden.

1948 vertiefte sich die politische Spaltung der Stadt. Die SED verstärkte den Druck auf das für ganz Berlin gewählte, im Ostsektor tagende Parlament, in dem sie in der Minderheit war. Als am 6. September 1948 kommunistische Demonstranten den Tagungsort stürmten, verlegte Parlamentspräsident Otto Suhr (SPD) die Sitzungen in den britischen Sektor. Die SED-Abgeordneten blieben im Ostteil der Stadt. Am 30. November erklärte eine von der SED einberufene außerordentliche Stadtverordnetenversammlung den gewählten Magistrat für abgesetzt und bildete in Ost-Berlin einen eigenen. Damit gab es in Berlin zwei Parlamente und zwei Stadtregierungen.

Vier Jahre nach dem Ende der Blockade stand Berlin erneut im Zentrum des Kalten Krieges. In Ost-Berlin waren im Juni 1953 Proteste gegen Normerhöhungen binnen weniger Stunden in politische Demonstrationen gegen das SED-Regime umgeschlagen. Am 17. Juni forderten Zehntausende den Sturz Ulbrichts und freie Wahlen. Die Reaktion ließ nicht lange auf sich warten. Am Mittag des 17. Juni rollten in Ost-Berlin die sowjetischen Panzer; über den sowjetischen Sektor wurde der Ausnahmezustand verhängt. Es gab zahlreiche Tote und Verletzte. Die Westmächte begnügten sich mit Protestnoten. Solange das gewaltsame Vorgehen der Sowjets auf Ost-Berlin und die DDR (im westlichen Sprachgebrauch weiterhin SBZ) beschränkt blieb, war man in Washington, London oder Paris nicht bereit, eine militärische Konfrontation zu riskieren.

Nach dem 17. Juni wurde es – aus weltpolitischer Perspektive betrachtet – ruhiger um Berlin. Die Hauptauseinandersetzungen zwischen den Systemen spielten sich anderswo ab – in Ungarn, wo sowjetische Panzer im November 1956 einen Volksaufstand gegen das kommunistische Regime niederwalzten, im Nahen Osten, wo die Suez-Krise auch die Interessen der Großmächte berührte, und in Südostasien, wo in Vietnam eine kommunistisch geführte Befreiungsbewegung der französischen Kolonialmacht 1954 eine schwere Niederlage beibrachte und die USA von 1950 bis 1953 in Korea in einen blutigen Krieg verwickelt waren.

Flüchtlingswellen

Während die Großen der Welt sich um Einflußzonen und Statusfragen stritten, trafen hunderttausende DDR-Bürger ihre ganz persönliche Entscheidung. Bereits seit 1949 war eine massenhafte »Abstimmung mit den Füßen« im Gange. Aus der DDR und Ost-Berlin gingen jeden Monat mehrere tausend Menschen »in den Westen«. Gründe gab es viele. Sie flohen vor politischer Bevormundung und Unterdrückung; zehntausende Bauern und Kleinunternehmer sahen nach ihrer Enteignung im sowjetischen Herrschaftsbereich keine Perspektive mehr. Gerade junge Leute hofften, in den Westzonen weit bessere Möglichkeiten zu finden, ihre Fähigkeiten frei zu entfalten. Der Westen lockte mit vergleichsweise üppigem Warenangebot, mit kultureller Vielfalt und moderner, lockerer Lebensart.

Die Entwicklung der Fluchtbewegung ab September 1949:

Registrierte Flüchtlinge aus der Sowjetischen Besatzungszone bzw. Antragsteller im Notaufnahmeverfahren[6]

1949 (ab Sept.)	129245
1950	197788
1951	165648
1952	182393
1953	331390
1954	184198
1955	252870
1956	279189
1957	261622
1958	204092
1959	143917
1960	199188
1961 (1.1.–15.8.)	159730
	2691270

Ausgenommen 1959 verließen jedes Jahr mehr als 150000 Personen die DDR in Richtung Westen. Welche Dramatik in dieser Entwicklung steckte, zeigt eine Auffächerung der Zahlen nach Alter und Berufsgruppen:

Altersaufbau der Bevölkerung in v. H. (1955 bis 1959)[7]

Alter	Sowjetz. / Ost-Berlin	SBZ-Flüchtl.	BRD
> 65 Jahre	13,2	5,4	10,5
45 – 65 Jahre	28,4	18,4	26,7
25 – 45 Jahre	21,9	25,9	25,6
< 25 Jahren	36,5	50,3	37,2

Fast die Hälfte der Flüchtlinge war unter 25 Jahren, ein weiteres Viertel 25 bis 45 Jahre alt. Vor allem junge, ideenreiche und aktive Menschen kehrten dem »Arbeiter- und Bauernstaat« der SED den Rücken.

Doch dann der Schock. Am 26. Mai 1952 sperrte die DDR – als Reaktion auf die Unterzeichnung des Deutschland-Vertrags, mit dem der Bundesrepublik weitreichendere Souveränität eingeräumt wurde – die 1.381 Kilometer lange Demarkationslinie zur Bundesrepublik. Die Grenze bestand seither aus einer 5 Kilometer breiten Sperrzone, in die DDR-Bürger nur mit einem Passierschein einreisen durften, einem »500-Meter-Schutzstreifen« und einem 10 Meter breiten Kontrollstreifen, dessen Betreten strikt verboten war. Stacheldraht versperrte den Weg in den Westen. In der DDR-Polizeiverordnung vom 27. Mai 1952 heißt es: »Personen, die versuchen, den Kontrollstreifen in Richtung DDR oder Westdeutschland zu überschreiten, werden von den Grenzstreifen festgenommen. Bei Nichtbeachtung der Anordnung der Grenzstreifen wird von der Waffe Gebrauch gemacht.«[8]

Auch Berlin war von dieser Maßnahme betroffen. Von 277 innerstädtischen Straßenübergängen wurden 200 gesperrt, die Westsektoren vom Umland weitgehend abgeriegelt; beim Überschreiten der Sektorengrenzen in Berlin mußte mit Kontrollen gerechnet werden.[9] Und doch blieb Berlin das einzige Schlupfloch, durch das eine Flucht noch relativ gefahrlos möglich war. Es genügte der Kauf einer S-Bahn-Fahrkarte; innerhalb weniger Minuten hatte man den Stadtsektor und das politische System gewechselt. Eine stetig wachsende Zahl von DDR-Bürgern nutzte diesen Weg, um im Westen neue Arbeits- und Lebensperspektiven zu suchen.

Mit propagandistischem Getöse beschuldigte das SED-Regime den Westen der gezielten Abwerbung und sprach von »Kopfjägerei«. Westliche Geheimdienste würden in der DDR Fachkräfte ansprechen und mit verlockenden Verdienstmöglichkeiten zur Flucht bewegen.[10] Insbesondere Wissenschaftler und Ärzte seien bevorzugte Zielgruppe dieses »Menschenhandels«, dessen wirtschaftlicher Schaden in einem DDR-Prozeßgutachten von 1961 auf über eine Milliarde Mark pro Jahr beziffert wurde.[11] Völlig aus der Luft gegriffen waren diese Behauptungen nicht. Tatsächlich gab es Kontaktaufnahmen und Angebote, vor allem an hochqualifizierte Kräfte, bei denen auch westliche Kalte-Kriegs-Organisationen und Geheimdienste eine Rolle spielten. Für die Massenflucht insgesamt hatten sie indes nur geringe Bedeutung. Deren Ursachen lagen in den politischen und ökonomischen Verhältnissen der DDR selbst.

Im engsten Kreis sprach auch die SED-Führung offen über die tatsächlichen Gründe für die Fluchtwellen. So erklärte Ulbricht Anfang Januar 1961 auf einer Sitzung des Politbüros unumwunden, daß 60 Prozent der Fluchtaktionen mit »Unzulänglichkeiten unserer Arbeit« zusammenhingen und zumeist einen »ökonomischen Ausgangspunkt« hätten.[12] Der Anteil der Erwerbstätigen an den Flüchtlingen betrug ab 1952 konstant über 60 Prozent. Jedes Jahr verlor die Wirtschaft somit eine große Zahl von Arbeitskräften, was auf die Dauer verheerende Konsequenzen für die DDR haben mußte. Ulbrichts ehrgeiziges Wirtschaftsprogramm von 1958, das den Lebensstandard in der DDR auf das Niveau der Bundesrepublik katapultieren sollte – »der Pro-Kopf-Verbrauch unserer werktätigen Bevölkerung mit allen wichtigen Lebensmitteln und Konsumgütern den Pro-Kopf-Verbrauch ... in Westdeutschland erreicht und übertrifft ...«[13] –, drohte bereits 1960 desaströs zu scheitern. Der »Wettkampf der Systeme« schien entschieden, und nicht zu Gunsten des Sozialismus.

In einem dramatischen Schreiben vom 18. Januar 1961 setzte Walter Ulbricht den sowjetischen Staats- und Parteichef Chruschtschow über die desolate Situation ins Bild: »Der konjunkturelle Aufschwung in Westdeutschland, der für jeden Einwohner der DDR sichtbar ist, ist der Hauptgrund dafür, daß im Verlaufe von zehn Jahren rund zwei Millionen Menschen unsere Republik verlassen haben. In dieser Lage waren und sind wir gezwungen, ... ständig mehr für den individuellen Konsum zu verbrauchen, als unsere eigene Wirtschaft ... hergibt. ... Westdeutschland erhöhte die Löhne im Jahre 1960 um ca. 9 Prozent und verkürzte die Arbeitszeit, so daß bereits in einem Teil der Betriebe die Fünftagewoche besteht. ... Bei uns sind solche Lohnerhöhungen und Arbeitszeitverkürzungen nicht im Plan enthalten.« Und weiter: »Wir sind nun einmal ein Staat, ... der bei offenen Grenzen den Wettkampf zwischen den beiden Systemen führt.« Die Botschaft dürfte in Moskau angekommen sein.[14]

Die Lage war in der Tat dramatisch. Ende 1960 hatte die DDR Schulden von rund 1,35 Milliarden Valuta-Mark[15] aufgehäuft, davon 800 Millionen gegenüber der Sowjetunion und 500 Millionen in westlichen Staaten. In der Autoindustrie konnte wegen Materialmangels nur halbtags gearbeitet werden; in anderen Branchen sah es nicht viel besser aus. Ohne sowjetische Hilfe drohte die DDR-Wirtschaft zusammenzubrechen.

Moskau sagte im April 1961 zwar Unterstützung zu (u.a. Warenlieferungen im Wert von 90 Millionen Valuta-Mark; Verzicht auf bereits vereinbarte Konsumgütereinfuhren aus der DDR), doch konnte die Krise der DDR dadurch nicht überwunden werden. Gleichzeitig berichtete das Ministerium für Staatssicherheit von wachsender Unzufriedenheit in der Bevölkerung.[16] Zu jenem Zeitpunkt verließen pro Monat rund 19 000 Menschen die DDR über West-Berlin.

Das Chruschtschow-Ultimatum

Mit einem Paukenschlag hatte die Sowjetunion im November 1958 für eine weitere Verschärfung der Spannungen gesorgt. Im sogenannten Chruschtschow-Ultimatum vom 27. November 1958 forderte Moskau die »Entmilitarisierung« West-Berlins, d.h. den Abzug der Westalliierten, und seine Umwandlung in eine »Freie Stadt«.[17] Als »natürlichste Lösung« bezeichneten die Sowjets »die Wiedervereinigung des westlichen Teils Berlins ... mit dem östlichen Teil, wodurch Berlin zu einer vereinigten Stadt im Bestande des Staates würde, auf dessen Gebiet sie sich befindet.«[18] Das war, so schien es, Moskaus Griff nach West-Berlin.

Den Charakter eines Ultimatums erhielt die Erklärung durch die Ankündigung des Kreml, im Falle einer Ablehnung binnen Jahresfrist im Rahmen eines Friedensvertrags der DDR-Regierung »in vollem Umfang ... ihre Souveränität zu Lande, zu Wasser und in der Luft« zu übertragen.[19]

Der Westen war alarmiert. Nunmehr bestand die konkrete Gefahr, daß die DDR selbst die Kontrolle über die Zugangswege nach Berlin ausüben und eine vollständige (d.h. auch Luft-) Blockade verhängen könnte, um sich das »politische Ärgernis« West-Berlin endlich vom Hals zu schaffen.[20] Die Westmächte wiesen das Chruschtschow-Ultimatum zurück – ungeachtet einer unverhohlenen Drohung des sowjetischen Außenministers Andrej Gromyko, der am 22. Dezember erklärte, daß Berlin zu einem »zweiten Sarajewo«, also zum Auslöser eines Weltkrieges, werden könne.[21] Aus Moskau kamen keine konkreten Gegenreaktionen, man ließ die Dinge in der Schwebe.

Mehr Souveränität für »seine« DDR, das war das Hauptinteresse Walter Ulbrichts in dieser Situation. Nie mehr sich blamieren vor westalliierten Militärpatrouillen, wie es der SED-Chef in einem Klagebrief an Chruschtschow vom Juli 1959 einmal plastisch beschrieb. So sei die DDR gegenüber westlichen Militärmissionen – deren Fahrten durch DDR-Gebiet durch Viermächte-Vereinbarung gedeckt war – völlig machtlos. Diese trieben ungehemmt Spionage (zur »Vorbereitung eines Überfalls auf die DDR«) und würden nicht einmal ihre Ausweise vorzeigen, vielmehr »in vielen Fällen frech auftreten. ... Die Angehörigen der westlichen Militärmissionen lachen unsere Mitarbeiter der Staatssicherheit aus, verhöhnen und beschimpfen sie.«[22] Das konnte sich der erste deutsche Arbeiter- und Bauernstaat natürlich auf Dauer nicht bieten lassen.

Sommer 1961 – Auf Messers Schneide

In Berlin entschied sich das Schicksal der DDR. Dort, an der offenen Grenze, mußte etwas geschehen, sollte der wirtschaftliche und politische Zusammenbruch verhindert werden. Auch in Moskau und Washington spürte man im Sommer 1961, daß die Sache auf eine Entscheidung zusteuerte. Wie würde sie aussehen? Im schlimmsten Fall – Krieg um Berlin?

Ulbricht fuhr Anfang 1961 für eine gewisse Zeit offenbar »zweigleisig«. Bis Juni 1961 hoffte er noch auf eine »große Lösung«, das heißt ein sowjetisch-amerikanisches Abkommen über eine »Freie

Ein Wagen der US-Army am Checkpoint Charlie. Westalliierte bestehen auf freier Durchfahrt.

Stadt« mit umfassenden Souveränitätsrechten der DDR-Regierung. Im DDR-Außenministerium wurden bereits Vertragsentwürfe mit der Regierung einer »Freien Stadt Westberlin« ausgearbeitet, z.B. beschäftigte man sich mit der Frage der Übertragung der Kontrollrechte über den Flughafen Tempelhof an die DDR.[23] Zeitgleich bereitete Ulbricht die Sperrung der Grenze vor.[24] Als er im März 1961 auf einer Konferenz der Warschauer-Pakt-Staaten in Moskau dafür plädierte, den Flüchtlingsstrom mit »Stacheldrahtzäunen« zu stoppen, stieß er bei Chruschtschow noch auf Mißfallen. Eine »radikale Absperrung« passe nicht in die »gegenwärtige sowjetische Taktik«, so der Kremlchef.[25]

Am 15. Juni 1961 gab Ulbricht im Haus der Ministerien, dem heutigen Finanzministerium in der Wilhelmstraße/Ecke Leipziger Straße, eine denkwürdige Pressekonferenz. Als die Korrespondentin der »Frankfurter Rundschau« ihn fragte, ob die von der DDR angestrebte Bildung einer freien Stadt bedeuten würde, daß »die Staatsgrenze am Brandenburger Tor errichtet« werde, antwortete der Staatsratsvorsitzende wörtlich: »Ich verstehe Ihre Frage so, daß es in Westdeutschland Menschen gibt, die wünschen, daß wir die Bauarbeiter der Hauptstadt mobilisieren, um eine Mauer aufzurichten. ... Niemand hat die Absicht, eine Mauer zu errichten!«[26] Der Satz hatte etwas Verräterisches: Nach einer Mauer aber war Ulbricht nicht gefragt worden.

Anfang Juni 1961 kamen Kremlchef Chruschtschow und US-Präsident John F. Kennedy zu einem Gipfeltreffen in Wien zusammen. Alleiniges Thema der Unterredungen: Berlin. Chruschtschow wirkte bei der Ankunft aufgeräumt. Mit Kennedy, erst seit fünf Monaten im Amt, würde er schon fertig werden. Zudem war Kennedys außenpolitisches Ansehen schwer angeschlagen durch die »Schweinebucht-Affaire« vom April 1961, wo ein von der CIA unterstützter Invasionsversuch von Exilkubanern auf Kuba kläglich gescheitert war.

Statt Entspannung brachte das Wiener Gipfeltreffen jedoch eine dramatische Zuspitzung. Chruschtschow, der bei aller Jovialität sehr energisch werden konnte, beharrte auf seinen bekannten Forderungen: West-Berlin als »Freie

»Niemand hat die Absicht, eine Mauer zu errichten ...«

Walter Ulbricht auf der Pressekonferenz am 15. Juni 1961 im Haus der Ministerien in Ost-Berlin. Die DDR-Presseagentur ADN kommentierte das Foto seinerzeit lapidar: »Fragen der Weltpresse zum Deutschen Friedensvertrag und zum Westberlinproblem beantwortete der Vorsitzende des Staatsrates der DDR und Erste Sekretär des ZK der SED, Walter Ulbricht ...«

Stadt« und Abzug der Alliierten. Andernfalls, so drohte er, gäbe es einen separaten Friedensvertrag mit der DDR. Doch Kennedy war nicht der unsichere Polit-Neuling, den Chruschtschow erwartet hatte. Die sowjetischen Forderungen waren für ihn völlig inakzeptabel, da sie die Preisgabe von West-Berlin bedeutet hätten.[27]

Die Atmosphäre zwischen den beiden mächtigsten Männern der Welt wurde zusehends frostiger, es kam zu einem scharfen Wortwechsel. Chruschtschow: »Ich möchte Frieden. Aber wenn Sie einen Krieg wollen, dann ist das Ihre Sache.« Kennedy: » Dann wird es ein kalter Winter.«[28]

Beide Seiten sprachen von Krieg. Daß es Kennedy durchaus ernst meinte, verdeutlicht seine vielfach bezeugte Niedergeschlagenheit nach dem Treffen mit Chruschtschow.[29] Unklar ist, in wieweit Chruschtschow selbst seine Drohung lediglich taktisch einsetzte. Für Fjodor Burlazki, einen engen Mitarbeiter Chruschtschows, stand die Welt im Sommer 1961 tatsächlich am Rande eines Atomkriegs: »Kennedy glaubte, Chruschtschow könnte Atomwaffen einsetzen – ein Irrtum. Chruschtschow glaubte, Kennedy sei zu weich, um Atomwaffen einzusetzen – ebenfalls ein Irrtum. Beide hatten falsch kalkuliert. Die Welt kam nur zufällig davon.«[30]

Über Berlin lag der Schatten der Atombombe.

Doch die Wochen vergingen, ohne daß Einschneidendes geschah. Am 25. Juli 1961 dann hielt der US-Präsident eine mit Spannung erwartete Fernsehrede. Sie ließ an Deutlichkeit nichts zu wünschen übrig: »Wir haben unser Wort gegeben, daß wir einen Angriff auf Berlin als Angriff auf uns alle betrachten. ... Wir können und wollen nicht zulassen, daß die Kommunisten uns aus Berlin vertreiben. ... Man behauptet, daß West-Berlin nicht zu halten ist. Aber das galt auch für Bastogne. Und für Stalingrad. Jeder gefährdete Punkt kann gehalten werden, wenn die Menschen – tapfere Menschen – sich dafür einsetzen. Wir wollen keinen Krieg, aber es wäre nicht das erstemal, daß wir kämpfen müssen.«[31] Noch nie hatte Kennedy so deutlich von der Gefahr eines Krieges gesprochen.

Doch da gab es etwas, das in diesen dramatischen Wochen von vielen Berlinern nicht recht wahrgenommen wurde. Immer wieder erwähnte das Weiße Haus in seinen Erklärungen jene »drei Essentials«, die es »um jeden Preis« zu verteidigen galt: 1. westliche Militärpräsenz in Berlin; 2. freier Zugang nach Berlin und 3. Freizügigkeit in West-Berlin. Vom Ost-Sektor war nie die Rede. Gaben die USA damit den Sowjets freie Hand für das Vorgehen in ihrem Machtbereich?

Gipfeltreffen von Kennedy (r.) und Chruschtschow im Juni 1961 in Wien. Beide drohen mit Krieg um Berlin.

Ende Juni – zwei Wochen nach jenem »Niemand hat die Absicht ...« – bat Walter Ulbricht den sowjetischen Botschafter Michail Perwuchin zum Gespräch. Julij Kwizinskij, ein enger Mitarbeiter Perwuchins (später sowjetischer Botschafter in Bonn), erinnert sich an die Unterredung: »Walter Ulbricht empfing uns an diesem Tag allein. ... Er sagte, die Lage in der DDR verschlechtere sich zusehends. Der wachsende Flüchtlingsstrom desorganisiere immer mehr das ganze Leben der Republik. Bald müsse es zu einer Explosion kommen. ... Perwuchin solle Chruschtschow mitteilen, wenn die gegenwärtige Situation der offenen Grenze weiter bestehen bleibe, sei der Zusammenbruch unvermeidlich.«[32] In Moskau verfehlten diese Worte nicht ihre Wirkung. Wenige Tage später überbrachte Perwuchin dem SED-Chef die Antwort Chruschtschows. »Dieser gab seine Einwilligung, die Grenze zu Westberlin zu schließen ... Ulbricht hörte sich die Mitteilung an und zeigte dabei keinerlei Bewegung. Er nickte mit dem Kopf, bat, Chruschtschow seinen Dank zu übermitteln, und begann sofort davon zu sprechen, wie er sich die Durchführung der Aktion im Detail vorstelle.«[33]

Endlich hatte Ulbricht seinen Freibrief. Am 5. August gaben auch die Partei- und Staatschefs der Warschauer Vertragsstaaten auf einer Konferenz ihr Einverständnis zur Schließung der Grenzen. Dabei schärfte Chruschtschow dem SED-Chef ein, daß östliche Truppen keinesfalls auf westliches Territorium vordringen dürften.[34] Das SED-Politbüro wurde am 7. August von Ulbricht über die geplante Grenzsperrung informiert und veranlaßte umgehend einen formalen Beschluß des Ministerrats.[35] Mit der Vorbereitung der Abriegelung wurde Erich Honecker beauftragt. Sie erfolgte unter höchster Geheimhaltung, so daß bis zum 13. August neben Ulbricht und Honecker vermutlich nur Stasi-Chef Erich Mielke, Innenminister Karl Maron, Verkehrsminister Erwin Kramer, Paul Verner sowie möglicherweise Hermann Matern, Mitglied des Verteidigungsrates, und der stellvertretende Verteidigungsminister Heinz Keßler in die Planungen eingeweiht waren.

Konnte eine so einschneidende und auch aufwendige Aktion überhaupt geheim bleiben im Zeitalter der elektronischen Nachrichtenübermittlung? In Berlin, wo es von Spionen aller Seiten nur so wimmelte? Die Frage, was der Westen wußte, hat Zeitzeugen und Historiker immer wieder beschäftigt. Hätten die USA im Vorfeld reagieren, den Mauerbau vielleicht sogar verhindern können? Auch vier Jahrzehnte nach dem 13. August etwa das gleiche Bild: Der Westen wußte nichts.

Oder fast nichts. Da gab es in Moskau den Doppelspion Oleg Penkowski, der den westlichen Geheimdiensten schon manche hochbrisante Information gesteckt hatte. Dieser hatte am 8. August von dem Abriegelungsbeschluß Wind bekommen, eine unverzügliche Kontaktaufnahme mit seinen westlichen Mittelsmännern aber für zu riskant erachtet.[36]

Der Bundesnachrichtendienst tappte im dunkeln. Noch Anfang August 1961 übergab er Kanzler Adenauer eine Lageeinschätzung, derzufolge mit einschneidenden Maßnahmen der DDR zur Unterbindung des Flüchtlingsstroms vor Ende des Jahres nicht zu rechnen sei. Überhaupt erwarteten die Geheimdienstleute in Pullach ein ganz anderes Vorgehen des SED-Regimes. »Wir hatten damit gerechnet, daß Ost-Berlin gegenüber der DDR dichtgemacht wird. Das wäre technisch einfacher und politisch und militärisch ungefährlicher für die DDR gewesen. Von der Absperrung quer durch Berlin und vom Zeitpunkt sind wir völlig überrascht worden«, so die freimütige Auskunft eines damaligen BND-Mitarbeiters.[37] Es erscheint fast als böser Scherz, daß am Montag, den 14. August, auf dem Schreibtisch von Senatskanzlei-Chef Albertz eine BND-Mitteilung mit Datum vom 11. August landete: Besonderes liege nicht vor ...[38]

Am 30. Juli 1961 allerdings, zwei Wochen vor dem Mauerbau, gab der einflußreiche US-Senator William Fulbright ein etwas befremdliches Fernsehinterview: »Die Wahrheit ist doch, daß die Russen sowieso jederzeit die Grenze dichtmachen können. Ich meine, wir geben da nicht allzu viel auf ..., denn wenn sie die Grenze abriegeln wollen, könnten sie das schon nächste Woche machen und sogar ohne vertragsbrüchig zu werden.«[39] Wußte da einer mehr als andere? Einiges spricht allerdings dafür, daß CIA und BND über Ulbrichts Mauerpläne tatsächlich keine Informationen besaßen. Auch der Ost-Berliner Stützpunkt des sowjetischen Geheimdienstes KGB hatte zunächst keinen Schimmer. Einer, der es wissen sollte, Sergej A. Kondraschow, ehemals führender Deutschlandexperte im KGB, gibt darüber in einem Buch Auskunft: »Die Unterlagen des SWR-Archivs (russischer Auslandsnachrichtendienst seit 1991, d. Verf.) legen den Schluß nahe, daß die DDR auf eigene Faust handelte. Die Pläne des KGB für aktive Maßnahmen und der Schwerpunkt seiner Berichterstattung lassen vermuten, daß der sowjetische Nachrichtendienst fast bis zum letzten Augenblick glaubte, es gehe um den Friedensvertrag.«[40]

Es ging aber um die Mauer.

Konfrontation am Checkpoint Charlie

Machtpolitisch schienen mit dem Mauerbau die Dinge geklärt in Berlin – auf eine sehr schmerzliche Weise zwar, aber dennoch. Wie hatte Kennedy am 14. August im engsten Beraterkreis gesagt? »Eine Mauer ist verdammt noch mal besser als Krieg!« Die »Reviere« der Supermächte waren abgesteckt.

Chruschtschow schlug Mitte Oktober vor dem 22. Parteitag der KPdSU schon gemäßigte Töne an: Die Westmächte zeigten Verständnis für die Situation, und die Sowjetunion würde unter Umständen nicht auf einen Friedensvertrag mit der DDR bestehen. Derweil ließ das SED-Regime die Sperranlagen immer stärker ausbauen; mittlerweile durchzog tatsächlich eine Mauer Teile der Stadt.

Fluchtversuche wurden durch Schußwaffengebrauch verhindert. Es hatte mehrere Tote gegeben. Und dann geschah etwas, das den Status quo auf dramatische Weise wieder in Frage stellte. Doch noch Krieg um Berlin?

Am Abend des 22. Oktober, einem Sonntag, wollte Allan Lightner von der US-Mission in West-Berlin mit seiner Frau zu einem Theaterbesuch in den Ostteil der Stadt fahren. Am Checkpoint Charlie forderte Volkspolizei ihn auf, seinen Ausweis zu zeigen. Lightner weigerte sich, da dies einen Eingriff in die alliierten Rechte bedeutet hätte. Er verlangte einen sowjetischen Offizier zu sprechen, doch ließ sich keiner blicken. Lightner machte kehrt. Wenig später kam er zurück, diesmal in Begleitung von US-Militärpolizisten mit aufgepflanztem Bajonett. Nun ließen ihn die DDR-Grenzer unkontrolliert passieren.[41] In den nächsten Tagen wiederholte sich das Spielchen. Mehrere US-Amerikaner ließen sich von bewaffneten GI's – unkontrolliert – über den Checkpoint Charlie nach Ost-Berlin eskortieren, um auf diese Weise die Rechte der USA in ganz Berlin zu demonstrieren. Es war vor allem General Clay, der gegenüber der US-Regierung darauf beharrte, der Sowjetunion und der DDR an dieser Stelle kein Jota nachzugeben. Er hatte Anfang Oktober 1961 Informationen erhalten, daß die DDR plane, die abgeriegelte Sektorengrenze zu einer offiziellen Staatsgrenze zu erklären und dadurch ihr Hoheitsgebiet auf Ost-Berlin zu erweitern. Dies konnten und wollten die USA nicht zulassen.[42]

26. Oktober 1961. Die Lage spitzt sich zu. Ein US-Panzer am Checkpoint Charlie.

Am 25. Oktober wiesen britische Diplomaten widerspruchslos den DDR-Grenzern ihre Pässe vor, was Clay naturgemäß in Rage versetzte. Der US-General bestand darauf, daß auch nicht uniformierte Vertreter der Alliierten unkontrolliert den Checkpoint Charlie passieren durften. Er wollte es auf eine Machtprobe ankommen lassen.[43] Am 25. Oktober um 8.30 Uhr gingen in der Friedrichstraße mehrere US-Panzer vom Typ M-48 in Stellung.

Am darauffolgenden Tag, Donnerstag, dem 26. Oktober, zogen zehn sowjetische Panzer vom Typ T 54 auf. Nun wurde die Situation bedrohlich. Erstmals seit Beginn des Kalten Krieges standen sich in der Friedrichstraße US-amerikanische und sowjetische Panzer direkt gegenüber, keine 200 Meter voneinander entfernt. Während weitere 20 Sowjetpanzer heranrollten, stand General Clay in direktem Telefonkontakt mit Kennedy und beschwor ihn, nicht die Nerven zu verlieren. Während dieser Konfrontation kam es dennoch zu einem Zwischenfall: Ein US-Bergungspanzer fuhr auf die Grenze zu und überrollte die Demarkationslinie um ca. einen Meter. Ein DDR-Grenzoffizier winkte dem Fahrer, er solle zurücksetzen. Der Panzer fuhr wirklich rückwärts.[44] Am Morgen des 28. Oktober dann zogen sich die sowjetischen Panzer plötzlich zurück. Kurz darauf räumten auch die US-amerikanischen Panzer ihre Stellung. Beide Seiten hatten das Gesicht gewahrt. Alliierte Offiziere konnten auch weiterhin unkontrolliert nach Ost-Berlin fahren.

Kennedy hatte sich bei Chruschtschow persönlich um eine Entschärfung der Lage bemüht. Über seinen Bruder

Robert und den sowjetischen Presseattaché in Washington, Georgij Bolschakow, ließ er den Kremlchef wissen, daß Washington keinerlei Interesse an einer Eskalation habe. Auch Chruschtschow ließ sich während der Panzerkonfrontation per Telefon laufend über die Lage unterrichten. Am Morgen des 28. Oktober gab er persönlich den Befehl zum Rückzug. Gegenüber einem US-Diplomaten äußerte er später: »Fuhren die Panzer vorwärts, hieß das Krieg, fuhren sie zurück, hieß das Frieden.«[45] Sie fuhren zurück. Weder Moskau noch Washington wollten einen Krieg um Berlin.

Chruschtschow hatte im übrigen diese Haltung bereits Ende August 1961 gegenüber dem westdeutschen Botschafter Hans Kroll zum Ausdruck gebracht. Im Hinblick auf mögliche Zwischenfälle habe er den sowjetischen Oberkommandierenden in Deutschland, Marschall Konjew, angewiesen, »Zwischenfälle unter allen Umständen zu vermeiden. Ich will nicht durch die Dummheit irgendeines nervös gewordenen Hauptmanns in einen Krieg hineingezogen werden. Denn ein Krieg wegen Berlin oder der Mauer kommt selbstverständlich nicht in Frage.«[46]

Drohgebärden in der Friedrichstraße. Sowjetische und US-Panzer stehen sich gegenüber.

Trennungen

Frau B., eine Ost-Berlinerin, über die Zeit unmittelbar nach dem 13. August: »Um sich überhaupt wenigstens von weitem noch sehen zu können, sind damals manche zur Schwedter Straße gefahren. Dort hatten welche einen Berg, eine künstliche Erhöhung aufgeschippt. Da standen die Ostler. Die Westler hatten ja andere Möglichkeiten. Die holten eine Leiter oder was, daß sie die Köpfe sehen konnten. Dann wurde hin und her gewinkt. Wie mir eine Bekannte erzählte, kam im Osten aber immer gleich die Polizei: Nicht stehenbleiben! Verboten! Keine Zusammenrottung! ... Gehen Sie weiter!

Ich wurde damals in meinem Bekanntenkreis beneidet, weil ich zwei Treppen wohnte. Denn wenn ich auf meinem Balkon saß, sah ich meine Angehörigen. Mein Sohn oder mein Bekannter standen manchmal an der Wiener Brücke, auf der anderen Seite des Kanals. ... So konnten wir uns sehen. Aber wehe, wenn man sich mal irgendwie geäußert hat oder die Hand hob und winkte. Oder die haben gewinkt, und man hat vielleicht automatisch geantwortet. Also das war ganz schwer verboten. Einmal habe ich mich doch hinreißen lassen, als meine beiden Männer auf der anderen Straßenseite standen und winkten. Ich merkte ja auch ..., daß sie ergriffen waren. Und da hat man eben doch gewinkt oder gerufen: ›Hast du meinen Brief nicht bekommen?‹ Jedenfalls habe ich gewinkt, dann haben sie abgewinkt wie ›Was soll's, man kann sich ja doch nichts sagen.‹ Und wenn die dann gingen, war man natürlich immer in Tränen aufgelöst.«[1]

Dieses West-Berliner Hochzeitspaar kann die Eltern der Braut nur noch von weitem grüßen.

Die Mauer schnitt ins Fleisch einer lebendigen Stadt. Sie trennte Familien, Freundschaften, Liebesbeziehungen. Vor der Grenzschließung hatten täglich hunderttausende Berlinerinnen und Berliner die Sektorengrenzen passiert, um im anderen Teil der Stadt Verwandte und Freunde zu besuchen, einzukaufen, zum Friseur oder ins Kino zu gehen. Etwa 12 000 West-Berliner arbeiteten im Osten, rund 53 000 Ost-Berliner waren allmorgendlich in den Westteil zur Arbeit gefahren, von den Nachbarn oft scheel angesehen wegen des dort verdienten »Westgeldes«. Mit all dem war es im August 1961 quasi mit einem Hieb vorbei.

Wer im Westen gearbeitet hatte, mußte sich in Ost-Berlin eine neue Arbeitsstelle suchen, was bei der gespannten Personallage in den Volkseigenen Betrieben keine Schwierigkeit war. Zudem waren die Betriebe von der SED-Bezirksleitung angewiesen, rasch für die Einstellung früherer »Grenzgänger« zu sorgen. Durchaus glaubhaft erscheint, wenn in den Stimmungsberichten der »Bezirkseinsatzleitung« davon die Rede ist, es werde in den Betrieben »immer wieder besonders begrüßt, daß das Grenzgängertum ein Ende fand.« Neid und Mißgunst spielten dabei sicherlich eine Rolle.[2] In DDR-Zeitungsberichten wurden Arbeiter zitiert, die z. B. befanden: »›Auch von uns haben sie Kollegen abzuwerben versucht. Ich bin froh, daß der Menschenhandel und Grenzgängerei aufhören.‹ Facharbeiter Helmut Kellner vom volkseigenen Betrieb Berlin-Blankenfelde.«[3] Richard Schumann, Mitglied der Kampfgruppe im LEW Hennigsdorf, im »Neuen Deutschland«: »Wir Mitglieder der Kampfgruppe werden morgen in Uniform am Arbeitsplatz erscheinen. Vielleicht schreckt das einige, die provozieren möchten. Sollen sie ruhig nervös werden. Wir sichern unseren sozialistischen Betrieb, und sollte jemand frech werden, wird er unsere starke Hand zu spüren bekommen.«[4]

Im September 1961 waren Verwandte und Freunde mit einemmal weit wie auf einem anderen Stern. Am 23. August waren die letzten für West-Berliner offenen Grenzübergänge geschlossen worden. Die DDR verlangte nun von Bewohnern der Westsektoren Passierscheine, die sie am Bahnhof Zoo, also in West-Berlin, ausgeben wollte. Der West-Berliner Senat lehnte das strikt ab, hätte dieser Schritt doch bedeutet, der Regierung der DDR zu gestatten, Hoheitsrechte im Westteil der Stadt auszuüben. Mit der Schließung der Grenzübergänge waren die letzten Kontaktmöglichkeiten innerhalb der Stadt gekappt. Es gab keine Telefonverbindungen. Kontakte zu Onkeln und Tanten, Großeltern und Enkeln waren über Stacheldraht und wachsende Mauer nur noch durch Blicke und Rufe möglich. Babys wurden über die Mauer hochgehalten, damit die Großeltern im Osten wenigsten aus der Entfernung einen Blick auf den Nachwuchs werfen konnten. In Tränen aufgelöste Hochzeitspaare standen an der Mauer und winkten ihren Verwandten und Freunden zu, die nicht hatten zur Feier kommen können.

In den ersten Wochen duldet die DDR-Volkspolizei noch, daß sich die Menschen über die Mauer zuwinken.

IM SCHATTEN DER MAUER

Verwandte und Freunde in Ost-Berlin rücken in immer weitere Ferne, wie hier in der Bernauer Straße.

Frau B. wohnte auf Ost-Berliner Seite nur wenige Meter von der Mauer entfernt. Eines Tages erhielt sie ungebetenen Besuch: »›Wir kommen von den Grenztruppen und wollen unbedingt mal mit Ihnen sprechen.‹ Ich ließ sie rein. ... Es war sagenhaft, was die mir alles gesagt haben. Winken und Zeichen geben wäre verboten, ich machte das öfters. Ich sollte mir so etwas nicht noch einmal einfallen lassen. Ob mir bewußt sei, daß sie sehr, sehr würdige Genossen für diese Wohnung hätten?«[5]

Winken, wenigstens ein kurzer Blickkontakt über die Mauer – bald ging auch das nicht mehr. Die Sperranlagen wurden immer dichter, das Grenzregime immer strenger. Am 15. August begann die DDR, an mehreren Stellen in der Stadt den Stacheldraht durch eine Mauer zu ersetzen. Sie bestand zunächst aus Hohlbausteinen; ab November 1961 wurden auch Betonplatten übereinandergeschichtet. Schrittweise wurde die gesperrte Grenze zur Mauer.

Zweihundert Meter Entfernung, zwei Welten. Die Menschen in Ost-Berlin sahen sich gezwungen, auch im Schatten der Mauer so etwas wie ein normales Leben zu führen. Für das SED-Regime hatte das vor allem zwei Konsequenzen. Auf der einen Seite verlor der »Zwangsstaat« DDR vollends an Ansehen, im Westen wie beim größten Teil seiner Bevölkerung. Und viele Menschen zogen sich zunehmend ins Private zurück; es waren die Anfänge einer sogenannten Nischengesellschaft. Politisches und gesellschaftliches Engagement war für die allermeisten Bürger nur noch lästige Pflichtübung.

»... ewig im Zustand inneren Haders und moralischer Empörung zu leben ist schwer – fast unmöglich. Die Menschen meinten zurecht, daß sie nur dieses eine Leben hätten, und richteten sich darauf ein, es in der DDR zu verbringen. Sie hatten an das berufliche Fortkommen und an die Laufbahn der Kinder zu denken.«[6] Der Mauerbau hatte auch eine Stabilisierung des Regimes zur Folge. Nun konnten ihm die Menschen nicht mehr weglaufen. Zwar verschärfte die SED nach dem 13. August zunächst die Repressionen – im zweiten Halbjahr 1961 wurden 18 297 politische Urteile gefällt, gegenüber 4 442 im ersten –, doch allmählich lockerte sich der eiserne Griff. Und als ab 1963/64 auch die wirtschaftliche Lage und der Lebensstandard sich zwar langsam, aber stetig verbesserten, erleichterte das vielen ein Arrangement mit den Verhältnissen.[7]

Der Schriftsteller Günter de Bruyn rückblickend: »Trotzdem mußte man mit ihr leben, konnte sich nicht über Jahre, Jahrzehnte, weil man den Schritt nach Westen nicht rechtzeitig getan hatte, einen entschlußlosen Dummkopf schelten, konnte sich nicht ewig nach dem Kurfürstendamm oder dem Britzer Dorfteich verzehren, nicht ständig als schmerzlich empfinden, daß man den Taunus, den Odenwald ... nicht mehr erleben konnte und daß Kopenhagen, Paris oder Rom einem für immer verschlossen waren. Man mußte vergessen, daß die häufig besuchte Ackerstraße ... noch eine Fortsetzung nach Norden hatte ..., und wenn man unter dem Straßenpflaster in Fünf-Minuten-Abständen die U-Bahnen von Westen nach Westen rasseln hörte, mußte man irgendwann einmal aufhören zu denken: Ach, wer doch da mitfahren könnte, nach Tegel oder Neukölln. Um eingesperrt überhaupt leben zu können, mußte man so zu leben versuchen, als gäbe es die Absperrung nicht.«[8]

»Keinen Pfennig mehr für Ulbricht!« – Der S-Bahn-Boykott

Nahezu die gesamte Infrastruktur der Stadt wurde durch die Mauer abgeklemmt. Selbst die Kanalisation war durch Sperrgitter gespalten. Besonders kraß war der Einschnitt ins S- und U-Bahnnetz, eine der Lebensadern Berlins. Für die West-Berliner war nunmehr bereits in Gesundbrunnen, Wannsee, Sonnenalle oder Lichtenrade Endstation; für Ost-Berliner in Friedrichstraße oder Schöneweide.

Der Stellwerkmeister Günter Kube aus Ost-Berlin hatte die Nacht zum 13. August im S-Bahnhof Potsdamer Platz miterlebt: »Der erste Anruf kam um 0.10 Uhr vom Dispatcher in Lichten-

Die Wut der West-Berliner sucht ein Ventil. Sie findet es im Boykott der S-Bahn.

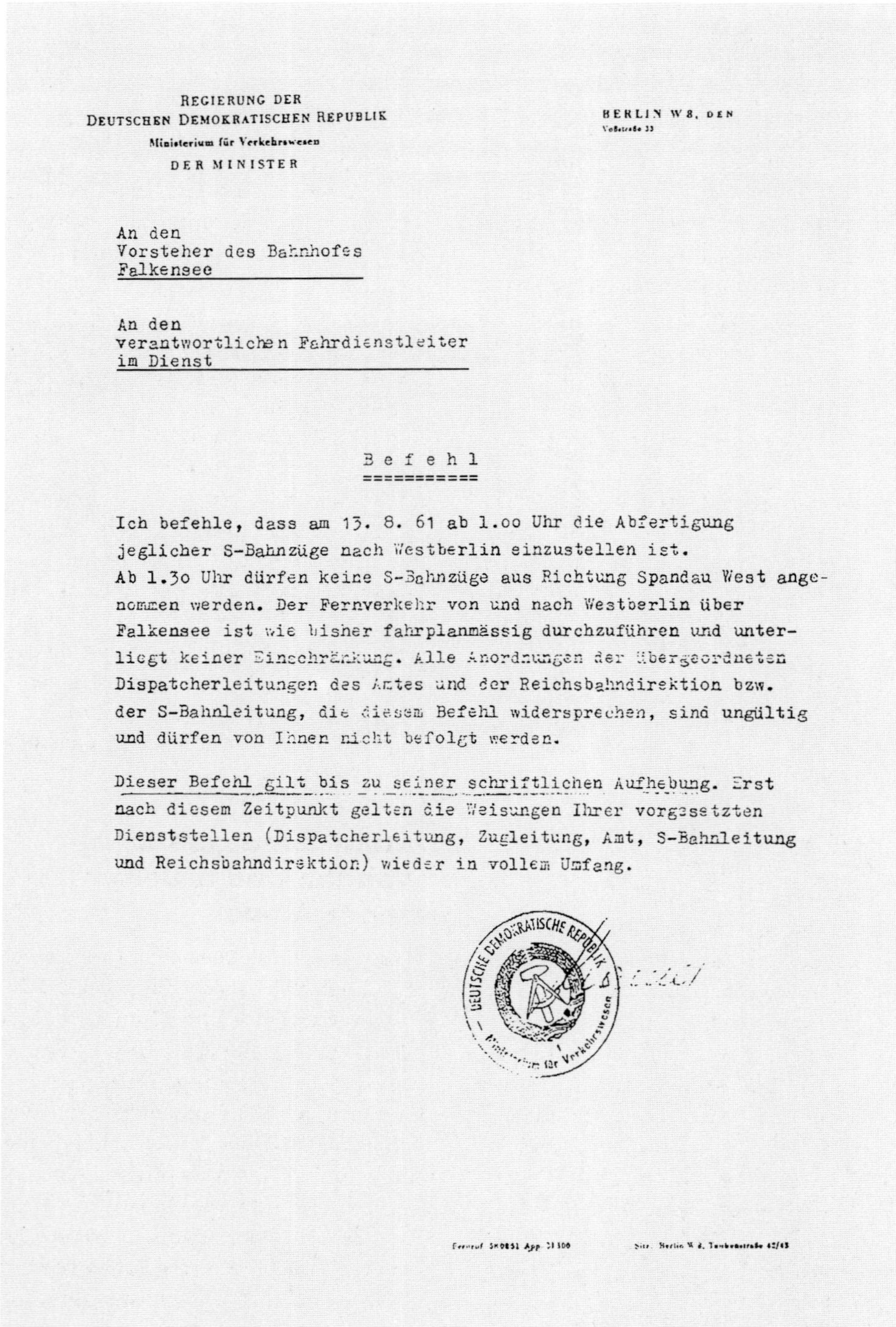

REGIERUNG DER
DEUTSCHEN DEMOKRATISCHEN REPUBLIK
Ministerium für Verkehrswesen
DER MINISTER

BERLIN W 8, DEN
Voßstraße 33

An den
Vorsteher des Bahnhofes
Falkensee

An den
verantwortlichen Fahrdienstleiter
im Dienst

Befehl

Ich befehle, dass am 13. 8. 61 ab 1.oo Uhr die Abfertigung jeglicher S-Bahnzüge nach Westberlin einzustellen ist.
Ab 1.3o Uhr dürfen keine S-Bahnzüge aus Richtung Spandau West angenommen werden. Der Fernverkehr von und nach Westberlin über Falkensee ist wie bisher fahrplanmässig durchzuführen und unterliegt keiner Einschränkung. Alle Anordnungen der übergeordneten Dispatcherleitungen des Amtes und der Reichsbahndirektion bzw. der S-Bahnleitung, die diesem Befehl widersprechen, sind ungültig und dürfen von Ihnen nicht befolgt werden.

Dieser Befehl gilt bis zu seiner schriftlichen Aufhebung. Erst nach diesem Zeitpunkt gelten die Weisungen Ihrer vorgesetzten Dienststellen (Dispatcherleitung, Zugleitung, Amt, S-Bahnleitung und Reichsbahndirektion) wieder in vollem Umfang.

Deutsche Demokratische Republik – Ministerium für Verkehrswesen

Fernruf 580851 App. 21100 — Sitz: Berlin W 8, Taubenstraße 42/43

Mit der Grenzschließung wurde auch der S-Bahn-Verkehr zwischen Ost- und West-Berlin eingestellt.

rade ... Und der sagte, hier ist ein Bauzug angekommen, hier werden die Gleise abgebaut. Was? – das ist doch unmöglich, rief ich. ... Gegen 0.30 wieder ein Anruf, diesmal aus Teltow: Hier ist auch ein Arbeitszug gekommen, hier werden Gleise ausgebaut. Daraufhin haben wir noch mal den Oberdispatcher gefragt, und der hat gesagt: geht in Ordnung. Alle Züge auf der Strecke fahren ab sofort nur noch zwischen Potsdamer Platz und Nordbahnhof. ... Und morgens, als wir Feierabend hatten, das war dann Sonntagmorgen um 10.00 Uhr, mußten wir nach Hause laufen. Da fuhr dann gar nichts mehr ...«[9]

Zwar verkehrten die S-Bahn-Züge auf ihrem gekappten Streckennetz bald wieder planmäßig, doch in West-Berlin saß kaum einer drin. »Wer S-Bahn fährt, bezahlt den Stacheldraht!« »Keinen Pfennig mehr für Ulbricht!« So stand es auf Plakaten, mit denen sich junge Leute im August 1961 vor West-Berliner S-Bahnhöfen postierten. Die Wut der West-Berliner hatte ein konkretes Objekt gefunden – die S-Bahn, die aufgrund einer Viermächte-Vereinbarung auch im Westteil unter Ost-Berliner Regie betrieben wurde. Der vom Deutschen Gewerkschaftsbund noch im August ausgerufene S-Bahn-Boykott zeigte durchschlagende Wirkung. Innerhalb weniger Tage waren Züge und Bahnhöfe in West-Berlin verwaist. Von den 500 000 Fahrgästen, die sonst die S-Bahn pro Tag benutzt hatten, blieben gerade mal 100 000. Wer weiter S-Bahn fuhr, mußte sich wütende Beschimpfungen anhören. Wiederholt kam es auch zu Rangeleien und Handgreiflichkeiten, insbesondere gegen Bahn-Bedienstete, die im Ruf standen, »Handlanger der Kommunisten« zu sein.

Ein S-Bahner erinnert sich: »Nach

dem Mauerbau, nach dem Boykott-Aufruf, mußten wir uns in acht nehmen, damit sie uns nicht an den Kragen gingen. Eenmal hab ick ma wehren müssen, da stand ick hier am Bahnhof Feuerbachstraße. Da kamen zwei so junge Bengels vorbei, hauten mir die Mütze vom Kopp. Na ja, eh der sich nu versehen hatte, hatte ich ihm schon det Been in den Unterleib und die Tasche mit de Aktenmappe hab ick ihm unters Kinn gehauen. Die Aktenmappe war schwer, da war ja mein Schlüssel, mein Fahrschlüssel drin. Dem ist der Zigarettenstummel im hohen Bogen rausgeflogen! Na, der hatte gedacht, ick halte still, ja, aber so war ick nich, ick war denn imma sehr schnell bei sowatt uff de Tanne. Ja det hat man alles erlebt in dieser Zeit. Det Gefrozzel immer, wenn man ankam in Uniform: ›Da kommt Ulbrichts General!‹ Ich hab denn nachher immer nen dünnen blauen Nylonmantel drübergezogen, da hatt' ich meine Ruhe.«[10]

Die West-Berliner Verkehrsgesellschaft BVG richtete parallel zu den S-Bahn-Strecken umgehend neue Buslinien ein, um den Andrang zu bewältigen. Die S-Bahn verödete mehr und mehr. In den folgenden Jahren wurden einige U-Bahn-Linien mit hohem Kostenaufwand parallel zu S-Bahn-Trassen verlängert. Es war ein politischer Boykott, der jeder verkehrspolitischen Logik widersprach. Und wer als West-Berliner dennoch die S-Bahn benutzte, hatte häufig größere Unannehmlichkeiten zu gewärtigen. S-Bahn-Reisende wurden vor den Fahrkartenschaltern als »Kommunistenschweine« beschimpft oder anfangs sogar tätlich angegriffen.

Aber auch in West-Berlin hielt nicht jeder den Boykott der S-Bahn für eine besonders kluge Reaktion. 1964 wandte sich der Schriftsteller Uwe Johnson, der selbst 1960 aus der DDR nach West-Berlin gegangen war, in der »Zeit« gegen den Boykott: Er verglich ihn mit einer Amputation und warnte vor »schweren Kreislaufstörungen« im täglichen Verkehr der Stadt und der vereinzelten Praxis, politisch Andersdenkenden eine S-Bahn-Karte zuzuschicken. – »Geh doch rüber!« Johnson hielt den objektiv eher widersinnigen S-Bahn-Boykott für eine Politik, die nur die Hilflosigkeit des Westens spiegelte. Er befand: »Wir hacken uns ein Bein ab, wenn es uns paßt! – und sollte es die S-Bahn sein.«[11]

»Einreise« nach Ost-Berlin ohne Ausweis, ohne Kontrolle. Auch das gab es in der an Absurditäten nicht armen Mauerstadt Berlin. Zu diesen Absurditäten der Teilung zählte der S-Bahnhof Wollankstraße an der Nord-Süd-Strecke. Er lag im Ost-Berliner Bezirk Pankow, unmittelbar an der Grenze zum Wedding, und konnte doch nur von West-Berlinern betreten werden. Ein Schild machte die Fahrgäste eindringlich aufmerksam: »Achtung! Dieser Eingang und der Bahnhof liegen im Sowjetsektor«.

Ein Stück Ost-Berlin außerhalb der Mauer also, hart an der Grenze. Die dort eingesetzten S-Bahn-Bediensteten waren West-Berliner. War man hier besser vorsichtiger mit politischen Äußerungen? Konnte man wegen »staatsfeindlicher Hetze« auf Bahnsteig B einkassiert werden? Was stand auf »Verunreinigung sozialistischen Eigentums«? Tatsächlich kam es vor, daß »auffällig gewordene« West-Berliner auf dem Bahnhof Wollankstraße festgehalten und in Räumen unterhalb der Gleisanlagen von Stasi-Leuten verhört wurden. Die gelangten durch eine sonst fest verschlossene Tür an der Ostwand auf den Bahnhof. Womöglich auch eine bequeme Schleuse für östliche Agenten – Tür auf, Tür zu, Treppe hoch, rein in die S-Bahn ...

Im Januar 1962 entdeckten DDR-Grenztruppen unter den Gleisanlagen einen fachmännisch ausgebauten Tunnel, den zuvor mehrere Dutzend Ost-Berliner zur Flucht in den Westen genutzt hatten.[12]

Nachdem im Januar 1984 die bis dahin zur Reichsbahn gehörende S-Bahn von der West-Berliner BVG übernommen worden war, änderten sich auch im Bahnhof Wollankstraße die Verhältnisse, allerdings gewissermaßen gegenläufig. Hatten bis 1980, bis zum S-Bahner-Streik, West-Berliner die Züge abgefertigt, taten ab Oktober 1984 jeweils zwei S-Bahner aus Ost-Berlin mit Sonderausweis dort ihren Dienst. Zu Schichtbeginn erhielten sie im Bahnhof Friedrichstraße eine Fahrkarte und mußten mit einem bestimmten Zug, jeweils im ersten Wagen, an ihre Arbeitsstelle jenseits der Mauer fahren.

»Halt! Grenzgebiet!« – Wohnen und arbeiten an der Mauer

Mehr als 120 000 Menschen wohnten und arbeiteten auf Ost-Berliner und DDR-Gebiet in unmittelbarer Nähe der Mauer. 120 000 potentielle Flüchtlinge – oder ebensoviele »Freiwillige Helfer der Grenztruppen«? Im schematischen Denken der DDR-Oberen vermutlich beides.

Im Juni 1963 wurde offiziell ein »Grenzgebiet« an der Mauer deklariert, das nur mit Genehmigung betreten werden durfte. Es hatte eine Breite von etwa 40 Meter bis zu 1,5 Kilometer, gerechnet von der »Hinterlandmauer«, der ersten

Grenzsperre von Osten, die für Ost-Berliner die eigentliche Grenze war. Jene 3,60 Meter hohe Betonmauer, die im Westen als *die* Mauer galt, bekam die DDR-Bevölkerung bis 1989 nicht zu Gesicht.

An einigen Stellen der »Außenring-Grenze« erstreckte sich das Grenzgebiet bis zu 2,5 Kilometer tief ins Umland. Es war durch Schilder gekennzeichnet: »Halt! Grenzgebiet!« Zufahrtsstraßen und -wege waren meist durch »Blumenkastensperren« blockiert. Die Zugangsregelung wurde restriktiv gehandhabt: »Ausnahmegenehmigungen für Bürger, die den Schutzstreifen aus beruflichen Gründen oder zur Erreichung ihres Wohnortes innerhalb der Sperrzeit passieren müssen, sind nur in eindeutig begründeten Fällen zu erteilen.«[13]

Spontaneität war nie besonders gefragt in der DDR; im Grenzgebiet schon gar nicht. Wer dort wohnende Verwandte besuchen wollte, für den mußte dies bei der Volkspolizei beantragt werden – auf die Genehmigung konnte man bis zu vier Wochen warten. Zwar gab es keine festen Kontrollpunkte, doch mußte man jederzeit gewärtigen, seinen Sonderausweis bzw. »Berechtigungsschein« vorzuzeigen. Zur Kontrolle berechtigt waren Grenztruppen, Volkspolizei, Stasi-Mitarbeiter und die sogenannten »Freiwilligen Helfer«. Überhaupt war der Kreis derer, die das Grenzgebiet zu Besuchen betreten durften, sehr beschränkt.

Frau K. lebte seit 1969 im innerstädtischen Grenzgebiet. Sie berichtet: »Also Kinder unter vierzehn Jahren durften so rein. ... Sonst nur ersten Grades, Geschwister, Eltern und Kinder, Enkelkinder nicht mehr. Jeder, der hier wohnte, mußte seinen Bekannten- und Freundeskreis, auch seinen ferneren Verwandtenkreis aufgeben. Man kannte doch hier viele, die ein paar Straßen weiter und nicht im Grenzgebiet wohnten. Die haben dann gedacht, man will sie nicht einladen. ... Wir mußten selbst die Passierscheine für sie einreichen, die durften das ja nicht. Und wenn man dann etwa mal für einen runden Geburtstag einreichte und kriegte keinen, dachten die doch, man will nicht.«[14]

Die Anträge wurden von der Polizei über die Abteilung Inneres zur Kreisdienststelle der Staatssicherheit weitergeleitet. Dort wurden die betreffenden Personenakten genauestens überprüft und die Anträge an die Polizei zurückgeschickt mit den Vermerken »keine Bedenken« oder »abgelehnt« – ohne Begründung.

Ein besonderes »Sicherheitsproblem« waren die im Grenzbereich gelegenen Betriebe. Wiederholt drängte das Grenztruppenkommando auf verstärkte Sperr-

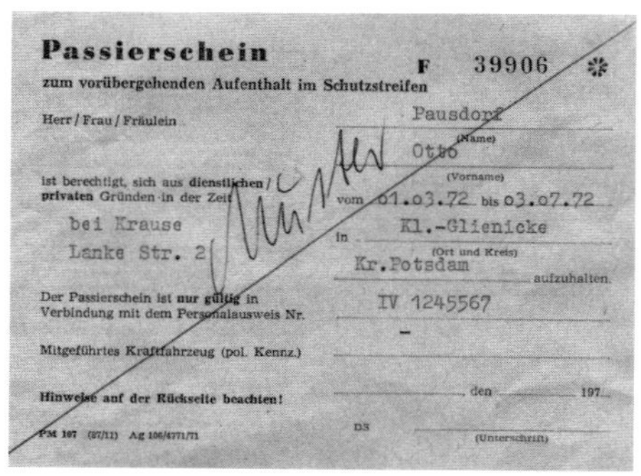

Passierschein F 39906
zum vorübergehenden Aufenthalt im Schutzstreifen

Herr/Frau/Fräulein Pausdorf (Name)
Otto (Vorname)

ist berechtigt, sich aus dienstlichen/privaten Gründen in der Zeit vom 01.03.72 bis 03.07.72
bei Krause
Lanke Str. 2
in Kl.-Glienicke (Ort und Kreis)
Kr. Potsdam aufzuhalten.

Der Passierschein ist nur gültig in Verbindung mit dem Personalausweis Nr. IV 1245567

Mitgeführtes Kraftfahrzeug (pol. Kennz.) –

Hinweise auf der Rückseite beachten! ...., den .... 197..

DS (Unterschrift)

PM 107 (87/11) Ag 106/4771/71

Muster

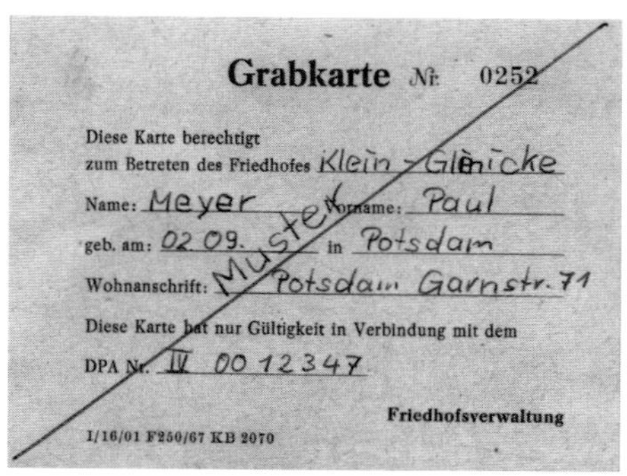

Grabkarte № 0252

Diese Karte berechtigt
zum Betreten des Friedhofes Klein-Glienicke
Name: Meyer Vorname: Paul
geb. am: 02.09. in Potsdam
Wohnanschrift: Potsdam Garnstr. 71
Diese Karte hat nur Gültigkeit in Verbindung mit dem
DPA Nr. IV 0012347

Friedhofsverwaltung

1/16/01 F250/67 KB 2070

Muster

AUSWEIS № 041292 F

G[redacted]
Familienname
Joachim
Vorname
31.12.1947
geboren am
Student
Beruf
Erkner
Wohnort
Unter den Eichen 6
Straße, Nr.
V 0528372
Nr. des PA
Eigenhändige Unterschrift

Genehmigungsvermerk
Der Inhaber dieses Ausweises ist berechtigt, das im Grenzgebiet an der Staatsgrenze zwischen der DDR und Westberlin gelegene Gelände des Betriebes bzw. Institution über die Zugangswege
K.-Marx-Str.
zu betreten.
15.8.1968
Datum

Siegel

Rat des Kreises, der Stadt,
des Stadtbezirkes,
Abt. Innere Angelegenheiten
Der Leiter

Muster

Passierscheinkontrolle im Ost-Berliner »Grenzgebiet« durch einen »Freiwilligen Helfer«.

Wer im »Grenzgebiet« wohnte, arbeitete oder dort einen Friedhofsbesuch machen wollte, mußte sich Passierscheine oder «Grabkarte« ausstellen lassen.

maßnahmen: »In Betrieben und an anderen Arbeitsplätzen in Grenznähe sind ... Sicherungs- und Ordnungsmaßnahmen durchzusetzen, die ... eine Ausnutzung der Objekte zu Grenzverletzungen auszuschließen. ... Durch das ununterbrochene Zusammenwirken aller im Grenzgebiet und an seinen Zugängen eingesetzten bewaffneten Kräfte ist ein zuverlässiges System der ständigen Aufklärung und Überwachung des Grenzgebietes in seiner gesamten Tiefe zu schaffen.«[15]

Mehrere Friedhöfe, so der Invaliden- und der Sophien-Friedhof, lagen im Grenzgebiet. Für das Betreten solcher Friedhöfe mußte eine spezielle Grabkarte beantragt werden. Handwerker, die in der Nähe der Mauer zu tun hatten, mußten sich zuvor einen grünen »Passierschein zum vorübergehenden Aufenthalt im Grenzgebiet« besorgen.

Nach einer Aufstellung des Verteidigungsministeriums wurden z.B. 1975 für das Grenzgebiet um West-Berlin insgesamt 88 579 Passierscheine ausgegeben. Als sich bei Bewohnern des Grenzgebiets Fluchtversuche häuften, verlangte das Grenztruppen-Kommando Ende 1988, Personen, die einen Ausreiseantrag gestellt haben, keine Wohnungen mehr im Grenzgebiet zuzuweisen. Dort wohnende »Antragsteller« sollten nach Möglichkeit »umgesiedelt« werden.[16]

Über alles und jedes wollten die DDR-Staatsorgane informiert sein, auch und vor allem in Mauernähe. So erstellten die Grenzregimenter in regelmäßigen Abständen genaue »Analysen« über die Wohnbevölkerung und die baulichen Verhältnisse im Grenzgebiet. Detailliert wurden Gebäude und Straßen aufgezählt, Schwerpunkte des Fußgänger- und Autoverkehrs. »Konzentrierungen von Zivilpersonen treten auf zu zentralen Veranstaltungen im Walter-Ulbricht-Stadion, Fassungsvermögen 65-70 000 Personen, Anschrift: Chausseestraße. 95-99, Verantwortl.: Gen. Albert H. ...«, so in einer Analyse der »sozial-ökonomischen Struktur« des Grenzregiments 33 vom Juli 1964.[17] Es folgten jeweils genaue Angaben zur Bevölkerungszahl und ihrer sozialen Zusammensetzung. Aus dem zitierten Bericht: »Einwohnerzahl im Grenzgebiet ... insgesamt 3 063, davon 887 Rentner und 470 Kinder.« Ob folgende soziologische Zusammensetzung der Wohnbevölkerung als besonders »brisant« erachtet wurde, darüber schweigt sich der Bericht aus: »Arbeiter ca. 60%, Angestellte ca. 6%, Gewerbetreibende ca. 1%, Intelligenz ca. 1%, Rentner ca. 16% ... Hausfrauen ca. 7% ... Ausländer ca. 0,3%.«[18]

Auch über das Gebiet jenseits der Mauer machten sich die Kommandos der Grenzregimenter Gedanken. Über die Weddinger Wohnbevölkerung heißt es in dem erwähnten Bericht in fehlerhaftem Deutsch: »Die Bevölkerung ist durch den Schwindelkurs vor dem 13. August 1961 und der SPD-Politik korrumpiert und

Blick von einem Beobachtungsturm der Grenztruppen. Auf mehr als 1000 Fotos haben die Grenztruppen den Verlauf der Mauer dokumentiert.

verhält sich gegenüber den Grenzsicherungsmaßnahmen passiv. Ein geringer Prozentsatz der Bevölkerung läßt sich durch die Frontstadtpolitik der westberliner Ultras zu Provokationen gegen unsere Staatsgrenze verleiten.«[19]

Die DDR-Führung wollte im Grenzgebiet eine möglichst lückenlose Kontrolle ausüben und scheute dabei vor rigorosen Methoden nicht zurück. Wohnblöcke wurden abgerissen, um den Grenztruppen »freies Beobachtungs- und Schußfeld« zu verschaffen. Vor allem in den sechziger Jahren ordnete die SED-Führung umfassende Aussiedlungs- und Abrißarbeiten an. Dadurch sollten vor allem im Ost-Berliner Stadtgebiet »unübersichtliche« Stellen begradigt werden. Ganze Wohnblöcke und Betriebe wurden im Zuge dieser »Bereinigungsmaßnahmen« abgerissen, das Gelände anschließend planiert. Mehrere tausend Personen mußten ihre Wohnungen verlassen. Bürokratisch korrekt ging es dabei zu. Es wurden Umzugsbeihilfen und Entschädigungen, allerdings in eher bescheidener Höhe, gezahlt. Ihre Grenzordnung ließ sich die DDR etwas kosten. Nach einer groben Schätzung der Grenztruppen ließen sich die Ausgaben für derartige Aktionen für den Zeitraum von 1965 bis 1970 auf insgesamt rund 32,7 Millionen DDR-Mark für Umzug, Abriß, Entschädigungen und Ersatzbauten beziffern.[20]

Am besten war es in den Augen der SED-Funktionäre natürlich, wenn überwiegend »klassentreue« Genossen im Grenzgebiet wohnten. Tatsächlich versuchte die DDR-Führung, den Anteil der SED-Mitglieder im Grenzgebiet stetig zu erhöhen. »Es ist zu sichern, daß klassentreue und prinzipienfeste, der Republik ergebene Kader für Funktionen im Grenzgebiet ausgewählt werden, die gleichzeitig über gute Erfahrungen in der politischen Massenarbeit verfügen.«[21] Diese sollten unermüdlich Propagandaarbeit leisten, um »jeden Bürger in der Notwendigkeit und Zweckmäßigkeit der Sicherungsmaßnahmen zu bestärken und die Mehrzahl der Bürger dafür zu gewinnen, sich persönlich für die Erhaltung der Grenzordnung verantwortlich zu fühlen. ... Keine Frage und kein Argument der Bevölkerung im Grenzgebiet darf unbeantwortet bleiben.«[22]

Dicht an der Mauer zu wohnen stellte für viele, wenn nicht die meisten Betroffenen eine besondere Belastung dar. Ständig den Grenzstreifen vor Augen zu haben, ausgestorben, öde, lebensgefährlich, nachts hell beleuchtet; ständig daran erinnert zu werden, daß die Welt jenseits dieser Mauer versperrt war, wer sollte da nicht ins Grübeln kommen. So gab es neben den allfälligen Kontrollen und Repressionen auch Vergünstigungen für Arbeiter und Bewohner des Grenzgebietes, u.a. eine 15prozentige Lohnzulage. In grenznahen Kreisen – vor allem an der innerdeutschen Grenze, aber auch im Grenzgebiet um West-Berlin – sollte stets für eine gute »Versorgungslage« gesorgt werden. »Die Sicherung der Versor-

Freies Sicht- und Schußfeld: Sprengung einer Häuserzeile an der Bernauer Straße 1967.

Angehörige der Grenztruppen bei der Propagandaarbeit.

gung der Bevölkerung in den Grenzkreisen und -gemeinden ist eine Aufgabe von erstrangiger politischer Bedeutung für die Handels- und Dienstleistungsbetriebe. Die Räte der Bezirke und Kreise sind verantwortlich für ... die niveauvolle gastronomische Versorgung und Betreuung.«[23]

Doch sah die Realität oft anders aus. Ein ehemaliger Bewohner des Grenzgebiets: »Wenn immer gesagt wurde, die Menschen im Grenzgebiet müssen bevorzugt versorgt werden, weil sie große Entbehrungen haben, dann war das nur relativ. Es wurden ... immer große Reden über die Versorgung im Grenzgebiet geschwungen, und der krasse Gegensatz war unsere Kaufhalle.«[24]

In der Tat hatten die Bewohner des Grenzgebiets einiges auszustehen. Die Überwachung war nahezu lückenlos und lästig. »Jede Nacht kamen die Soldaten und guckten in den Keller und auf den Boden. Nachts um zwei hielt das Motorrad mit den Grenzern. Die schlossen auf, in den Keller runter. Wir mußten jeder sogar die Decke, die wir innen vor der Kellertür hatten, wegnehmen oder ein Loch reinschneiden ..., daß sie alles ausleuchten konnten. Und jede Nacht stiegen sie auf den Boden.«[25]

Alle Aktivitäten der Grenzschützer konnten nicht verhindern, daß immer wieder Bürger der DDR zu flüchten versuchten. In grenznahem Gebiet sondierten viele Flüchtlinge vor ihrem riskanten Schritt zunächst das unmittelbare Umfeld. So auch der 18jährige Wolfgang Schulze, Schüler an der Max-Planck-Oberschule im Ost-Berliner Bezirk Mitte. Vier Fluchtversuche Schulzes waren bereits gescheitert, als er im Januar 1964 hinter dem Bahnhof Friedrichstraße einen Hinterhof entdeckte, von dem aus er unbemerkt auf den Bahndamm klettern konnte. Tagelang beobachtete der Schüler, wie hier allabendlich der Zug Moskau-Paris nach Westen fuhr – mit nur 25 Stundenkilometern Geschwindigkeit. Am 23. Januar wagte Schulze den Sprung vom Bahndamm auf den vorüberfahrenden Zug: »So warf ich mich auf das Trittbrett, fiel aber wieder herunter ... Am nächsten Wagen klappte es. Ich stellte mich zwischen zwei Wagen auf die Puffer und stieg erst hinter dem Lehrter Bahnhof in einen Wagen.«[26] Sieben eingeweihten Mitschülern gelang in den folgenden Nächten auf dieselbe Weise die Flucht, bis einer beim Klettern auf dem Bahndamm abrutschte und Grenzsoldaten auf ihn aufmerksam wurden. Nach seiner Festnahme wurde das Loch hinter dem Bahnhof Friedrichstraße gestopft.

Mauer in Teltow. Vor Einbrüchen sicher, doch zuweilen mochte Beklemmung aufkommen.

Tunnelfluchten

Einer wollte seine Freundin »rausholen«, ein anderer hatte noch eine Rechnung offen mit der SED, zwei machten mit aus Solidarität und Abenteuerlust. Fünf Monate nach dem Mauerbau schmiedeten Hasso, Ulli, Gigi und Mommo, vier Studenten in West-Berlin, Pläne zur Überwindung der Mauer. Daraus wurde eines der spektakulärsten Fluchtunternehmen überhaupt – und das Fernsehen war live dabei.

Die Kanalisation schied als Fluchtweg aus, da sie mittlerweile durch Sperrgitter abgeriegelt war. Direkte Grenzdurchbrüche wurden immer gefährlicher; es waren bereits mehrere Flüchtlinge erschossen worden. Also ein Tunnel. Mehrere Tage suchten die vier auf West-Berliner Seite das Gelände ab, dann hatten sie einen idealen Ort gefunden: eine halbzerstörte Fabrikanlage an der Bernauer Straße. Es wurden Karten im Maßstab 1:1000 besorgt, die auch die Verhältnisse im Ost-Berliner Grenzgebiet verzeichneten. Der Tunnel sollte rund 150 Meter lang werden und im Keller des Hauses Schönholzer Straße 7 in Ost-Berlin enden. Dort wohnte ein bulgarischer Freund, der in die Pläne eingeweiht wurde.

Im Keller in der Bernauer Straße 73 ging es zuerst 7 Meter tief in die Erde, dann geradeaus. Graben rund um die Uhr, 24 Stunden lang, in drei Schichten, Tagesleistung zwischen 1 und 3 Metern, je nach Beschaffenheit des Bodens. Insgesamt waren 41 Männer beteiligt. Für Belüftung sorgte ein improvisiertes System aus Ventilator und Ofenrohren.

Nach mehreren Wochen Arbeit dann ein Rückschlag: Wassereinbruch. Offenbar war eine Leitung beschädigt worden. Als alles Pumpen nichts mehr half, gingen zwei Tunnelbauer zum Weddinger Bauamt und baten um Reparatur des Rohrbruchs. Wie konnten die beiden einen unterirdischen Rohrbruch bemerkt haben? Ohne nachzufragen veranlaßte die West-Berliner Behörde die gewünschte Reparatur.

Über einen Journalisten hatten die Tunnelbauer Kontakt mit einem US-Fernsehteam bekommen, das von einem frühen Stadium an die Aktion filmte. Auch für die Fernsehleute galt höchste Geheimhaltungsstufe. Sie wurden in einem VW-Bus mit verhängten Fenstern in den Wedding gefahren und mußten den Keller mit verbundenen Augen betreten. 12 000 Dollar waren der Fernsehgesellschaft NBC die Exklusivrechte an der Reportage wert. Geld, das die Tunnelbauer gut gebrauchen konnten.

Anfang September 1962 war der Durchbruch geschafft. Nun mußte die unauffällige Benachrichtigung der Fluchtwilligen erfolgen. Diesen riskanten Part übernahm eine junge Frau aus Westdeutschland, da Bürgern der Bundesrepublik im Gegensatz zu West-Berlinern die Einreise nach Ost-Berlin nicht verwehrt war. Sie ging in eine Ost-Berliner Kneipe und bestellte einen Kaffee – das vereinbarte Zeichen. Kaffee gab es zwar gerade nicht, doch die in das Lokal beorderten Flüchtlinge wußten Bescheid. Die Kurierin kippte noch einen Weinbrand und verließ die Gastwirtschaft.

Gestellt? Festnahme-Foto eines Flüchtlings in den Akten der Grenztruppen.

Die Gruppe begab sich daraufhin unauffällig in das Haus in der Schönholzer Straße.

Am Tunnelende wartete bereits Hasso – mit einer MPi im Anschlag. Man konnte ja nicht wissen, wer da vor einem stehen würde, wenn die letzte Barriere fiel. Dann der entscheidende Augenblick. Hasso warf sich gegen die Kellertür. Mehrere Menschen starrten ihn ängstlich an. Es konnte losgehen, nacheinander stiegen die Flüchtlinge in den Tunnel und krochen die 150 Meter nach Westen. Auch zwei Kleinkinder waren dabei. Insgesamt 29 Menschen kamen an diesem 14. September 1962 an der Bernauer Straße wieder ans Tageslicht, dreckverschmiert, aber überglücklich. Einer der Fluchthelfer hielt seinen fünfmonatigen Sohn zum ersten Mal im Arm. Auch diese Szene wurde vom Fernsehteam des NBC festgehalten.[1]

In den USA sorgte die NBC-Dokumentation für enormes Aufsehen. »Dem kommunistischen Regime entronnen«, von Kameras hautnah eingefangen. In einem Zeitungskommentar hieß es: »In ihren durchnäßten und verdreckten Kleidern ebenso wie in der Erleichterung, die aus ihnen (den Flüchtlingen, d. Verf.) sprach, lag eine wortlose Anklage gegen das Leben unter dem Kommunismus.«[2]

In den ersten Wochen nach Sperrung der Grenzen hatten viele Menschen noch den direkten Weg zur Flucht genommen. Die Sperranlagen um West-Berlin bestanden zu einem Großteil nur aus Stacheldrahtverhauen und Zäunen, die an vielen Stellen ohne allzu große Anstrengungen, aber stets unter Lebensgefahr zu überwinden waren. Es erforderte immer mehr Wagemut und Phantasie, den Stacheldraht zu überwinden. Und aus jedem Fluchtversuch zogen die Grenztruppen ihre Konsequenzen und verstärkten die Sperranlagen. Es wurde gezielt geschossen. Dennoch wagten immer wieder Menschen den lebensgefährlichen Schritt.

1962/63 war die hohe Zeit der Tunnelbauer. Die erste große Tunnelflucht gelang nach mehrwöchiger Vorbereitung am 24. Januar 1962 in der Oranienburger Chaussee: 28 Personen krochen unter den Sperranlagen hindurch in den Westen. Überwiegend ältere Menschen gruben nicht weit von dieser Stelle im Frühjahr einen 32 Meter langen, bis zu 1,75 Meter hohen Tunnel. Unter Führung eines 81jährigen gelangten durch ihn am 5. Mai 1962 zwölf Flüchtlinge nach West-Berlin. Im Juni 1962 gruben sich in Hermsdorf, Britz und Neukölln weitere 25 DDR-Bewohner in den Westen durch.

Doch bald gab es Rückschläge. Mehrere Projekte wurden von den DDR-Grenztruppen vorzeitig entdeckt und Fluchtwillige sowie Helfer verhaftet, wobei zumeist unzureichende Vorbereitung und Tarnung die Gründe waren. Und es fielen auch Schüsse. Am 6. Oktober 1962 wurde in einem enttarnten Fluchttunnel, der von der Elsenstraße in Neukölln gegraben worden war, ein West-Berliner Fluchthelfer niederge-

Im Keller diess Hauses im Wedding endete ein Tunnel, durch den 57 Flüchtlinge in den Westen gelangten.

schossen. Einige Wochen zuvor, am 18. Juni 1962, war der DDR-Grenzsoldat Reinhold Huhn in der Nähe des Checkpoint Charlie erschossen worden. Ein 31jähriger Mann, Rudolf M., hatte vom Gelände des Axel-Springer-Verlags in Kreuzberg aus einen 22 Meter langen Tunnel gegraben, der im Keller eines Hauses in der Ost-Berliner Zimmerstraße endete. Durch diesen Tunnel wollte M. seine Familie in den Westen holen. Als die Gruppe der Flüchtlinge sich dem Tunneleingang näherte, wurde sie von dem DDR-Grenzposten angehalten. Daraufhin zog M. eine Pistole und schoß. Der 20jährige Grenzsoldat Reinhold Huhn wurde tödlich getroffen. Nach gelungener Flucht in den Westen bestritt M., die tödlichen Schüsse abgegeben zu haben. Im Dezember 1962 stellte die West-Berliner Staatsanwaltschaft die Ermittlungen gegen ihn ein.[3]

Auch die Kanalisation wird durch Einbau von Sperrgittern abgeschottet.

Es gab ausgesprochene Tunnelbau-Spezialisten. Wolfgang Fuchs war einer von ihnen. »Tunnel-Fuchs« nannte ihn die Presse, die um seine Aktionen einen gewaltigen Rummel verbreitete. In dieser frühen Phase erhielten die Tunnelbauer recht großzügige finanzielle und materielle Unterstützung. Die wichtigsten Geldgeber waren Pressehäuser wie der Springer-Verlag oder die Zeitschrift »Stern«, die sich Exklusivrechte für groß aufgemachte Fotoreportagen sicherten. Durch verdeckte Kanäle gewährten zeitweise auch West-Berliner Senatsstellen Hilfeleistungen.[4] Es war bereits seine siebte Tunnelaktion, die Wolfgang Fuchs im Herbst 1964 mit Studenten der Technischen Universität bewerkstelligte. Vom Keller einer stillgelegten Bäckerei trieben sie in der Bernauer Straße in 12 Meter Tiefe einen Tunnel in Richtung Osten. Wie die meisten anderen Fluchthelfer arbeitete Fuchs in dieser Phase noch aus Idealismus und weitgehend uneigennützig. In monatelanger Arbeit – zumeist in drei Schichten rund um die Uhr – gruben sie einen Tunnel von 145 Metern Länge und 70 Zentimetern Höhe. Insgesamt krochen 57 Flüchtlinge zwischen dem

3. und 5. Oktober 1964 durch die enge Röhre in den Westen.[5] Nach drei Nächten wurde der Tunnel von DDR-Grenzern entdeckt. Es kam zu einem Schußwechsel, bei dem der DDR-Posten Egon Schultz erschossen wurde.

Nach den Schüssen an der Bernauer Straße war die große Zeit der Tunnelfluchten vorbei. Private Geldgeber zogen sich zurück; auch die politische Unterstützung blieb aus, nicht zuletzt infolge der Bemühungen von Senat und Bundesregierung, die Mauer auf politischem Weg durchlässiger zu machen.

Schleusungen und Durchbrüche

Etwa ab 1963 brauchte man zur Flucht nicht nur Wagemut und Phantasie, sondern in zunehmendem Maße Geld. Pro Flüchtling mußten bis zu 2 000 DM bezahlt werden. Reich allerdings, so ein halbprofessioneller Tunnelbauer mit dem Decknamen »der Dicke«, reich könne er davon nicht werden. Das Geld gehe fast ausschließlich in den jeweiligen Tunnelbau selbst, für den er einem »Stern«-Reporter Gesamtkosten von 28 000 DM vorrechnete.[6] Und doch: Fluchthilfe wurde allmählich auch zu einem einträglichen Geschäft. In West-Berliner Zeitungen erschienen undurchsichtige Kleinanzeigen, in denen beispielsweise »Hilfe bei familiären Schwierigkeiten« angeboten wurde – weitere Informationen unter Chiffre. Auf diese Weise knüpfte man Kontakte zu West-Berlinern, die Freunde oder Verwandte aus der DDR »herausholen« wollten. Je riskanter das wurde, um so höher stiegen die Preise. 15 000 bis 20 000 DM pro Person mußten Ende der sechziger Jahre schon locker gemacht werden.

Die professionellen Fluchthelfer entwickelten immer raffiniertere Methoden, um Menschen aus der DDR zu schleusen. Die gängigsten waren präparierte Fahrzeuge und ausländische Pässe. So wurden etwa in den Niederlanden junge Leute angeheuert, die gegen »Gewinnbeteiligung« nach Ost-Berlin einreisten und dort ihren Paß als verloren meldeten. Mit dem Ausweis war inzwischen ein Flüchtling durch die Kontrollen gegangen. Wie der oder die Betreffende, dem Ausweisfoto möglichst ähnlich zurechtgemacht, Aufregung und Angst bezwang, wenn der Grenzposten am Übergang Friedrichstraße mit unbewegter Miene Person und Paßbild verglich, ist nur schwer nachvollziehbar.

Häufig waren auch Fluchtversuche in präparierten Fahrzeugen. Fluchtwillige und ihre Helfer bewiesen große Findigkeit dabei, erwachsene Personen in kleinsten Verstecken unterzubringen. Sogar in einer BMW-Isetta gelang 1964 nacheinander 9 Personen die Flucht. Doch war bei diesen Fluchten in präparierten PKW die Gefahr, entdeckt zu werden, besonders hoch, weil die DDR-Grenztruppen gescheiterte Fluchtversuche mit Fahrzeugen minutiös analysierten und die Kontrollen anhand von Dokumentationsmaterial weiter verschärften.[7] In einem Rechenschaftsbericht der Grenzbrigade »13. August« an die SED-Bezirksleitung Berlin für das Jahr 1966 heißt es dazu: »Wenn es ... gegnerischen Elementen in Einzelfällen gelungen ist, die Staatsgrenze zu durchbrechen, so war dies erneuter Anlaß, sich kritisch mit Unzulänglichkeiten und hemmenden Faktoren auseinanderzusetzen. Dieser

Angebot einer Fluchthilfeorganisation auf einer Aussichtsplattform an der Bernauer Straße.

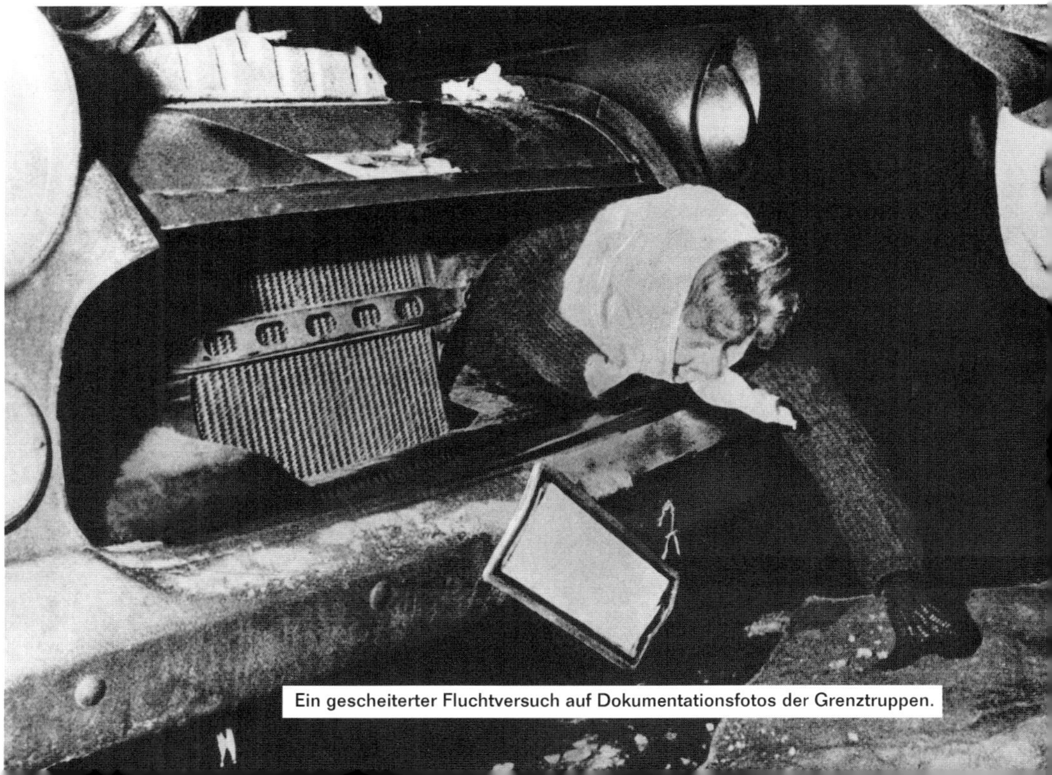
Ein gescheiterter Fluchtversuch auf Dokumentationsfotos der Grenztruppen.

Prozeß hat neue Reserven erschlossen, die zur Erhöhung der Sicherheit an der Staatsgrenze wirksam geworden sind.«[8] Es war ein gefährliches Geschäft, bei dem alle Beteiligten viel riskierten. Trotz sorgfältigster Vorbereitung und strenger Konspiration schlugen viele Schleuser-Aktionen fehl. Zudem gelang es der DDR-Staatssicherheit immer wieder, in Fluchthelfer-Gruppen Spitzel einzuschleusen.[9] Gefaßte Fluchthelfer wurden zu hohen Zuchthausstrafen wegen »kriminellen Menschenhandels« verurteilt. Und die Stasi lernte dazu. Jede Festnahme, jeder Prozeß gegen Fluchthelfer brachte neue Informationen, die das Ministerium für Staatssicherheit auswertete und zur Intensivierung der Kontrollen nutzte. Ende der sechziger Jahre war die Hochphase dieser Schleusungen vorbei. Gleichwohl nötigte der Einfallsreichtum der Fluchthelfer den Leuten von der Staatssicherheit doch einigen Respekt ab: »Bisher wurden durch diese Gruppen als Kuriere äußerst intelligente Personen, zum Beispiel Studenten und Mediziner, eingesetzt.«[10]

Verschiedene Arten von Fahrzeugen wurden zum einen für das Schleusen versteckter Personen, zum anderen für Durchbrüche durch die Sperranlagen benutzt. Eine besonders spektakuläre Flucht gelang Reichsbahn-Lokführer Harry Deterling. »Gleich nach dem 13. August 1961 faßte ich den Entschluß, nach dem Westen zu fliehen. Doch war dazu noch eine günstige Gelegenheit zu finden. Noch immer benutzten die Hamburger Interzonenzüge die Strecke Berlin-Spandau-Albrechtshof-Nauen. Am Dienstag, dem 28. November 1961, erfuhr ich in Nauen von einer Zugführerin von der geplanten Schließung dieses Übergangs. ... Mit meinem Heizer Hartmut Lichy, damals 18 Jahre alt und nicht bereit, in der Nationalen Volksarmee der DDR zu dienen, beratschlagte ich, was zu tun noch möglich sei.« Deterling verschaffte sich genaue Kenntnisse über Streckenführung und Fahrpläne im Bereich des nördlichen Außenrings – irgendwo mußte es eine Möglichkeit zum Durchbruch geben. »Am Donnerstag, dem 30. November 1961, erfuhr ich, daß ab Sonntag ... ein neuer Fahrplan gelten würde. ... Albrechtshof sollte tatsächlich als Übergang geschlossen werden. Nun überstürzten sich die Ereignisse, um noch bis zu diesem Zeitpunkt einen entsprechenden Dienst nach Albrechtshof von der Lokleitung zu erhalten.«

Am Abend des 5. Dezember traten Deterling und sein Heizer ihren Dienst auf der Dampflok 78 079 an. »In Oranienburg stieg meine Familie in unseren Zug ein. Pünktlich rollten wir 19.33 Uhr aus dem Bahnhof. ... Nach dem letzten Halt im Osten befanden sich ... insgesamt 32 Personen im Zug, von denen 24 ... eingeweiht waren ... Nun lagen die letzten drei Kilometer Fahrt vor uns. Ich beschleunigte den Zug auf etwa 60 Kilometer pro Stunde ... Zu unserer eigenen Sicherheit kletterten wir nach der Durchfahrt durch den Bahnhof Albrechtshof in den Kohlentender, denn wir mußten mit Beschuß rechnen.« Die Mitwisser legten sich flach auf den Boden. »Doch es fiel kein Schuß. Offenbar hielten die Grenzposten unseren Personenzug für den 45 Minuten später fälligen Interzonenzug von Hamburg ... Mit der Zusatzbremse

Erleichterung nach geglückter Flucht mit einem Personenzug, November 1961.

der Lokomotive versuchte ich jetzt, den Zug zum Halten zu bringen, dabei unentwegt mit der Dampfpfeife Notsignale gebend, um Benutzer der Bahnübergänge zu warnen.« Nach 2 500 Metern »Blindfahrt« war es geschafft. Um 20.45 Uhr kam der Personenzug hinter der Grenze in Höhe Seegefelder Weg zum Stehen. »Glücklich, aber mit noch schlotternden Knien, stiegen wir von der Maschine. Schon kamen uns freudestrahlend unsre Angehörigen entgegen, wir umarmten uns ... Ein unwissender Volkspolizist schaute erstaunt aus dem Fenster eines Wagens und rief: ›Das Aussteigen auf freier Strecke ist verboten!‹ Doch die Flüchtlinge belehrten ihn, daß wir in West-Berlin waren. Er schimpfte, er werde sich bei der Reichsbahn beschweren. Er lief ebenso wie weitere fünf Fahrgäste und der Zugführer nach dem Osten zurück.«[11]

Auch in diesem Fall reagierten die Grenztruppen mit umgehender Verstärkung der Sperranlagen. So wurden im Bereich der Grenzbahnhöfe die Gleisanlagen umgerüstet. Nach dem Einbau von »Schutz- und Entgleisungsweichen« waren ab 1966 ungenehmigte Durchfahrten rein technisch nicht mehr möglich.

1966 walzten zwei Ost-Berliner mit einer Planierraupe ein Stück Mauer nieder. Obwohl Grenzsoldaten sofort das Feuer eröffneten, gelangten die Männer mit leichten Verletzungen in den Westen. Am Grenzübergang Sandkrugbrücke war im Mai 1963 der Versuch gescheitert, mit einem Bus Betonbarrieren und Schlagbaum zu durchbrechen. Mehrere Menschen wurden dabei durch Schüsse schwer verletzt.

Auch der 17jährige Bodo Kunkel in Ost-Berlin sann nach einer Möglichkeit, die DDR zu verlassen. Schließlich entschied er sich für das größte Vehikel, das je zur Mauerflucht benutzt wurde: den Ausflugsdampfer »Friedrich Wolf«, das Flaggschiff der Weißen Flotte, auf dem Kunkel als Matrose fuhr. Am frühen Morgen des 7. Juni 1962 legte die »Friedrich Wolf« von der Anlegestelle Treptow ab; das Kommando hatten Kunkel und einige Eingeweihte. Der Kapitän und ein Maschinist lagen sturzbetrunken in der Kajüte, von den Flüchtlingen am Abend zuvor mit reichlich Alkohol außer Gefecht gesetzt. Insgesamt befanden sich 12 Flüchtlinge an Bord. In Höhe der Oberbaumbrücke ging ein Boot der Volkspolizei längsseits. Kunkel wies die Sondergenehmigung zum Befahren der Grenzgewässer vor, sie war in Ordnung. Kurz darauf riß er das Ruder nach backbord, die »Friedrich Wolf« fuhr in den Landwehrkanal Richtung West-Berlin ein. DDR-Grenzposten nahmen das Schiff sogleich unter Beschuß; West-Berliner Polizisten gaben mit mehreren Schüssen Feuerschutz. Obwohl das Schiff getroffen wurde, blieben die Personen an Bord unverletzt. Nach nervenzerreissenden Minuten erreichten Kunkel und seine Unterstützer West-Berliner Gebiet.[12]

Einige Jahre später machte Kunkel einen großen Fehler. Von Sehnsucht nach der Familie getrieben, wollte er zu Besuch nach Ost-Berlin fahren. Westdeutsche Behörden erhoben keine Bedenken. Am Grenzübergang Heinrich-Heine-Straße wurde der »Republikflüchtling« verhaftet und später zu sieben Jahren Haft verurteilt. Nach 2 Jahren kaufte ihn die Bundesrepublik frei.

Kunkel hatte die Mauer auf dem Wasser überwunden, ein anderer wählte den Weg durch die Luft. Am späten Nachmittag des 28. Juli 1965 schloß sich der Leipziger Diplom-Ökonom Heinz Holzapfel mit seiner Ehefrau und dem 9jährigen Sohn im Ost-Berliner Haus der Ministerien in der Wilhelmstraße auf einer Toilette ein. Der Südflügel des Gebäudekomplexes, ehemals das NS-Reichsluftfahrtministerium, heute Bundesfinanzministerium, grenzte unmittelbar an das Sperrgebiet. Holzapfel hatte in dem Gebäude häufig zu tun gehabt und dabei einen abenteuerlichen Fluchtplan entworfen.

Feierabend. In den langen Gängen hallten noch vereinzelte Schritte, dann wurde es ruhig. Nach Einbruch der Dunkelheit schleuderte Holzapfel vom Dach des Gebäudes einen umwickelten Hammer über die Mauer, der einen dünnen Perlonfaden mit sich zog. Auf der Westseite wartende Verwandte befestigten an dem Faden ein Stahlseil, das er vorsichtig zu sich nach oben zog. Das Seil befestigte er an einem Fahnenmast auf dem Gebäude. Als erster glitt der Sohn, mit Gurten gesichert, an dieser improvisierten »Seilbahn« über die Mauer. Es folgten Ehefrau Jutta und schließlich Holzapfel selbst. Von den Grenztruppen wurde die Konstruktion erst am Morgen des nächsten Tages entdeckt.[13]

Allen Ausbaumaßnahmen der Grenztruppen zum Trotz gab es bis in die achtziger Jahre hinein Mauerdurchbrüche mit Fahrzeugen. Am 10. März 1988 um 2.00 Uhr morgens fuhr ein LKW von Potsdam aus auf die Glienicker Brücke zu, die Grenze zu West-Berlin. Im Fahrerhaus saßen drei Männer aus Babelsberg, die mit den Verhältnissen an der Grenze gut vertraut waren. Der 37jährige Gerhard Ihden über die dramatischen Momente: »(Wir) wußten genau, daß der beste Zeitpunkt ist, wenn die Wachhabenden müde sind, also haben wir uns gesagt, klauen wir nachts einen LKW, möglichst einen Gefahrentransporter. Wir hatten 92 Gasflaschen drauf; daß die leer waren, hat ja keiner gewußt. ... Von Babelsberg aus die Berliner Straße Richtung Brücke, langsam, da sind die Bahnschienen von der Straßenbahn, die kurz vor der Brücke wendet. Denen sind wir nachgefahren, und 20-25 Meter vor der Grenze haben wir Vollgas gegeben, Warnblinkanlage an, und Volldampf auf die Grenze zu. Dadurch, daß wir fünfeinhalb Tonnen Last hatten, hatten wir eine enorme Schubkraft. Wie wir angekommen sind, haben zwei Russen Wache gestanden, die haben die Gewehre hochgerissen und gerufen: ›Stoj, stoj, stoj‹. Aber da waren wir schon vorbei. ... Bei den ersten drei großen Eisenbarrieren, die da waren, da hat es richtig geknallt. Nach der ersten Barriere ist gleich das rechte Vorderrad geplatzt, so daß wir mit zwei Mann lenken mußten. Ein Stück weiter ist hinten rechts der Zwillingsreifen geplatzt ... und die Motorhaube war völlig kaputt, aber durch die Schubkraft, die wir hatten, durch die fünfeinhalb Tonnen, sind wir an das große Eisentor in der Mitte der Brücke gekommen. Das war so zweieinhalb, drei Meter hoch, das haben wir mit viel Glück in der Mitte getroffen, genau da, wo die Kette drum ist. Da hat sich der Wagen nach oben aufgebäumt, und durch die Schubkraft ist das Tor richtig weggeflogen, und von da an konnten wir gar nicht mehr lenken oder bremsen, nichts mehr, nur noch geradeaus.«

Wie war das, als der LKW auf das Sperrgitter zuraste? »Was ich noch gesehen habe, war das Wachhäuschen auf Westseite. Sonst habe ich sehr wenig mitgekriegt, weil, man schaltet vollkommen ab in dem Moment. Angst habe ich keine gehabt. Kurz davor, ja, doch, aber auf der Brücke: die Angst ist weg. ... Das Gefühl war so, ich stell' es mir vor wie bei Leuten, die früher im Krieg waren. Man merkt nix, man ist weg. Man kriegt zwar alles mit, aber ist geistig nicht richtig da. Das ist wie eine Reflexhandlung: rüber, und dann ist gut. Mir ist alles erst richtig klar geworden bei der Polizei drüben, was überhaupt passiert ist in dem Moment.«[14]

Eine sehr pfiffige Idee hatte ein junger Österreicher, um seiner Ost-Berliner Braut und deren Mutter zur Flucht zu verhelfen. Er lieh sich in West-Berlin einen besonders niedrigen Sportwagen, mit dem er und die beiden zusammengekauerten Frauen unter dem Schlagbaum hindurch in den Westen preschten. Nachdem wenige Tage später einem Argentinier dieser Coup ein zweites Mal gelungen war, versahen DDR-Grenzer den Schlagbaum mit einem zusätzlichen Sperrgitter.[15]

Desertionen

Immer wieder kam es zu Desertionen von Angehörigen der Grenztruppen. Eine der spektakulärsten ereignete sich im April 1963, als DDR-Grenzsoldaten in Berlin-Treptow die Mauer mit einem Schützenpanzer durchbrachen und mit mehreren Kameraden auf einem nachfolgenden LKW in den Westen flüchteten.[16]

Ende 1963 beschloß der Nationale Verteidigungsrat angesichts steigender Zahlen von Fahnenfluchten, u.a. die Arbeitsbedingungen bei den Grenztruppen zu verbessern. Zu den Maßnahmen gehörten höhere Besoldung, verbesserte Warenversorgung, günstigere Beförderungschancen, ein umfassendes Prämien- und Zulagensystem und die Verpflichtung an die Kommandeure, ihre Untergebenen »besser« zu behandeln. Tatsächlich nahm die Zahl der Fahnenfluchten ab; woran neben den Vergünstigungen allerdings auch verschärfte Kontroll- und Repressionsmaßnahmen ihren Anteil hatten.[17]

Aufgeschreckt von westlichen Presseberichten ließ sich Erich Honecker, damals Sekretär des Nationalen Verteidigungsrates, Ende 1965 eine Liste der Desertionsfälle im vorangegangenen Quartal anfertigen. Demnach hatte es im 3. Quartal 1965 insgesamt 143 Fälle von Fahnenflucht über die innerdeutsche Grenze (einschließlich Berlin) gegeben, ein starker Anstieg gegenüber dem entsprechenden Zeitraum 1964, in dem 107 Fälle verzeichnet worden waren. Mit deutlichen Worten machte Honecker den versammelten Grenztruppen-Kommandeuren klar, daß diese Tendenz insbesondere wegen ihrer verheerenden politischen Wirkungen gestoppt werden müsse, und vergatterte sie zu energischen Gegenmaßnahmen. Die Schraube von Repression, Indoktrination, Verstärkung der Sperranlagen wurde wieder ein Stück stärker angezogen.[18] Obwohl es im Lauf der Jahre immer schwieriger und riskanter wurde, kam es entlang der Grenze wiederholt zu Desertionen. Die Zahl der fahnenflüchtigen DDR-Grenztruppen-Angehörigen, darunter auch zahlreiche Offiziere und Kommandeure, wird auf insgesamt mehr als 2 800 in Berlin und an der innerdeutschen Grenze geschätzt.[19]

»Grenzdurchbrüche sind zu verhindern«

Sinn und Zweck der Mauer war es, die Menschen an der Flucht in den Westen zu hindern, auch wenn die SED-Propaganda stets vom »antifaschistischen Schutzwall« und vom Auftrag der Abwehr des »westlichen Imperialismus« sprach. »Grenzdurchbrüche sind nicht zuzulassen«[20], lautete ebenso knapp wie eindeutig die zentrale Forderung in den Grundsatzbefehlen des Verteidigungsministers für das Grenzregime. Im Westen war stets die Rede von »Mauer und Stacheldraht«, doch die Grenze bestand schon bald aus weit mehr Elementen: aus KFZ-Sperren, Signalzäunen, Kolonnenwegen, Hundelaufanlagen, Beobachtungstürmen, Erdbunkern, Boden- und Splitterminen, die allerdings nur an der innerdeutschen Grenze ausgelegt wurden.

Insgesamt gab es grob drei Ausbaustufen der Grenzanlagen in und um Berlin:

1. Ausbaustufe von 1961 bis 1968;
2. Ausbaustufe von 1968/69 bis 1980;
3. Ausbaustufe von 1981 bis 1989.

Die ersten Sperren in Berlin am 13. August 1961 waren Stacheldrahtbarrieren und bewaffnete Grenzpolizisten und Betriebskampfgruppen. Mit dem Bau einer Mauer wurde am 15. August begonnen. An mehreren Stellen im Innenstadtbereich errichteten Bauarbeiter aus Blocksteinen und Ziegeln eine etwa mannshohe Mauer, von DDR-Grenzsoldaten streng bewacht. Diese »Mauer der 1. Generation« – eine im Westen gebräuchliche Zählweise; insgesamt unterschied man bis 1989 vier »Generationen« – war noch unregelmäßig gemauert und durchschnittlich 30 Zentimeter dick. Aufgesetzte Stacheldrahtsperren sollten das Überklettern erschweren. Den Beobachtungstürmen sah man an, daß sie in Eile aus Holzbalken und -latten zusammengezimmert waren.

Rasch stellte sich heraus, daß die erste Mauer Durchbruchsversuchen mit schweren Fahrzeugen nicht standhielt. An besonders »gefährdeten« Stellen wurde sie deshalb schon nach einigen Wochen auf bis zu 1 Meter Dicke verstärkt, wobei man u.a. übereinandergeschichtete Betonplatten verwendete.

Im November 1961 begannen NVA-Pioniere in der Nähe des Checkpoint Charlie damit, die noch »improvisierte« erste Mauerversion durch die »Mauer der 2. Generation« zu ersetzen bzw. zu

In Höhe der Ackerstraße wird 1963 von Grenztruppen-Pionieren eine Mauer aus Betonplatten errichtet.

verstärken. Diese sollte an einigen im Westen besonders belebten Stellen, beispielsweise am Brandenburger Tor und am Checkpoint Charlie, nicht zuletzt das »Erscheinungsbild« der Mauer verbessern – ein Thema, mit dem sich SED-Führung und Grenzkommandos über die Jahrzehnte immer wieder beschäftigten.

Anfang 1962 begannen Pioniereinheiten mit der Anlage eines Kolonnenweges entlang der Grenzbefestigungen. Die Grenzposten sollten beweglicher werden und bei Anzeichen für »Grenzdurchbrüche« schneller am Ort des Geschehens sein. Gleichzeitig wurden die ersten Hundelaufanlagen eingerichtet.

Die DDR-Führung war in den ersten Monaten noch sehr unzufrieden mit dem Grenzregime, sowohl mit den Sperranlagen selbst, als auch mit Moral und Ausbildungsstand der Grenztruppen. In einem Befehl vom 14. Dezember 1961 redete DDR-Verteidigungsminister Hoffmann Klartext: »Die durchgeführten Kontrollen in den Verbänden, Truppenteilen und Einheiten der Grenztruppen zeigen jedoch, daß das Tempo der Entwicklung in der gegenwärtigen politischen Situation zur Sicherung der Staatsgrenze zu gering ist, was besonders in der mangelhaften politisch-ideologischen Erziehung und der ungenügenden militärischen Führung zum Ausdruck kommt. ...

Die Organisation der Grenzsicherung entspricht noch nicht voll den Forderungen, jegliche Grenzdurchbrüche zu verhindern. ...

Die Gefechtsausbildung als die Voraussetzung für die erfolgreiche Sicherung der Staatsgrenze wurde gröblichst vernachlässigt, sie erfolgt unorganisiert und zeigt ein niedriges Niveau, was zu Mängeln im Verhalten der Soldaten während des Grenzdienstes führte. ...

Die Aktivität der Grenzsicherung ist durch ständige Beobachtung, zweckmäßige Manöver mit den Kräften und Mitteln, geschickte Ausnutzung des Systems der Pioniersperren und des Geländes sowie verstärkten Einsatz technischer Mittel zu erhöhen. ...

Die Soldaten sind durch systematische Vorbereitung zu treffsicherem Schießen in allen Anschlagsarten, besonders auf bewegliche Ziele, bei Tag und Nacht auszubilden.«[21]

Noch deutlicher wurde der Befehl 101/62 vom 23. November 1962. Im Zusammenhang mit der Forderung nach besserer Schießausbildung heißt es dort: Die Grenzposten müßten fähig sein, »jedes unbewegliche und sich bewegende Ziel mit dem ersten Schuß (Feuerstoß) bei Tag und Nacht zu vernichten.«[22] Die Befehle 101 waren von zentraler Bedeutung für das Grenzregime. Ausgegeben wurden sie vom Minister für nationale Verteidigung, der darin meist für den Zeitraum eines Jahres die Richtlinien für den »pioniertechnischen Ausbau der Sperranlagen« sowie die militärische und ideologische Ausbildung festlegte.

Das »Handbuch für Grenzsoldaten« aus dem Jahr 1965 enthält unter der Überschrift »Schußwaffengebrauchsbestimmungen für die Wachen, Posten und Streifen der Nationalen Volksarmee (DV-10/4)« folgende Bestimmung: »Von der Schußwaffe darf nur Gebrauch gemacht werden ...

d) auf eigenen Entschluß durch Wachen, Posten und Streifen sowie andere zeitweilige oder ständige Waffenträger, wenn andere Mittel nicht oder nicht mehr ausreichen, um Handlungen, die eindeutig auf Verrat gegenüber der Arbeiter- und Bauernmacht gerichtet sind, zu unterbinden ...« Gemeint war nichts anderes als Fluchtversuch.[23]

Ein Grenzoffizier äußerte sich 1991 rückblickend zum Schußwaffengebrauch: »Es gab täglich Vergatterung, da hieß es eindeutig, Grenzverletzer sind festzunehmen beziehungsweise zu vernichten. Mit Anwendung der Waffe. In der Schußwaffenverordnung stand eindeutig drin, Anrufen, Warnschuß, gezielter Schuß, der den Grenzverletzer an der weiteren Fortbewegung hindert.«[24]

Daß der Tod von Flüchtlingen in Kauf genommen wurde, geht auch aus dem »Gesetz über die Staatsgrenze der DDR« vom 25. März 1982 hervor. Dort heißt es unter § 27 (»Anwendung von Schußwaffen«) u.a.: »... bei Anwendung ist das Leben von Personen nach Möglichkeit zu schonen.«[25] Nach Möglichkeit.

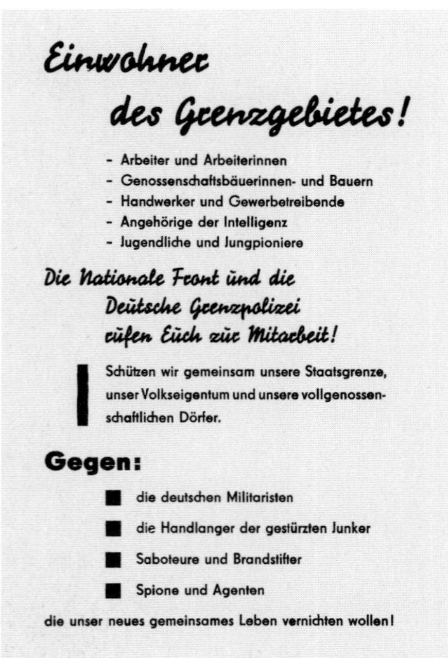

Die DDR-Bevölkerung war aufgerufen, Fluchtaktionen über Mauer und innerdeutsche Grenze zu verhindern.

Die Anwendung der Schußwaffe wurde von der Militärführung geradezu als Beweis für die hohe »Motivation« der Grenzposten bewertet. Im Rechenschaftsbericht des Grenztruppenkommandanten von Berlin, Generalmajor Poppe, zum 20. Jahrestag der DDR 1969 wird lobend hervorgehoben: »Die wachsende Parteilichkeit und Konsequenz der Armeeangehörigen findet in besonderem Maße ihren Ausdruck in der Anwendung der Schußwaffe. In ca. 20% der Festnahmen von Grenzverletzern wurde die Schußwaffe als letztes Mittel konsequent angewandt.«[26] Flüchtlinge werden in dem Bericht wie auch in zahlreichen anderen Dokumenten der DDR-Grenztruppen durchgängig als »Banditen« oder »Verbrecher« bezeichnet.[27]

In der Praxis allerdings lagen die Bestimmungen zum Schußwaffengebrauch in einer Grauzone, in der die konkrete Entscheidung den unteren Dienstgraden, letztlich den Grenzposten selbst aufgebürdet wurde. Ein früherer Grenztruppen-Kommandeur: »Die Grenzposten hat man in ihrer Verantwortung allein gelassen. Ich vermute, ganz bewußt allein gelassen. Ich habe mir auch immer überlegt, was ich meinen Soldaten sagen sollte. Ich habe ihnen nie direkt befohlen: ›Ihr habt auf Republikflüchtlinge zu schießen‹, man hat sich vor einer konkreten Aussage gedrückt. Man hat die Verantwortung abgeschoben, das ging ganz oben los und endete bei dem, der draußen stand und nun entscheiden mußte, ob er schießt oder nicht.«[28]

Ausbau der Sperranlagen

Im August 1964, drei Jahre nach dem Mauerbau, waren die Sperranlagen in und um Berlin auf folgendem Stand: Die eigentliche Mauer war auf 15 Kilometer Länge angewachsen; über eine Strecke von 130 Kilometern waren Drahtzäune und -sperren gezogen. Es gab insgesamt 165 Beobachtungstürme, überwiegend Holzkonstruktionen, und 232 Bunker bzw. Schützenstellungen. Der Grenzstreifen war noch nicht durchgehend beleuchtet, ebenso gab es noch keinen geschlossenen Kolonnenweg parallel zur Grenze. Die Kosten für die Sperranlagen beliefen sich zu diesem Zeitpunkt bereits auf insgesamt rund 56,5 Millionen DDR-Mark.[29]

Regelmäßig befaßte sich auch das Politbüro der SED, oberstes Machtzentrum der DDR, mit der Situation an der Mauer und forderte »pioniertechnische« und »militärtaktische« Konsequenzen aus Fluchtaktionen. Im Herbst 1964 wurde Generalmajor Poppe zum Rapport bestellt. Es hagelte Vorwürfe, weil die Spitzenfunktionäre der DDR wegen anhaltend hoher Flüchtlings- und Deserteurzahlen stark verstimmt waren. Sie drängten auf weitere Verschärfung des Grenzregimes. Der aufgeschreckte Kommandostab der Grenztruppen entfaltete hektische Aktivitäten.

Im Februar 1965 legte Poppe dem Verteidigungsministerium eine detaillierte Planung »über den perspektivischen Ausbau« der Grenzanlagen bis 1970 vor. Es war ein Dokument geradezu exzessiver Selbstkritik. Die Sperranlagen seien nach dem 13. August 1961, heißt es da, oft »ohne notwendige Erprobung, bei teilweise ungenügender Fachkenntnis der eingesetzten Kräfte« errichtet worden, mit teilweise stark eingeschränkter Sperrwirkung. Ihre Überwindung sei an vielen Stellen »in kurzer Zeit, teilweise ohne Hilfsmittel möglich ...«. Moniert wurden außerdem die mangelhafte Beleuchtung des Grenzstreifens, das Fehlen eines durchgehenden Kolonnenweges und der Zustand der »Beobachtungsanlagen«. »Die Feuerführung mit lMG (leichtes Maschinengewehr, d. Verf.) und MPi aus den Beobachtungsanlagen wird teilweise erschwert.«[30]

Boden- oder Splitterminen oder Selbstschußanlagen, die an der innerdeutschen Grenze immer wieder zu Todesfällen und schweren Verletzungen von Flüchtlingen führten, gab es an der Berliner Mauer nicht. Einer der Gründe war, daß die DDR-Führung internationale Proteste wegen des Mineneinsatzes fürchtete, die wegen der »engen« Grenze in Berlin besonders scharf ausgefallen wären.

Auch über die »politische Wirkung« der Grenze machte Poppe sich in dem Schreiben Gedanken. »Die pioniertechnischen Anlagen tragen oft nicht zur Stärkung des Ansehens der Deutschen Demokratischen Republik in der Weltöffentlichkeit bei.« Anschließend zählt das Grundsatzpapier die wichtigsten Methoden von Flüchtlingen zur Überwindung der Grenzsperren auf:

» – Unterkriechen, Zerschneiden und Übersteigen der Stacheldrahtsperren;
...
– Übersteigen der Sperrmauer mit gegenseitiger Unterstützung ...;
– Benutzen von Kfz zur Annäherung an die Staatsgrenze«.

Aufgrund dieser Feststellungen sollten bis 1970 auf einer Länge von insgesamt 161,39 Kilometern die Sperranlagen zu West-Berlin umfassend verstärkt werden. Im einzelnen geplant wurden:

1. die Erweiterung und Erneuerung der Mauer
2. teilweise Verstärkung des Grenzzauns
3. Höckersperren

4. Kfz-Sperren (»Escarpe«)
5. Anlage von 121 Kilometern Kolonnenweg
6. Grenzbeleuchtung auf 151 Kilometern
7. Errichtung von 150 neuen Beobachtungstürmen (»Rundblicktürme« vom Typ BT 9 bzw. 11 zum Stückpreis von 30 000 DDR-Mark)
8. Postenhäuser
9. Zweimannbunker (254 Stück)
10. Flächensperren
11. 130 Kilometer Signalzaun
12. rund 100 Kilometer Maschendrahtzaun
13. 52,5 Kilometer Streckmetallzaun
14. 271 Toiletten.[31]

Die Gesamtkosten für diese weitgehend realisierten Maßnahmen wurden mit rund 36,98 Millionen DDR-Mark veranschlagt. Als Kilometer-Preis ergab das 224 000 DDR-Mark.[32]

Daneben gab das Grenztruppen-Kommando die Entwicklung weiterer Sperrelemente und Geräte zur Verhinderung von »Grenzdurchbrüchen« in Auftrag, darunter ein »Unterwasserhorchgerät«, ein »Tunnelsuchgerät«, ein »Horchgerät« (zur Registrierung von unterirdischen Tunnelarbeiten), Wassersperren und für die Beobachtungstürme effektive »MG-Halterungen«.[33]

Es folgten Taten. Ab 1968 machte man sich an die weitestgehende Umsetzung dieser Planungen. Zentrale Maßnahme war die Errichtung der »Mauer der 3. Generation«, die aus industriell hergestellten Betonplatten mit horizontal verlaufenden Fugen und einem aufgesetzten Rohr bestand. Als zusätzliche Barriere für Flüchtlinge stellte man ab 1971 den rund 2,90 Meter hohen Stacheldrahtzaun »Grenzzaun I« auf.

In den siebziger Jahren wurde zudem der Grenzstreifen verbreitert und damit das hintere Sperrelement immer weiter ins Stadtinnere verlegt, um Flüchtlinge möglichst weit vor der eigentlichen Mauer zu stellen. Ab 1974 errichteten die DDR-Grenztruppen eine sogenannte Hinterlandmauer mit »Grenzsignalzaun

Gescheitert. Zwei Flüchtlinge werden von DDR-Grenzsoldaten unmittelbar an der Mauer abgeführt.

74«. Und genau dort – bereits 50 bis 70 Meter vor der »Mauer« – war für die Ost-Berliner »die Welt zuende«. Was im Westen stets als *die Mauer* bezeichnet wurde, das letzte »Sperrelement, feindwärts«, wie es im Grenztruppen-Jargon hieß, bekamen sie bis 1989 gar nicht zu Gesicht. Wenn Ost- und West-Berliner von der Mauer sprechen, haben sie ganz unterschiedliche Bilder im Kopf.

Ein ehemaliger Grenztruppen-Major schilderte nach dem Mauerfall die »Verhinderung von Grenzdurchbrüchen«: »Wenn 'ne Festnahme gewesen ist, dann mußte man die Leute übernehmen, aufs nächste VP-Revier, wir haben nur die Personalien festgestellt, falls sie Ausweise bei sich hatten. Dann war für uns die Sache erledigt. Manche waren alkoholisiert, hatte sich Mut angetrunken ... 95 Prozent aller Festnahmen waren schon im Hinterland. ... Ich brauchte selber nicht die Waffe anzuwenden. Als Verantwortlicher für Grenzsicherung habe ich nur zweimal erlebt, daß die Schußwaffe angewendet wurde, davon einmal mit einer Verletzung, beim zweiten Mal hatte der sich hingelegt, nachdem die ersten zwei Schuß gefallen waren ...«[34]

Oberst Klaus-Dieter Braun, der zeitweise an der Berliner Mauer eingesetzt war: »Die Verantwortung wurde auf den kleinsten Mann abgewälzt, auf den, der von allen am schlechtesten ausgebildet war. Dieses Problem tat sich vor mir auf, als ich selbst auf Posten stand. Ich habe mir überlegt, was machst du, wenn dort jemand fliehen will. Wir haben das für uns durchgespielt und uns gefragt, was machen wir, wenn bei Lampe 325 – alle 35 Meter stand ja eine numerierte Lampe – etwas geschieht, wie können wir den Grenzverletzer fangen. Wenn die Sicht ein bißchen schlechter wurde, dann sind wir vom Turm gestiegen, um besser sehen zu können. Es hat ja etwa 15 Sekunden gedauert, den Turm zu verlassen. Bei einer Tiefe der Handlungsräume von manchmal nur zehn bis zwanzig Metern hätte man als Posten überhaupt keine Chance gehabt ... Jeder war froh, wenn er von seinem Postenturm herunter konnte, der Dienst beendet und nichts passiert war.«[35]

In mancher Nacht hallte in Ost und West weithin das Gebell von Hunden. Mitleid mit den Tieren wollte nicht recht aufkommen. Es waren Grenzhunde, die keine andere Aufgabe hatten, als Flüchtlinge aufzuspüren. Abgerichtet wurden sie in der Hundeschule des Ministeriums für Staatssicherheit in Lobetal, 35 Kilometer nordöstlich von Berlin. Die Hundelaufanlagen – im Bürokraten-Deutsch der Grenztruppen als »TGL-Standardmodell mit windgeschütztem Seitengelaß« bezeichnet – bestanden aus einem in etwa 1,50 Meter Höhe gespannten, rund 100 Meter langen Drahtseil, in das die Hundelaufleine eingehängt war. Während innerhalb des Stadtgebiets von Berlin Hundelaufanlagen Anfang der achtziger Jahre weitgehend abgeschafft waren, wurden an der Grenze zum Umland die letzten Wachhunde erst im Januar 1990 »außer Dienst gestellt«.[36]

Ende eines Fluchtversuchs im Bezirk Mitte, 1971.

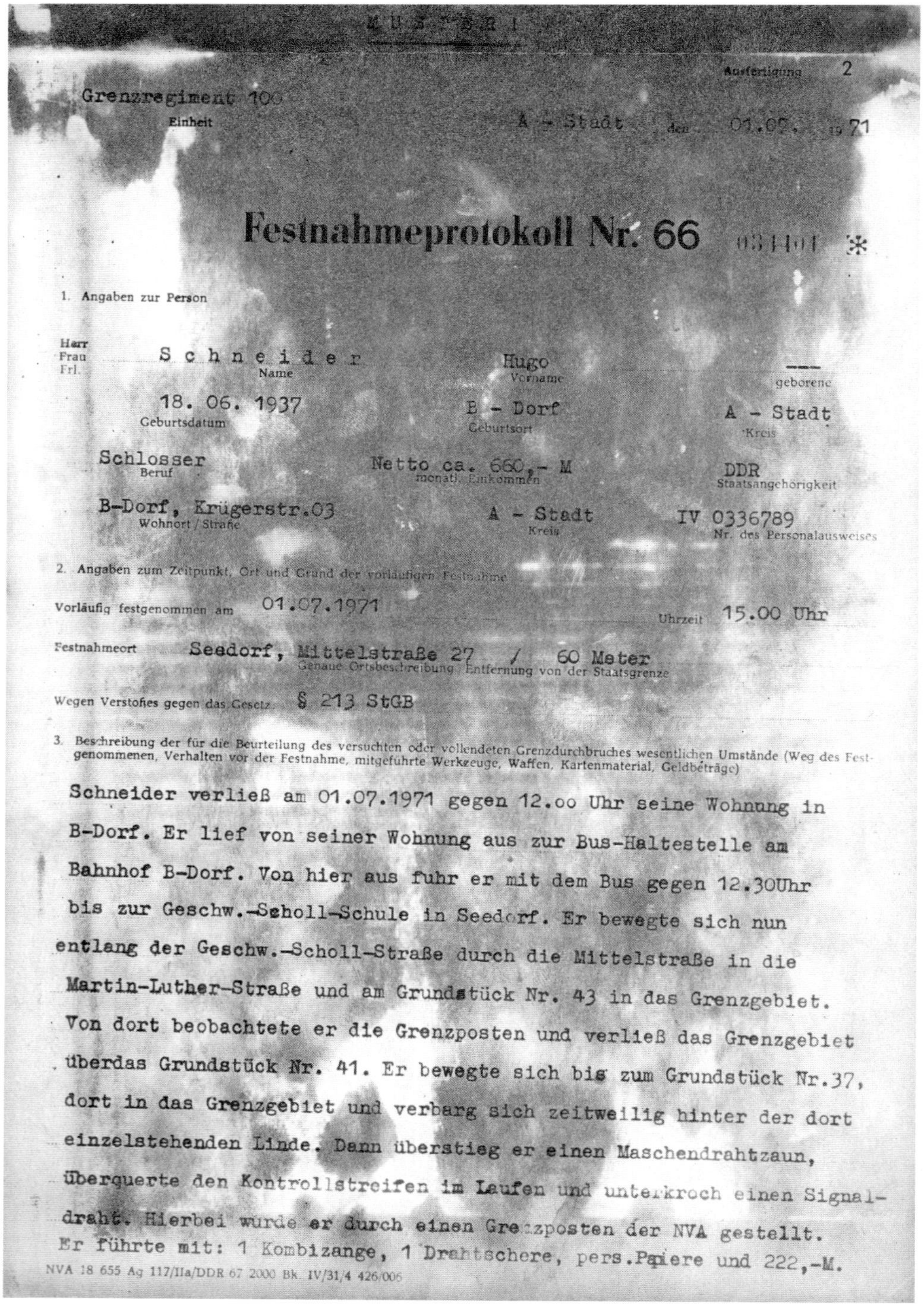

MUSTER!

Ausfertigung 2

Grenzregiment 100
Einheit

A - Stadt, den 01.07.1971

Festnahmeprotokoll Nr. 66

1. Angaben zur Person

Herr / Frau / Frl.: Schneider (Name) — Hugo (Vorname) — --- (geborene)

18. 06. 1937 (Geburtsdatum) — B - Dorf (Geburtsort) — A - Stadt (Kreis)

Schlosser (Beruf) — Netto ca. 660,- M (monatl. Einkommen) — DDR (Staatsangehörigkeit)

B-Dorf, Krügerstr. 03 (Wohnort / Straße) — A - Stadt (Kreis) — IV 0336789 (Nr. des Personalausweises)

2. Angaben zum Zeitpunkt, Ort und Grund der vorläufigen Festnahme

Vorläufig festgenommen am 01.07.1971 Uhrzeit 15.00 Uhr

Festnahmeort Seedorf, Mittelstraße 27 / 60 Meter
Genaue Ortsbeschreibung, Entfernung von der Staatsgrenze

Wegen Verstoßes gegen das Gesetz § 213 StGB

3. Beschreibung der für die Beurteilung des versuchten oder vollendeten Grenzdurchbruches wesentlichen Umstände (Weg des Festgenommenen, Verhalten vor der Festnahme, mitgeführte Werkzeuge, Waffen, Kartenmaterial, Geldbeträge)

Schneider verließ am 01.07.1971 gegen 12.00 Uhr seine Wohnung in B-Dorf. Er lief von seiner Wohnung aus zur Bus-Haltestelle am Bahnhof B-Dorf. Von hier aus fuhr er mit dem Bus gegen 12.30Uhr bis zur Geschw.-Scholl-Schule in Seedorf. Er bewegte sich nun entlang der Geschw.-Scholl-Straße durch die Mittelstraße in die Martin-Luther-Straße und am Grundstück Nr. 43 in das Grenzgebiet. Von dort beobachtete er die Grenzposten und verließ das Grenzgebiet überdas Grundstück Nr. 41. Er bewegte sich bis zum Grundstück Nr.37, dort in das Grenzgebiet und verbarg sich zeitweilig hinter der dort einzelstehenden Linde. Dann überstieg er einen Maschendrahtzaun, überquerte den Kontrollstreifen im Laufen und unterkroch einen Signaldraht. Hierbei wurde er durch einen Grenzposten der NVA gestellt. Er führte mit: 1 Kombizange, 1 Drahtschere, pers.Papiere und 222,-M.

NVA 18 655 Ag 117/IIa/DDR 67 2000 Bk. IV/31/4 426/006

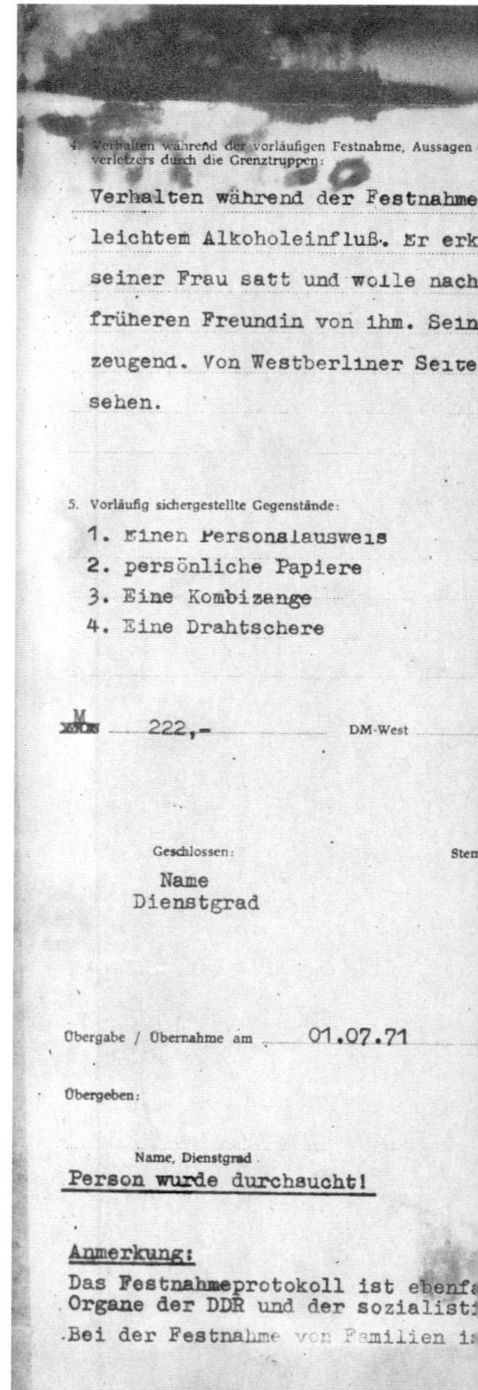

4. Verhalten während der vorläufigen Festnahme, Aussagen d... verletzers durch die Grenztruppen:

Verhalten während der Festnahme ... leichtem Alkoholeinfluß. Er erk... seiner Frau satt und wolle nach ... früheren Freundin von ihm. Sein... zeugend. Von Westberliner Seite ... sehen.

5. Vorläufig sichergestellte Gegenstände:

1. Einen Personalausweis
2. persönliche Papiere
3. Eine Kombizange
4. Eine Drahtschere

M 222,- DM-West

Geschlossen: Stem...

Name
Dienstgrad

Übergabe / Übernahme am 01.07.71

Übergeben:

Name, Dienstgrad

Person wurde durchsucht!

Anmerkung:

Das Festnahmeprotokoll ist ebenf... Organe der DDR und der sozialist... Bei der Festnahme von Familien i...

Über jede Festnahme von Flüchtlingen wurde genau Protokoll geführt. Dieses Festnahmeprotokoll diente als Ausbildungsmaterial der Grenztruppen.

-

...verletzers über seine Absicht, und Einschätzung des Grenz-

ängstlich. Er stand unter
, er habe das Leben mit
berlin - Spandau zu einer
sagen erscheinen nicht über-
e die Festnahme nicht einge-

Valuta —

Kdr. der Einheit, Name, Dienstgrad

Uhrzeit 17.30 Uhr

Übernommen:

Stempel
der
übernehmenden
Dienststelle

Übernehmende Dienststelle

Name, Dienstgrad

für Angehörige der bewaffneten
n Staaten auszufertigen.
: ein Protokoll auszufertigen.

- 4 -

Erläuterungen für die Fertigung des Festnahmeprotokolls

Zum Punkt 1 : Angaben zur Person.
- unter monatl. Einkommen muß zusätzlich angegeben werden ob es sich um den Brutto- bzw. Nettoverdienst handelt.

Zum Punkt 2 : Angaben zum Zeitpunkt, Ort und Grund der vorläufigen Festnahme.
In der Zeile "wegen Verstoßes gegen das Gesetz" wird eingetragen:
(1) Bei Versuch des Grenzdurchbruchs:
- § 213 StGB
(2) Bei Verdacht des Versuchs eines Grenzdurchbruchs:
- Verdacht § 213 StGB
(3) Bei Verstoß gegen die Grenzordnung:
- Grenzordnung

Zum Punkt 3 : Beschreibung der für die Beurteilung...usw.
Es ist erforderlich, genau von den Unterpunkten auszugehen, wie Weg des Festgenommenen, welchen Weg hat er zuruckgelegt, Verhalten vor der Festnahme, (wie bewegte er sich), mitgeführte Werkzeuge (was hatte er bei sich) .

Zum Punkt 4 : Verhalten während der vorl. Festnahme,... usw.
Hier sind ebenfalls die gestellten Fragen im Detail zu beantworten, wie:
- Verhalten während der vorl. Festnahme, (höflich, zurückhaltend, aufbrausend, ängstlich, beleidigend usw.)
- Aussagen des Grenzverletzers, (wo wollte er hin, was wollte er dort, wurde er erwartet und von wem)
- Einschätzung des Grenzverletzers durch den Festnehmenden (macht er wahrheitsgemäße Angaben, ist er glaubwürdig, schwindelt er usw.).

KALTER KRIEG UM DIE MAUER

Lautsprecher-Gefechte

»Achtung, Achtung, hier spricht das Studio am Stacheldraht.« Am 19. August 1961 begann in Berlin über die Mauer hinweg ein ganz besonderer »Kampf der Systeme«. Auf Initiative des West-Berliner Innensenators Joachim Lipschitz nahm das »Studio am Stacheldraht« seinen politischen Sendebetrieb auf: Über riesige Lautsprecher schallten Nachrichten und Appelle in den Osten. Mit der vom West-Berliner Senat finanzierten Aktion sollten vor allem DDR-Grenzpolizisten erreicht werden. »Deutsche, schießt nicht auf Deutsche!« war eine beständig verbreitete Losung. Auch aktuelle Informationen über Vorfälle an der Mauer – Fluchtaktionen, Schüsse auf Flüchtlinge – und den Ausbau der Sperranlagen wurden verbreitet. Anfangs waren die Lautsprecher des »Studios am Stacheldraht« auf VW-Busse montiert, die an verschiedenen Stellen an die Mauer heranfuhren und ihre Botschaften in den Ost-Sektor sandten. Gerade auf DDR-Grenzposten verfehlten die Sendungen ihre Wirkung nicht, wie spätere Aussagen von ehemaligen Grenzsoldaten bestätigen.

Der DDR-Führung war der »Hetzsender« ein unüberhörbares Ärgernis. Auf der Ostseite der Mauer gingen bald Armeelautsprecher in Stellung, die sich mit dem »Studio am Stacheldraht« kreischende Rededuelle lieferten. Für die Anwohner beiderseits der Mauer eine neue, nervtötende Belastungsprobe. Die Sendungen waren zeitweise noch in 15 Kilometer Entfernung zu hören.

Akustisches Anrennen gegen die Mauer: Lautsprecherbatterie des West-Berliner »Studios am Stacheldraht«.

Auch Kundgebungen, politische Veranstaltungen und Aufmärsche in Ost-Berlin sollten durch Reden oder Musik durch das »Studio am Stacheldraht« gestört werden. Später montierte man die Lautsprecher auf ausfahrbare Kräne, sogenannte Giraffen, welche die Reichweite der Sendungen noch vergrößerten. 1965 stellte das »Studio am Stacheldraht« seine Sendungen wieder ein.[1] Die Ost-Berliner Bevölkerung konnte sich nunmehr über die Rundfunksender Rias, SFB und Deutschlandfunk, später auch über das Fernsehen informieren.

US-Soldaten klang es Ende August 1961, kaum zwei Wochen nach Errichtung der Mauer, merkwürdig in den Ohren. Regelmäßig um 23.45 Uhr hieß es auf einer bestimmten Radiofrequenz: »Here is Ops – the real voice of information and education to American troops in West Berlin.« Ost-Berlin versuchte, mit einem Radioprogramm die in West-Berlin stationierten GIs propagandistisch zu beeinflussen. Umrahmt von US-Musik, im offiziellen DDR-Funk ein Unding zu jener Zeit, verbreitete »Ops« die bekannten Anklagen gegen »westdeutschen Militarismus und Revanchismus«. Der Erfolg des DDR-Senders hielt sich allerdings in Grenzen. Auf die wiederholte Aufforderung, Musikwünsche über eine Deckadresse einzusenden, erfolgte keine Reaktion. Den US-Soldaten war ihr AFN-Original offensichtlich lieber.[2]

Nicht nur akustisch hatte man einander den Propagandakrieg erklärt. Auf dem an der Mauer gelegenen Springer-Hochhaus und am Potsdamer Platz wurden 1962 riesige Leuchttafeln montiert, auf denen politische Nachrichten für die Ost-Berliner verbreitet wurden. Daneben versuchte man vor allem von West-Berliner Seite, mittels großflächiger Plakate

Einfluß zu nehmen. Die zumeist in privater Initiative, insbesondere von der »Arbeitsgemeinschaft 13. August« aufgestellten Plakate appellierten an die DDR-Grenzposten, auf Flüchtlinge nicht gezielt zu schießen. »Ich ziele daneben« »Mord bleibt Mord – auch wenn er befohlen wird!« »Grenzsoldaten-Losung für die Feiertage: Nichts sehen! Nichts hören!« Die DDR verfiel beim Plakatieren auf weit weniger Varianten. »Wer uns angreift, wird vernichtet«, lautete eine häufig an der Mauer gezeigte Drohung.

Verstärkung der Sperren am Haus der Ministerien in der Niederkirchner Straße 1961.

Staatsgäste am »antifaschistischen Schutzwall«

Ein sichtlich betroffener John F. Kennedy stand am 26. Juni 1963 auf einem Podest am Checkpoint Charlie vor Mauer und Grenzanlagen. Fast zwei Jahre hatte es gedauert, bis der US-Präsident endlich selbst nach Berlin gekommen war; noch im August 1961 hatte er Vizepräsident Lyndon B. Johnson entsandt. Doch nun war er da und wurde von Hunderttausenden mit Jubel begrüßt. Auf die Wagenkolonne des US-Präsidenten ging ein Konfetti-Regen nieder, der auch New York oder Washington alle Ehre gemacht hätte.

Gemeinsam mit dem Regierenden Bürgermeister Brandt und Bundeskanzler Adenauer fuhr Kennedy zum Brandenburger Tor, um auch am weltweit

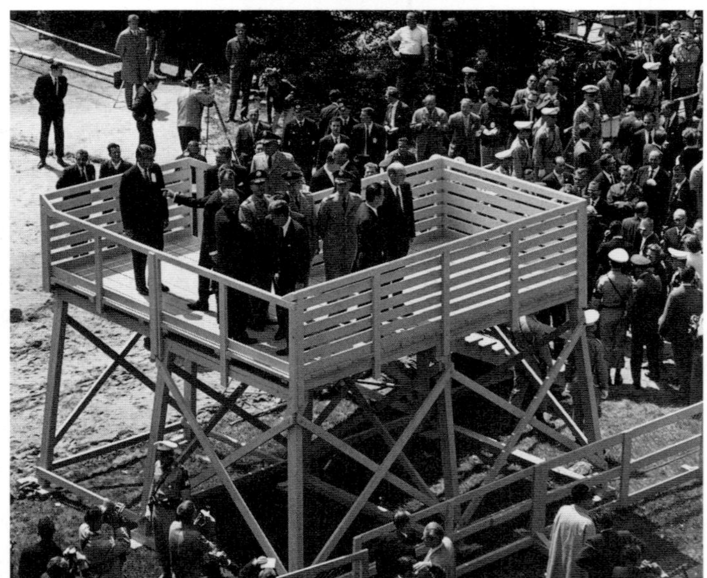

US-Präsident John F. Kennedy im Juni 1963 am Checkpoint Charlie. Beobachtet von Schaulustigen im Westen, Grenzsoldaten und Fotografen im Osten besichtigt er mit Bundeskanzler Adenauer und dem Regierenden Bürgermeister Brandt die Mauer.

bekannten Symbol der Teilung Deutschlands die Mauer in Augenschein zu nehmen. Die DDR-Grenztruppen hatten sich auf ihre Weise auf die Ankunft des US-Präsidenten vorbereitet. Das Brandenburger Tor war durch lange Stoffbahnen verhängt, so daß Kennedy nicht nach Ost-Berlin schauen konnte und auch niemand im Osten die Chance hatte, den US-Präsidenten zu sehen oder gar den Besuch zu einer politischen Kundgebung zu nutzen.

300 000 Menschen warteten an diesem 26. Juni vor dem Schöneberger Rathaus auf das Eintreffen Kennedys. Der hielt dort eine Rede, die in die Geschichte eingegangen ist: »Die Mauer ist die abscheulichste und die stärkste Demonstration für das Versagen des kommunistischen Systems. ... die Mauer schlägt nicht nur der Geschichte ins Gesicht, sie schlägt der Menschlichkeit ins Gesicht. ... Alle freien Menschen, wo immer sie leben mögen, sind Bürger dieser Stadt West-Berlin, und deshalb bin ich als freier Mann stolz darauf, sagen zu dürfen: Ich bin ein Berliner!«[3] Befreiter Jubel war die Antwort. Genau diese Solidaritätsbekundungen brauchten die Einwohner West-Berlins, um auf ihrer eingemauerten »Insel« nicht mutlos zu werden.

Kennedys Gegenspieler Nikita Chruschtschow hatte die Mauer bereits fünf Monate früher, im Januar 1963, besucht – bei kaltem Winterwetter und weit weniger spektakulär als sein Kontrahent auf der anderen Seite des Grenzstreifens. Chruschtschow sprach auch nicht zur Bevölkerung, sondern vor den Delegierten des VI. SED-Parteitags: »Sie haben die Grenze mit West-Berlin Ihrer Kontrolle unterstellt. Und das war der wichtigste Schritt zur Festigung der Souve-

Kein Blick nach Osten. Beim Besuch Kennedys (auf der Treppe l.) ist das Brandenburger Tor verhängt.

Chruschtschow (vorn, 2. v. l.) läßt sich im Januar 1963 von Ulbricht (2. v. r.) in der Friedrichstraße die Mauer zeigen.

ränität der Deutschen Demokratischen Republik. Sie wurden in der Tat zum wahren Herrn und Hüter ihrer Grenzen...«[4]

Die Besichtigung der Mauer gehörte zum festen Besuchsprogramm aller Staatsgäste in West-Berlin. Besondere Symbolkraft hatte stets der Besuch von Politikern der westlichen Schutzmächte, namentlich der USA. Sämtliche US-Präsidenten, die britischen und französischen Regierungschefs und Staatspräsidenten, die britische Königin Elisabeth II., sie alle kletterten auf die Holzpodeste an der Mauer und versicherten die West-Berliner Bevölkerung ihres politischen und militärischen Schutzes.

1962 ging die DDR an der Mauer ihrerseits in die Propagandaoffensive. Zwar wußte jeder SED-Funktionär ebenso wie die offiziellen Besucher um die tatsächliche Funktion der Mauer, um so energischer aber mußte nach außen die Propagandaversion vom »antifaschistischen Schutzwall« vertreten werden. Kaum einer offiziellen Besucherdelegation in Ost-Berlin blieb der Gang zum Brandenburger Tor und zur Mauer erspart, wo ihnen von Grenztruppen-Offizieren die »Grenzsicherungsanlagen« erläutert wurden. Zu diesem Zweck wurde 1962 in einem Torhaus des Brandenburger Tores ein »Informationszentrum der Nationalen Volksarmee« eingerichtet, in dem mit Foto- und Textdokumenten den zumeist ausländischen Besuchern die »friedenserhaltende Wirkung« des »antifaschistischen Schutzwalls« veranschaulicht werden sollte. Anschließend ging es auf den halbrunden Platz vor dem Brandenburger Tor, wo von einem Aussichtspodest ein Blick nach Westen, in die Straße des 17. Juni, das »Herrschaftsgebiet des Imperialismus und Revanchismus«, geworfen werden konnte. Dabei kam es nicht selten zu der grotesken Situation, daß sich zwei Besuchergruppen von beiden Seiten der Mauer anstarrten.

Zum Abschluß ihrer Mauer- bzw. »Schutzwall«-Besichtigung konnten sich

Eine CSSR-Delegation besichtigt die Sperranlagen am Brandenburger Tor.

Skeptisch: Staatsgäste aus Mali am »antifaschistischen

die Besucher in das im »Informationszentrum« ausliegende Gästebuch eintragen. Es finden sich dort Grußworte von Delegationen aus aller Herren Länder, vor allem aber aus den »sozialistischen Bruderstaaten« und der »Dritten Welt«. Selbstredend zeigten sich die Besucher dabei beeindruckt vom »antifaschistischen Schutzwall«; häufig ist von Dank an die Grenztruppen für ihren »verantwortungsvollen Dienst« zu lesen. Ganz selten nur ein weniger steif-beflissener Ton. So schrieb eine Österreicherin im August 1973 nach dem obligatorischen Dank an die Grenztruppen, sie hoffe, daß »wir dermaleinst auf ihre Aufgabe verzichten können.«[5]

Schutzwall«.

DDR-Bürger hatten zu dieser – im übrigen kaum bekannten – Propagandaausstellung keinen Zugang. Die Besuchergruppen wurden unter strengen Sicherheitsvorkehrungen in den Bereich des Brandenburger Tores, also in unmittelbare Nähe der Sperrmauer geführt. Für die Grenztruppen ein nicht geringes Sicherheitsproblem. Es wurde darauf geachtet, daß sich keine »unbefugte Person« den Delegationen anschloß.

DDR-Propaganda: Kinder mit Grenzoffizier am Brandenburger Tor.

DIE MAUER WIRD DURCHLÄSSIG

Passierscheinabkommen

»Die Mauer muß weg!« In den ersten Monaten nach der Teilung der Stadt war dies die ständig wiederholte Maxime West-Berliner Politik. Doch wie das erreichen unter den Bedingungen des Kalten Krieges, der im Herbst 1962 mit der Kuba-Krise auf einen neuen Höhepunkt zugesteuert war? Mit Alliierten an der Seite, denen die »Mauer-Lösung« anstelle der permanenten Berlin-Krise vielleicht, bei aller Protest-Rhetorik, so unlieb nicht war?

Bereits Ende September 1961 mischte sich in die kämpferischen Reden Willy Brandts ein neuer Ton: Es müsse alles getan werden, »damit die Mauer, solange sie nicht beseitigt ist, wenigstens durchlässig wird.«[1] Damit war das Stichwort gefallen: Durchlässigkeit. Wenn man die Mauer schon nicht einfach wegräumen konnte, mußte sie für die Menschen in der Stadt erträglicher, durchlässiger gemacht werden. Diese Aufgabe glich einer Sisyphusarbeit, der sich vor allem Innensenator Heinrich Albertz und der damalige Pressesprecher des Senats, Egon Bahr, verschrieben.

Es begann jene »Politik der kleinen Schritte«, die dem Westen so manche Kröte zu schlucken gab. Aber man schluckte sie um der Erleichterungen für die Menschen willen. Auch die »andere Seite«, so der westliche Sprachgebrauch für die DDR, mußte in diesem mühseligen Prozeß Zugeständnisse machen.

Neben Fragen des Berlin-Status war das Streben der DDR nach internationaler Anerkennung das Haupthindernis bei der Suche nach pragmatischen Lösungen. Zwar hatte Ost-Berlin bald nach dem Mauerbau das Angebot gemacht, den West-Berlinern Besuchserlaubnisse zu erteilen, allerdings unter der Bedingung, daß die Genehmigungen in West-Berlin durch Filialen des DDR-Reisebüros ausgegeben werden sollten. Westmächte und Senat hatten den Vorschlag umgehend zurückgewiesen. Zu Weihnachten 1963 aber war es tatsächlich soweit: Die DDR-Regierung gab Passierscheine für West-Berliner aus.

Dem ersten Passierscheinabkommen waren im Dezember 1963 überaus komplizierte Verhandlungen zwischen Senatsrat Horst Korber und DDR-Staatssekretär Erich Wendt vorangegangen, bei denen es vor allem um Statusfragen ging. Den Anstoß hatte ein Brief des stellvertretenden Regierungschefs der DDR, Alexander Abusch, an Willy Brandt vom 5. Dezember 1963 gegeben, in dem es hieß: »Ungeachtet der weitergehenden notwendigen Regelung der Beziehungen zwischen der Deutschen Demokratischen Republik und Westberlin ist die Regierung der Deutschen Demokratischen Republik bereit, für die Zeit vom 15. Dezember 1963 bis zum 5. Januar 1964 in Westberlin Ausgabestellen einzurichten, bei denen Westberliner Bürger Passierscheine für Besuche in der Hauptstadt der Deutschen Demokratischen Republik erhalten könnten. ... Falls Sie es für notwendig halten, die Durchführung dieser Maßnahme mit mir zu besprechen, wäre ich zu einer Begeg-

Passierscheinabkommen Weihnachten 1963: Tränenreiches Wiedersehen am Bahnhof Friedrichstraße.

nung mit Ihnen in der Hauptstadt der Deutschen Demokratischen Republik oder in Westberlin bereit. Sollten Sie eine solche Begegnung nicht wünschen, so wäre ich auch einverstanden, wenn Sie einen Vertreter für eine derartige Besprechung benennen würden. ... Mit vorzüglicher Hochachtung, gez. Alexander Abusch.«[2] Am 10. Dezember erging die Antwort nach Ost-Berlin: »Der Regierende Bürgermeister von Berlin läßt mitteilen: Es ist die Bereitschaft zur Kenntnis genommen worden, in der Weihnachtszeit Passierscheine für Westberliner Bürger zum Besuch von Ostberlin auszugeben. Hierzu wird erklärt, daß die praktische Durchführung eines solchen Vorschlages selbstverständlich unterstützt werden wird. Zur technischen Vorbereitung der angekündigten Passierscheinerteilung und der damit verbundenen Verkehrsvorgänge stehen Experten zur Verfügung ...«[3] Die Schreiben von Willy Brandt trugen weder Anrede noch Unterschrift – ein Grund mehr für das »Neue Deutschland«, den Briefwechsel Abusch/Brandt zu veröffentlichen.[4]

Man einigte sich schließlich auf ein sehr umständliches Passierschein-Ausgabeverfahren: DDR-Postangestellte nahmen die Anträge in West-Berlin entgegen, bearbeitet wurden sie in Ost-Berlin, um dann in zwölf West-Berliner Schulen und Turnhallen ausgegeben zu werden.[5] Vor den West-Berliner Ausgabestellen für die Anträge bildeten sich lange Schlangen. In Schnee und Kälte harrten die Menschen oft stundenlang aus, um die begehrten Scheine in Empfang nehmen zu können. »Auch am Sonnabend, dem vierten Tag der Passierscheinaktion, war es noch immer nicht gelungen, die unhaltbaren Zustände an den Passierscheinstellen zu ändern. Wiederum mußte der Senator für Sicherheit und Ordnung, Bürgermeister Albertz, gegen 11 Uhr 30 an die Bevölkerung appellieren, sich nicht mehr zur Ausgabe von Passierschein-Anträgen anzustellen. ... An den zwölf Passierscheinstellen (spielten sich) wieder erregte Szenen ab. Um 13 Uhr standen rund 32 000 West-Berliner, teilweise seit mehr als zwölf Stunden bei vier Grad Kälte und mehr, an den Turnhallen. Die Stimmung war nach übereinstimmenden Berichten noch erregter als an den Vortagen. Um 15 Uhr gaben etwa 9 000 Wartende die Hoffnung auf, noch abgefertigt zu werden.«[6] Die DDR-Behörden hatten ein Einsehen und erhöhten in den folgenden Tagen die Zahl der Postbeamten in den Ausgabestellen.

Kaum einer hatte es zu hoffen gewagt, nun war es soweit. Erstmals seit zwei Jahren durften West-Berliner wieder zu Freunden und Verwandten nach Ost-Berlin. Es kam zu tränenreichen Wiedersehensszenen. Schwerbepackte West-Berliner fielen an den Übergangsstellen ihren Verwandten weinend in die Arme. Auf besonderen Antrag durften West-Berliner sogar ihren PKW benutzen; ein außergewöhnliches Bild auf Ost-Berliner Straßen. In einer Reportage des »Tagesspiegel« hieß es: »Das Band zwischen denen, die sich über zwei Jahre lang nicht sehen durften, ist fester geworden seit damals, das sagen alle übereinstimmend. ›Es war so, als hätten wir uns nur eine Woche lang nicht gesehen‹, erzählt eine alte Dame. ›Früher hockten wir alle Tage zusammen. Seit der Mauer bin ich allein in West-Berlin. Ich habe viel Kraft gebraucht, um diese zwei Jahre zu überstehen. ... Drei Tage habe ich gestanden,

Improvisierte Kontrollstelle vor dem Bahnhof Friedrichstraße im Dezember 1963.

um die drei Passierscheine zu bekommen. Ich werde wieder Schlange stehen, und wenn es noch länger dauert.‹ ... Ein junger Mann, ehemals ›Grenzgänger‹ und von den Ostbehörden deshalb vor Jahren ausgewiesen, berichtet: ›Meine Mutter in Ost-Berlin ist schwer herzkrank. Ich habe sie in Telegrammen allmählich darauf vorbereiten müssen, daß ich sie besuchen werde. Man wußte nicht, ob sie den freudigen Schreck überstehen würde. Zum Glück ging alles gut. Wir haben einen ganzen Tag lang nur über uns gesprochen.‹«[7]

Die DDR-Behörden hatten an Friedrichstraße und Oberbaumbrücke, zwei von insgesamt fünf Grenzübergangsstellen, ganze Wälder von Abfertigungshäuschen aufgebaut, um den erwarteten Ansturm zu bewältigen. Auffällig war das betont korrekte, ja höfliche Auftreten der DDR-Grenzkontrolleure; amerikanische Journalisten beschrieben geradezu eine »Herzlich-Willkommen-Ihr-West-Berliner-Kampagne«: »Die Grenzposten demonstrierten erneut, wie zügig und reibungslos Passanten und Fahrzeuge abgefertigt werden können.« In anderen Berichten hieß es, »die eingesetzten Grenzposten veranstalteten einen ›Höflichkeitswettbewerb‹«.[8] Stimmungsvolle Berichterstattung auch in der Ost-Berliner Presse: »Westberliner Besucher danken für reibungslose Abfertigung an den Übergangsstellen«, schrieb das »Neue Deutschland«, und weiter: »Das muß man selbst erlebt haben, was sich am Sonnabendmorgen am Grenzübergang Bahnhof Friedrichstraße tat. Jeder neue S-Bahn-Zug aus Richtung Westen – 87 in jeder Stunde –, jede ankommende U-Bahn sorgen für einen endlosen Strom Tausender und aber Tausender Besucher. Und dieser Strom fließt, gerät kaum ins Stocken. ›Dufte Jungen sind das‹, zollt Herr Otto Scheibe aus der Kolonnenstraße in Schöneberg unseren Grenzern, den Bankangestellten, den Eisenbahnern, BVGern, den Zollangehörigen und Volkspolizisten uneingeschränkte Anerkennung. ... Herr Bisold aus Kreuzberg: ›Auf Sie hier ist Verlaß. Auf Ihre Regierung, die uns durch ihre Vorschläge einen so vernünftigen und glücklichen Jahreswechsel ermöglichte ...«[9]

Die Besuchsmöglichkeiten waren eng begrenzt, nämlich auf die Zeit vom 19. Dezember 1963 bis zum 5. Januar 1964. Insgesamt wurden in diesen zwei Wochen 1 242 800 Passierscheine für einen Eintagesaufenthalt ausgegeben. Die Einreiseerlaubnis galt von 6 Uhr morgens bis 24 Uhr; es mußten 10 DM zum Kurs 1:1 umgetauscht werden.[10] Bei ihrer Rückkehr in die Westsektoren leuchteten den Besuchern an den Übergängen Schriftzüge mit dem Gruß: »Auf Wiedersehen Weihnachten 1964« entgegen – obwohl die Verhandlungen über ein zweites Passierscheinabkommen noch nicht begonnen hatten. Die DDR schien an atmosphärischen Verbesserungen durchaus interessiert.

Die westliche »Politik der kleinen Schritte«, für die es eines langen Atems und eines gehörigen Maßes an Frustrationstoleranz bedurfte, hatte erste Früchte getragen. Wenigstens für ein paar Tage war die Mauer etwas durchlässiger geworden, wenn auch nur in eine Richtung. Einigen SED-Funktionären in Ost-Berlin allerdings paßten derartige »Zugeständnisse« nicht. So hatte wenige Wochen vor dem ersten Passierscheinabkommen Politbüro-Mitglied Albert Norden vor Grenztruppen in Berlin noch markig erklärt: »... an unsrer Mauer ... gibt es nichts durchlässig zu machen, denn wer an der Grenze rüttelt, der rüttelt am Frieden und dem wird so

Warten auf den Ansturm. An den Übergangsstellen wurden 1963 ganze Wälder von Abfertigungshäuschen aufgebaut.

auf die Finger geklopft, daß er sie in Zukunft nicht mehr gebrauchen kann.«[11] Nun mußten propagandistische »Frontmänner« wie Norden und Karl-Eduard von Schnitzler erst einmal zurückstecken.

Bei der praktischen Umsetzung des zweiten Passierscheinabkommens zu Weihnachten 1964 hatte sich östlicherseits das Ministerium für Staatssicherheit eine federführende Rolle gesichert. Unter der Bezeichnung »Aktion Gast« wurde in enger Zusammenarbeit von Stasi, Innenministerium und Ministerium für Post- und Fernmeldetechnik der Ablauf der Besuchsregelung, von der Ausgabe der Antragsformulare bis zur statistischen Auswertung der Passierscheine, genauestens vorgeplant. Zahlreiche IM (Inoffizielle Mitarbeiter) sollten im Vorfeld die »Stimmung unter den Einsatzkräften« und die »Auswirkungen ... westlicher Zersetzungsversuche« feststellen.[12] Die Staatssicherheit in ihrer Sammelwut nutzte das Passierscheinabkommen insbesondere dazu, hunderttausende personenbezogener Daten von Einwohnern West-Berlins anzuhäufen.

Es gab insgesamt vier Passierscheinabkommen, das letzte zu Pfingsten 1966. Weitere Besuchsregelungen scheiterten an Forderungen Ost-Berlins, auf die der Senat aus statusrechtlichen Gründen nicht eingehen konnte. Der Ostteil der Stadt war für West-Berliner wieder gesperrt. Allerdings arbeitete seit 1964 eine »Passierscheinstelle für dringende Familienangelegenheiten«, die Besuchserlaubnisse u.a. bei Geburten, Hochzeiten, lebensbedrohenden Erkrankungen und Todesfällen enger Verwandter erteilte. Auch diese Passierscheine jedoch wur-

Schwerbepackt streben an der Oberbaumbrücke Besucher aus West-Berlin ihren Verwandten entgegen.

den nur für eine Richtung ausgegegeben: von West nach Ost.

Der Schriftsteller Uwe Kolbe hat die Veränderungen, welche die Passierscheinabkommen mit sich brachten, aus der Sicht eines Kindes beschrieben, das in den sechziger Jahren in der Nähe des Grenzübergangs Bornholmer Straße mit Freunden Fußball spielte: »Das Passierscheinabkommen vertrieb uns. Der martialische Ausbau des Grenzübergangs, begonnen haben mußte er in einer Nacht. Die Grenzgebietsschilder hatten sie umgesetzt. Die Wiese hinter der kleinen Holzkirche war plötzlich verbotenes Land. ... Westautos rollten über die Brücke. Die Familie holte die Westoma ab. Ihre glatte Bräune, das blondierte Haar, die helle Kleidung, sie bestätigten die Unwirklichkeit all dessen, was jenseits der Brücke lag. So sah keine hiesige Oma aus. So sah überhaupt keine Oma aus.«[13]

Grenzgänger

Auch das gehörte zum politischen Erscheinungsbild der Mauer: Sie machte Unterschiede. Von Anfang an war die Grenze für bestimmte Personengruppen durchlässig geblieben. Unüberwindlich waren die Sperranlagen für die Bewohner Ost-Berlins und der DDR sowie der anderen Ostblock-Staaten und lange Jahre auch für West-Berliner. Ausländer und Westdeutsche konnten über die Grenzübergangsstellen ebenso nach Ost-Berlin gelangen wie westliche Militärangehörige.

Auch für in Ost-Berlin akkreditierte Diplomaten stellte die Mauer kein Hindernis dar. Einige von ihnen nutzten diese Möglichkeit, sich mitunter durch größere oder kleinere Schmuggelaktionen Zusatzeinnahmen zu verschaffen. Bis in die siebziger Jahre gelangten schätzungsweise mehr als 2 000 Personen im Kofferraum von Diplomatenautos nach West-Berlin, quasi unter den Augen der MfS-Paßkontrolleinheiten. Die ahnten zwar etwas von den Schleusungen, durften aber aufgrund des diplomatischen Status der Grenzgänger keine Kontrollen vornehmen.

Übrigens war nicht jeder »Grenzgänger« in West-Berlin auch willkommen. So erklärte der West-Berliner Senat nach dem Mauerbau rund 100 führende SED-Funktionäre zu unerwünschten Personen, denen die Einreise verweigert wurde. Chefpropagandist Karl-Eduard von Schnitzler sollte nun auf Einkäufe im KaDeWe ebenso verzichten müssen wie der linientreue Starjurist Friedrich Karl Kaul auf Besuche in West-Berliner Feinschmeckerlokalen. Doch Kaul fand bald eine Lücke. In der S-Bahn durften Personenkontrollen nur mit Einverständnis der Reichsbahn erfolgen. Mit dem Auto kam Kaul zunächst nicht mehr nach West-Berlin; er mußte die S-Bahn benutzen – wie vor dem 13. August hunderttausende von DDR-Flüchtlingen.[14]

Ab Mitte der siebziger Jahre war die Mauer auch für einige DDR-Schauspieler, Musiker, Schriftsteller keine unüberwindliche Grenze mehr. Unter den Privilegierten waren die Schriftsteller Jurek Becker, Rolf Schneider, Heiner Müller. Die DDR war nicht zuletzt auch an ihrem Anteil der Deviseneinnahmen interessiert, die diese im eigenen Land als unbequem geltenden Künstler im Westen erzielten. Schon 1964, drei Jahre nach dem Mauerbau, durften die DDR-Autoren Peter Hacks, Manfred Bieler und Günter de Bruyn zu einer Lesung nach West-Berlin reisen. Immer wieder gab es derartige Westreisen von Schriftstellern, von denen sich die SED-Führung propagandistischen Gewinn versprach. De Bruyn, bereits damals auf Distanz zur SED, fühlte sich dabei nicht sonderlich wohl. »In der Diskussion, der ich gern durch eine Ohnmacht entgangen wäre, versuchten die aus dem Osten Gesandten, die Erzählung von Gegenwärtigem fernzuhalten und sie ganz auf die antifaschistische Bahn zu bringen. ... Wichtig an diesem blamablen Auftreten im Westen wurden für mich die Reaktionen des Ostens. Wie ich bald merken konnte, war man erstaunlicherweise mit mir zufrieden gewesen, was ich mir nachträglich so erkläre: Erstens war ich freiwillig von dem Ausflug über die Mauer zurückgekommen; zweitens hatte meine Geschichte die Freizügigkeit des sozialistischen Staates bewiesen; und drittens hatte ich meine Meinung über den Mauerbau nicht geäußert ...«[15]

1965 erhielt der später ausgebürgerte Dichter und Sänger Wolf Biermann die Erlaubnis zu einem Konzertauftritt in der Bundesrepublik. Seine Empfindungen beim Passieren der Grenze hat er in dem Gedichtzyklus »Deutschland. Ein Wintermärchen« ausgedrückt:

Im deutschen Dezember floß die Spree
Von Ost- nach Westberlin
Da schwamm ich mit der Eisenbahn
Hoch über die Mauer hin

Da schwebte ich leicht über'n Drahtverhau
Und über die Bluthunde hin
Das ging mir so seltsam ins Gemüt
Und bitter auch durch den Sinn

Das ging mir so bitter in das Herz
– Da unten die treuen Genossen –
So mancher, der diesen gleichen Weg
Zu Fuß ging, wurde erschossen ...[16]

In der DDR konnten diese Verse nicht erscheinen.

Einer, der Tag für Tag die Grenze überschritt, war Friedrich Kittlaus, oberster S-Bahner seit 1949. Kittlaus behielt seinen Posten auch nach dem August 1961, obwohl er von der SED als politisch eher unzuverlässig eingeschätzt wurde. Seine Fachkompetenz machte ihn unentbehrlich. So durfte Kittlaus auch nach dem Mauerbau täglich von seiner Wohnung in West-Berlin mit Dienstwagen und Chauffeur unkontrolliert zu seinen Diensträumen in Ost-Berlin fahren. Dieses Recht setzte Kittlaus, der S-Bahn-Chef blieb bis zu seiner Pensionierung 1973, auch gegen übereifrige Grenzer durch, die seinen Fahrer eines Tages zum Aussteigen zwingen wollten. Auch die Drohung mit der Waffe konnte Kittlaus nicht beeindrucken, er wies seinen Fahrer an weiterzufahren. Nach einigen Querelen erreichte er, daß seine Freizügigkeit auch weiterhin keinerlei Beschränkungen unterworfen wurde.[17]

Aber nicht nur Kittlaus, auch eine ganze Reihe von Ost-Berliner S-Bahn-Angestellten passierte regelmäßig die Mauer, um im Westteil der Stadt Gleise auszubessern oder Signalanlagen instand zu halten. Selbstredend waren es penibel überprüfte Leute, die in West-Berlin arbeiten durften: keine West-Verwandtschaft, blütenweiße Kaderakte, Familienväter bevorzugt. Ein zehnseitiger Fragebogen sollte Aufschluß geben über »ausgeprägten festen Klassenstandpunkt, Treue zu Partei und Regierung«. Die Auserwählten erhielten einen Ausweis über ihren »Sonderdienstauftrag« und mußten sich zu einem festgesetzten Zeitpunkt wieder im Ost-Berliner Bahnhof Friedrichstraße zurückmelden, andernfalls wurde umgehend eine »interne Fahndung« eingeleitet.[18]

Die S-Bahn-Grenzgänger waren zwar privilegiert, doch blieben ihre Möglichkeiten im Westen stark beschränkt durch enge Arbeits- und Zeitvorgaben. Der Ost-Berliner Betriebsschlosser Joachim Kind berichtet von seiner Zeit als »Grenzgänger«: »Die meisten waren ja schon vor '61 auf den Strecken tätig, mußten sich einfach mit den neuen Verhältnissen abfinden, mit dieser permanenten Überwachung und Gängelung. Viele haben uns trotzdem beneidet, weil wir in den Westen konnten, aber Geld hatten wir auch keines. Von der Reichsbahn gab es zehn D-Mark im Monat, damit wir auf Montage in Westberlin wenigstens mal auf die Toilette gehen oder uns mal 'ne Brause kaufen konnten. Gewiß, mancher hat die Möglichkeit, sich auf dem Transitgelände bewegen zu können, auch genutzt, um mal zum Zoo zu fahren und sich ein paar Zeitschriften anzugucken, aber alles unter dem Siegel der Verschwiegenheit, denn wenn man erwischt wurde, konnte das den Arbeitsplatz kosten. Sylvester haben sich mal im Übermut ein Paar Kollegen vom Nordbahnhof (in Ost-Berlin, d. Verf.) rübergetraut, denn gleich hinter den Gleisen ist ja das Drei-Mädel-Haus, und dort war ein großes Fest, während die Kollegen hier in ihrem Bahnhof hockten. Sie hatten aber kein Geld, doch das machte nichts, sie sind nämlich freigehalten worden – von den Nutten, die dort verkehrten.«[19]

Zahlreiche Lokführer aus Ost-Berlin und der DDR arbeiteten auf West-Berliner Rangieranlagen. Zum Dienstantritt fuhren sie mit der S-Bahn ins Bahnbetriebswerk Grunewald. Nach Übernahme der

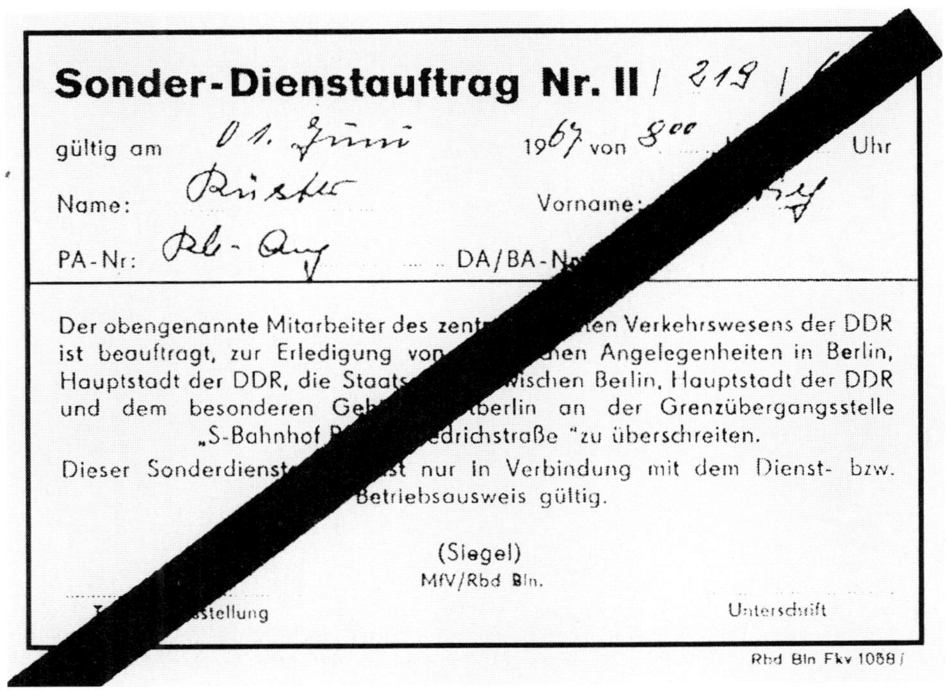

Sonder-Dienstauftrag Nr. II / 219 / [redacted]

gültig am 01. Juni 1967 von 8⁰⁰ [redacted] Uhr

Name: [illegible] Vorname: [redacted]

PA-Nr: [illegible] DA/BA-N[redacted]

Der obengenannte Mitarbeiter des zent[redacted]en Verkehrswesens der DDR ist beauftragt, zur Erledigung von [redacted]en Angelegenheiten in Berlin, Hauptstadt der DDR, die Staats[redacted]ischen Berlin, Hauptstadt der DDR und dem besonderen Ge[redacted]berlin an der Grenzübergangsstelle „S-Bahnhof [redacted]edrichstraße" zu überschreiten.

Dieser Sonderdienst[redacted]st nur in Verbindung mit dem Dienst- bzw. [redacted] Betriebsausweis gültig.

(Siegel)
MfV/Rbd Bln.

[redacted]stellung Unterschrift

Rbd Bln Fkv 1088 /

Sonder-Ausweis für S-Bahn-Beschäftigte für den Aufenthalt im anderen Teil der Stadt.

S-Bahn durch die West-Berliner BVG im Januar 1984 verkehrte sogar ein eigener Dienstzug, bestehend aus Lok und einem Personenwagen, um Ost-Berliner Personal zum Dienst nach West-Berlin und zurück zu transportieren. Pro Tag legte dieser Pendelzug etwa zehnmal seine Strecke zwischen Friedrichstraße und Berlin-Grunewald zurück, mit Zwischenhalten in Zoologischer Garten und Charlottenburg. Ein anderer Dienstzug verkehrte von Wustermark quer durch West-Berlin über Charlottenburg nach Friedrichstraße. Ganz schön was los an der scharf bewachten »Systemgrenze«, zumindest was den Eisenbahn- und S-Bahn-Betrieb anging.[20]

Geisterbahnhöfe

Die verquere Geographie der geteilten Stadt brachte es mit sich, daß eine westliche S-Bahn- und zwei U-Bahn-Linien unter Ost-Berliner Gebiet hindurch verliefen. Unmittelbar nach Sperrung der Grenze wurden die auf Ost-Berliner Gebiet gelegenen Bahnhöfe geschlossen, die Zugänge mit Eisengittern verrammelt, später größtenteils zugemauert. Wie Zeugen einer fernen Vergangenheit standen noch die S-Bahn-Schilder und Treppengitter in den Ost-Berliner Straßen. Die »Mauer« begann für die Ost-Berliner schon hier, an den verriegelten S-Bahn-Zugängen. Der Fahrbetrieb selbst blieb zwischen den West-Berliner Stadtteilen bestehen. Was mögen die Ost-Berliner empfunden haben, wenn sie beim Sonntagsspaziergang Unter den Linden aus zwei vergitterten Schächten das Geräusch einer vorbeiratternden S-Bahn vernahmen? Oder hörten sie es gar nicht mehr, allein schon aus Selbstschutz? Man »mußte sich darin üben, die Eingänge zu den nicht mehr betretbaren U-Bahn-Stationen nicht zu vermissen ...«, so Günter de Bruyn in seinen Erinnerungen an diese Zeit.[21]

Die meisten (West-)Fahrgäste überkamen unbehagliche Gefühle beim Anblick der verödeten, in schmutzig-gelbes Licht getauchten Bahnsteige Nordbahnhof, Oranienburger Straße, Unter den Linden, Potsdamer Platz. In den S-Bahn-Zügen selbst wurden die Gespräche gedämpfter, wenn sie mit gedrosseltem Tempo durch die schummrigen »Geisterbahnhöfe« fuhren. Wo einst das hektische Leben einer Weltstadt pulsierte, gab es nur noch ausgestorbene Bahnsteige, verrottende Bänke und Fassaden. Hier hatte die Mauer die Zeit stillgestellt.
An einigen Stellen waren noch Hinweisschilder und Werbetafeln vom Sommer 1961 zu erkennen; »Riwa Toilette-Seifen«, »Großhandelskontor Technik«, »Richtung Stalinallee – Lichtenberg« »Richtung Bernau«. Doch da gab es keinen Anschluß mehr. Schemenhaft waren Grenzsoldaten zu erkennen, die mit geschulterten Gewehren die vorbeirollenden Züge musterten. Flüchtlinge? Hier,

Beobachtungsposten mit Sehschlitz im »Geisterbahnhof« Potsdamer Platz.

in dieser Schattenwelt unter der geteilten Stadt?

15 solcher »Geisterbahnhöfe« gab es im Ost-Berliner Untergrund. Grenztruppen und Transportpolizei sorgten auch hier für vollständige Abschottung, wobei einige besondere »Sicherheitsprobleme« zu bewältigen waren. Ein hoher Grenztruppen-Offizier gab später folgende Erläuterungen zur »Grenzsicherung« in diesem Bereich: »Es begann schon mit den Einfahrten der West-Bahnen nach Ostberlin. Dort waren vergitterte Rolljalousien angebracht, die rollten sich oben an der Decke zusammen, und dann ging das runter, bei besonderen Vorkommnissen, bei Havarien und natürlich abends nach Betriebsschluß. Unten stand drauf: ›Achtung, Zonengrenze!‹ ... Das Prinzip war ja, daß keiner von draußen in den Tunnelmund – etwa über die angrenzende Elisabethkirchgemeinde – reinkommt, sonst hätte der ja auf 'nen Zug aufspringen und mit ihm unbemerkt wieder rausfahren können. Die Strecke hätte er nicht langlaufen können, denn da war die Trapo (Transportpolizei) auf den anderen Bahnhöfen. Schließlich gab es noch die Lichtschranken, die kaum zu durchkriechen oder zu übersteigen waren. ... Unsere Posten waren auf manchen Bahnhöfen, so am Potsdamer Platz, regelrecht eingemauert. Sie standen auf dem Bahnsteig innerhalb einer Mauer mit Sehschlitzen. Das war einerseits, damit sie nicht fahnenflüchtig wurden, und andererseits, damit sie nicht Provokationen ausgesetzt waren, falls mal ein S-Bahn-Zug hielt und Besoffene ausstiegen ... Kein Posten kam unten unbemerkt von seinem Platz. Aber das war schon der ausgebaute Zustand in den achtziger Jahren. Anfänglich sind die Posten auf dem Bahnsteig auf und ab gelaufen, da waren sie nicht in den Bunkern. ... Zunächst waren auf den Bahnsteigen immer sechs unten, zuletzt waren nur noch zwei da, und die mußten alles im Blick haben.«[22]

Über den Wachdienst im S-Bahnhof Potsdamer Platz berichtete Ex-Major Helmut H.: »Im Bahnhof Potsdamer Platz konnte man sich verlaufen. Und da ist auch manchmal was aus den Zügen geworfen worden, Flaschen und alles mögliche. Wir haben uns hinter Pfeiler gestellt oder waren in geschlossenen Räumen drin, mußten alles einsammeln,

Patrouille im S-Bahnhof Potsdamer Platz. Ohne Halt fahren die Züge von West nach West.

was rumlag. Die Soldaten sahen die Leute vorbeifahren in eine andere Welt ... Wenn man sich dann so in 'ne Nische reindrücken muß, wenn die Bahn vorbeirollt, das ist schon ein eigenartiges Gefühl.«[23]

Bahnhof Friedrichstraße

Die Mauer schuf Orte von schwer lastender Atmosphäre und bedrängender Undurchschaubarkeit. Man fühlte sich dort unter einer unbestimmten Bedrohung, ausgeliefert der Kontrolle und Willkür eines mißtrauisch-feindseligen Staates. Ein solcher Ort war der Bahnhof Friedrichstraße, einstiger Verkehrsknotenpunkt mit S- und U-Bahn- sowie Fernbahnanschluß.

Hier verlief »die Mauer« zwischen zwei Bahnsteigen. Eine Metallwand trennte den Bereich der nach Westen fahrenden S-Bahnen (Bahnsteig B) vom Fernbahnsteig A und dem »östlichen« S-Bahnsteig C. Für Ost-Berliner hieß es hier: »Endstation, alles aussteigen, Zug fährt zurück nach Erkner«. 1982 wurde die 3 Meter hohe Drahtglaswand durch eine bis zum Hallendach reichende Stahlwand ersetzt. Auf den Fernbahnsteigen war längs ein weißer Strich gezogen – »Überschreiten erst nach Aufforderung!« Buchstäblich jeder Schritt wurde hier von den Grenzposten überwacht.[24]

Besucher aus dem Westen verloren regelmäßig die Orientierung in dem Gewirr aus Gängen, Treppen, Paß- und Zollschleusen, versteckten Durchlässen. Selbst den »Grenzorganen der DDR« fiel es schwer, in diesem Labyrinth den Überblick zu behalten. Grenztruppen-Offizier Günter Brücke: »Hier erfolgte die Ausbildung besonders lange und intensiv. Dafür gab es ein spezielles Modell ... Hierdran wurden die Kräfte genauestens eingewiesen. Denn wer dort auf den Bahnhof kommt, der weiß nicht, was links und rechts ist. Wenn da junge Soldaten gekommen sind, ging es erstmal an den Modellkasten ran, und da wurde ihnen gesagt: So sieht der Bahnhof aus, dann ist hier der Verbindungsweg, hierunter gehts zur U-Bahn und hier ist der Posten C usw. Sonst hätte sich kein Mensch zurechtgefunden.«[25]

Es war ein wahrer Hindernislauf, den die Besucher bei der Ein- und Ausreise

Paß- und Zollkontrolle in den Katakomben des Bahnhofs Friedrichstraße.

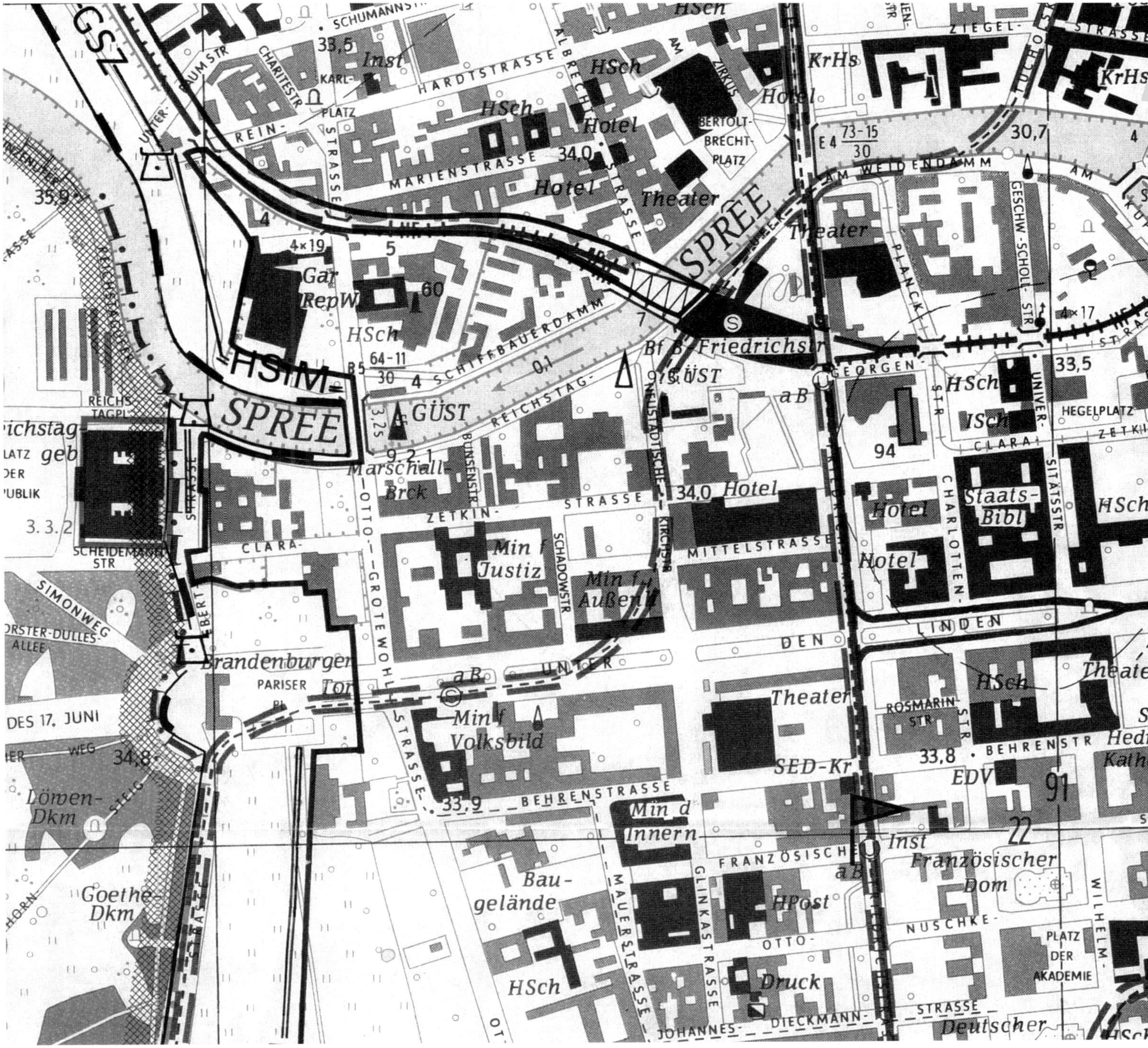

Grenztruppen-Karte vom Bereich Brandenburger Tor. GSZ: »Grenzzsicherungszaun«; HSiM: »Hinterlandsicherungsmauer«.

zu absolvieren hatten, stets beobachtet von allgegenwärtigen Grenzposten und, seit Anfang der achtziger Jahre, Videokameras. Gleich nach Betreten des »Abfertigungsbereichs« wurde sortiert in »Bürger West-Berlin«, »Bürger BRD« und »Bürger anderer Staaten«. Voller Neid sah man ab und zu eine Person raschen Schrittes in der Bucht für »Diplomaten« verschwinden.

Die Paß- und Ausweiskontrolle oblag dem Ministerium für Staatssicherheit; an den Grenzübergangsstellen (»GÜST«) hatte faktisch die Stasi das Sagen. Die dort eingesetzten »Paßkontrolleinheiten« waren direkt der Stasi unterstellt, der gesamte Ein- und Ausreiseverkehr an Mauer und innerdeutscher Grenze wurde somit von Stasi-Angehörigen überwacht. Formal lag das Kommando in den Grenzübergangstellen zwar bei einem NVA-Offizier, doch hatte sich dieser in Konfliktfällen dem MfS zumeist unterzuordnen.

Diese Aufgabenverteilung bedeutete in der Praxis auch, daß die Zuständigkeit der Grenztruppen vor den Übergangsstellen endete. Sie durften den »GÜST«- Bereich ohne Sondergenehmigung nicht einmal betreten. Es war nur folgerichtig, daß das Verhältnis zwischen Grenztruppen und Stasi an den Übergangsstellen als einigermaßen gespannt galt.

Der »Tränenpalast«, die Abfertigungshalle für Ausreisende am Bahnhof Friedrichstraße.

Der Bahnhof Friedrichstraße war eine permanente Baustelle. Ständig wurden Veränderungen vorgenommen, dort eine Tür zugemauert, hier ein neuer Durchgang geschaffen, um die Kontrolle über Ein- und Ausreisende zu perfektionieren. Jeder hatte spezielle Wünsche und Ansprüche, das Grenzkommando, die Stasi, das Transportpolizeiamt, die Reichsbahnverwaltung, die Zollverwaltung. Jede Gruppe hatte eigene Flure, Dienst- und Sozialräume. Daneben gab es auch Vernehmungsräume und Arrestzellen, das MfS hatte zudem seine speziellen Winkel für konspirative Treffs.

Und doch gab es etwas im Bahnhof Friedrichstraße, das viele West-Berliner bald liebgewannen: den »Intershop«. Bequemerweise befand er sich gleich auf dem S-Bahnsteig für die West-Linien, wo man zwischen zwei Zügen schnell Zigaretten und Schnaps zu traumhaft niedrigen Preisen (zollfrei) erstehen konnte – ohne Einreiseformalitäten und fast ohne Risiko, da der West-Berliner Zoll erst auf West-Bahnhöfen kontrollieren durfte. Es entwickelte sich bald ein regelrechter »Schnaps- und Zigaretten-Tourismus«, welcher der S-Bahn zwischen Lehrter Stadtbahnhof (West) und Friedrichstraße ungewöhnlich viele Fahrgäste bescherte. Für die DDR war es ein glänzendes Geschäft, billig eingeführte West-Produkte massenhaft gegen West-Mark zu verhökern.

Ab 1962 hatte man sich zur Ausreise in einem neu errichteten Vorbau (»Abfertigungsgebäude für Ausreisende«) anzustellen, wobei die Schlange häufig weit auf den Bahnhofsvorplatz reichte. Der Spitzname »Tränenpalast« für das von außen ungewöhnlich lichte, innen jedoch steril-bedrückende Stück DDR-Architektur war nur allzu passend. In Christa

Wolfs 1990 erschienener Erzählung »Was bleibt« heißt es: »Nichtsdenkend ging ich die paar Schritte an der niedrigen Steinbalustrade entlang, die unterbrochen wird durch die Einmündung des Weges zur Tür jenes Glaspavillons – im Volksmund ›Tränenbunker‹ genannt –, in dem die Umwandlung von Bürgern verschiedener Staaten, auch meines Staates, in Transitreisende, Touristen, Aus- und Einreisende vollzogen wurde, in einem von grünlichen Kachelwänden reflektierten Lichte aus sehr hochgelegenen schmalen Fenstern, in dem als Polizisten oder Zollbeamte gekleidete Gehilfen des Meisters, der diese Stadt beherrschte, das Recht ausübten, zu binden und zu lösen. Dieser Bau müßte als Monstrum dastehen, sollte seine äußere Gestalt seinem Zweck entsprechen, und nicht als Normalbau aus Steinen, Glas und Eisenverstrebungen ...«[26]

Fast ist es verwunderlich, daß der so unübersichtliche Bahnhof Friedrichstraße eher selten Schauplatz von Fluchtversuchen war. Oder wirkte das Gewirr von Gängen, Treppen und Bahnsteigen auf Fluchtwillige doch eher abschreckend? Im Sommer 1984 wurden fehlende Ortskenntnisse einem Flüchtling hier zum Verhängnis. Mit einem Kleinkalibergewehr zwang der Mann die Fahrerin eines Ost-Berliner S-Bahn-Zuges, über das ständig auf Halt gestellte Signal weiter in Richtung Westen zu fahren. Er wußte nicht, daß nach wenigen Metern das Gleis an einem Prellbock endete. Die S-Bahn kam kurz hinter der Bahnhofshalle abrupt zum Stehen. Nachdem der Bahnsteig C abgesperrt und die Reisenden ins Innere des Bahnhofs evakuiert waren, wurde der Kidnapper von einem Spezialkommando überwältigt.[27]

Die Glienicker Brücke

Ein Mythos der Teilung ähnlich wie der Bahnhof Friedrichstraße war die Glienicker Brücke. Zwischen Berlin und Potsdam gelegen, war die wuchtig-elegante Stahlkonstruktion einer der Schauplätze des Kalten Krieges – und ein Tor in der Mauer, das sich allerdings nur sehr selten und nur für einen winzigen Spalt öffnete. Durch ihn wurden Spione ausgetauscht; viele kleine, aber auch große Fische wie 1962 der US-amerikanische U2-Pilot Gary Powers und der sowjetische »Meisterspion« Rudolf I. Abel. Seit 1961 lag die Glienicker Brücke in einer Art Dornröschenschlaf, der nur ab und zu durch die Fahrzeuge der alliierten Militärmissionen gestört wurde. Diese benutzen nach dem Mauerbau die Brücke exklusiv als direkte Verbindung zwischen West-Berlin und ihren Militärmissionen in Potsdam. Für alle anderen – auch Ausländer – blieb die Glienicker Brücke 28 Jahre lang gesperrt.

Was aber wären Regeln ohne Ausnahmen? Der Potsdamer Werner Fricke verkörperte eine. Der Angestellte der Potsdamer Wasserwerke überquerte ab 1962 tagtäglich die Brücke, um zu seinem Arbeitsplatz zu gelangen, dem auf West-Berliner Gebiet gelegenen, aber von den Potsdamer Behörden betriebenen Wasserwerk Groß-Glienicke. 1977 übernahm es West-Berlin, und Frickes Wanderungen zwischen den Welten waren damit von einem Tag auf den anderen zu Ende.

Grenzsoldaten auf dem S-Bahnsteig des Bahnhofs Friedrichstraße.

Eine Sondergenehmigung erhielt ab 1982 der Fischer Mario Weber, der unterhalb der Glienicker Brücke, außerhalb des DDR-Hoheitsgebiets, seiner Arbeit nachgehen durfte.[28]

Im Lauf der Jahre benutzten immer mehr Militärangehörige anderer, zumeist Ostblock-Staaten mit Dienst- und Diplomatenpässen die Brücke, so daß Anfang der achtziger Jahre monatlich rund 500 Fahrzeuge gezählt wurden. Deren Kontrolle lag bei den Sowjets; die Paßkontrolleinheiten des Ministeriums für Staatssicherheit waren lediglich für die Überprüfung aller übrigen Personen zuständig, nicht mehr als 15 bis 20 im Monat. Das wurmte das MfS einigermaßen; solange bis die Glienicker Brücke im November 1985 in eine reguläre Grenzübergangsstelle umgewandelt wurde. Nun durfte das MfS auch Diplomaten kontrollieren. Angehörige der Militärmissionen allerdings mußten sich weiterhin nur vor den Sowjets ausweisen.

Die größte Agentenaustauschaktion auf der Glienicker Brücke fand am 12. Juni 1985 statt. Um 12.00 Uhr mittags wechselten 27 Personen die Seiten; 23 in Polen und der DDR inhaftierte Mitarbeiter des US-Geheimdienstes von Ost nach West, vier in Gegenrichtung.[29]

Nie war jedoch bei derartigen Aktionen die Öffentlichkeit so massiv vertreten wie am 11. Februar 1986, als der sowjetische Dissident Anatoli Schtscharanski nach mehrjähriger Lagerhaft in die Freiheit entlassen wurde, und zwar genau hier, an der Glienicker Brücke. US-Botschafter Richard Burt ließ es sich nicht nehmen, Schtscharanski persönlich im Auto abzuholen. Fast nebenbei wurden auch bei dieser Gelegenheit noch insgesamt acht Agenten der anderen Seite übergeben.

Neue Ostpolitik: Das Viermächteabkommen

Als Willy Brandt im Oktober 1969 als erster sozialdemokratischer Bundeskanzler ans Rednerpult des Bundestages trat und seine Regierungserklärung abgab, hatte das durchaus etwas von einer historischen Stunde. »Mehr Demokratie wagen«, so die Parole der sozial-liberalen Regierung im Innern; nach außen lautete das Motto »Versöhnung mit dem Osten«. Auf der Tagesordnung stand eine neue »Ostpolitik«.

West-Berlin war im Bonner Parlament lediglich durch zwei Dutzend nicht stimmberechtigte Abgeordnete vertreten. In der geteilten Stadt fragten sich viele, was diese »neue Ostpolitik« für Berlin-West und -Ost bringen würde. Es war eine gewisse Zuversicht zu spüren, man setzte Hoffnungen in den neuen Kanzler, der die Situation in Berlin als Regierender Bürgermeister bis 1966 hautnah miterlebt hatte.

Auch weltpolitisch hatte der Horizont sich aufgehellt. In Moskau war Nikita Chruschtschow im Oktober 1964 von Leonid Breschnew gestürzt worden. Das bedeutete für die Sowjetunion selbst zwar alles andere als eine Liberalisierung, doch Breschnew wollte außenpolitisch Ruhe. Die Zeichen standen weltweit auf Entspannung. Auch in Berlin sollte eine gewisse Normalität einkehren. Die Kontrahenten des Kalten Krieges schienen der Auseinandersetzungen um die geteilte Stadt müde, man hatte sich mit dem Status quo arrangiert.

Im März 1970 begannen die Botschafter der USA, Großbritanniens, Frankreichs und der UdSSR Verhandlungen im früheren Kontrollratsgebäude in Berlin-Schöneberg. Die ständigen Querelen um Status-Fragen, um Kontrollen auf den Zufahrtswegen sollten beigelegt werden. Hinter verschlossenen Türen wurde hart gerungen, aber mit deutlichem Willen zur Einigung. Allein schon das unterschied die Gespräche von vielen fruchtlosen Berlin-Verhandlungen in der Vergangenheit.

Besondere Beliebtheit erlangte der sowjetische Botschafter Pjotr Abrassimow. Auch er hielt sich zwar mit konkreten Auskünften diplomatisch zurück, doch immer hatte er ein deutsches Sprichwort zum Stand der Dinge parat: »Aller Anfang ist schwer« oder »Gut Ding will Weile haben«. Und dann, Anfang September 1971, ein befreites »Ende gut, alles gut«. Die Siegermächte des Zweiten Weltkrieges hatten zu einer Einigung gefunden. Der rechtliche Status West-Berlins war nunmehr gesichert – und damit die Gefahr einer explosiven Konfrontation, wie 1948, 1958 und 1961, gebannt.

Am 3. September 1971 wurde das Viermächteabkommen unterzeichnet. Journalisten hatten für Abrassimow ein kleines Geschenk vorbereitet: ein Prachtband »Deutsche Sprichwörter«.

Vor allem für die West-Berliner brachten das Viermächteabkommen und das anschließend zwischen Bonn und der DDR ausgehandelte Transitabkommen entscheidende Erleichterungen. Nach sechs Jahren waren wieder Besuche in Ost-Berlin möglich. Vorbei die Schikanen auf den Transitstrecken nach West-Deutschland mit manchmal stundenlangen Wartezeiten. In der Folge des Viermächteabkommens handelten Ost-Berlin und der West-Berliner Senat eine unbefristete Besuchsregelung aus. West-Berliner durften nunmehr an insgesamt

30 Tagen zu Besuchen über einen zuvor beantragten Grenzübergang in den Ostteil einreisen; bis 24.00 Uhr allerdings mußte wieder ausgereist werden. Ab 1. Juli 1982 war erst um 2.00 Uhr Toresschluß.[30]

Die Frage der Bearbeitung der Anträge war erneut Anlaß haarspalterischer Auseinandersetzungen. Die DDR richtete in West-Berlin fünf »Büros für Besuchs- und Reiseangelegenheiten« ein. Der Westen bestand darauf, daß die Anträge dort nur entgegengenommen wurden, die Bearbeitung in Ost-Berlin erfolgte und die Genehmigungen anderntags in besagten Büros ausgegeben wurden. Damit sollte untermauert werden, daß keinerlei Hoheitsakte der DDR-Behörden in West-Berlin zugelassen wurden.

Die »Büros für Besuchs- und Reiseangelegenheiten« waren ein Stück DDR in West-Berlin. In Möblierung und optischer (Nicht-)Gestaltung verbreiteten sie den Charme von DDR-Amtstuben; die Antragsteller wurden mit bürokratischer Höflichkeit »eingewiesen«, das Bearbeitungspersonal war sichtlich zu korrektem Auftreten angehalten. Allabendlich fuhren die Mitarbeiter mit den Antragsformularen in ihren Barkas-Kleinbussen zurück nach Ost-Berlin.

1984 wurde die Zahl der möglichen Besuchstage für West-Berliner pro Jahr auf 45 erhöht.[31] Ab 1988 dann gab es »Mehrfachberechtigungsscheine« für insgesamt zehn Besuche, das lästige Warten in den Ausgabestellen wurde damit minimiert. Nunmehr waren auch zweitägige Aufenthalte mit Übernachtung in Ost-Berlin gestattet, und die Einreise konnte über einen beliebigen Übergang (ausgenommen Checkpoint Charlie) erfolgen – zu Fuß, mit S- und U-Bahn oder mit dem PKW. Fahrräder waren und blieben merkwürdigerweise ausgenommen.

Bald entdeckte die DDR eine Schraube, mit der sie den Besucherverkehr nach Ost-Berlin steuern konnte: die Höhe des »Mindestumtauschs«, im Westen Zwangsumtausch genannt. Und man drehte an dieser Schraube, als die Zahl der West-Besucher unheimlich wurde. 1972 mußten bei Grenzübertritt pro Person 5 DM zum Kurs 1:1 umgetauscht werden. 1980 wurde der Satz auf 25 DM erhöht, was tatsächlich zu einem drastischen Rückgang der Besucherzahlen führte: von 3,03 Millionen 1979 auf 1,5 Millionen im Jahr 1981. Seit Inkrafttreten jener »Vereinbarung über Erleichterungen und Verbesserungen des Reise- und Besucherverkehrs« im Juni 1972 machten West-Berliner jedes Jahr zwischen 3,38 Millionen (1976) und 1,5 Millionen (1983) Besuche im Ost-Teil der Stadt.

Den Grenztruppen ging das westliche Bemühen um »Durchlässigkeit« naturgemäß gegen den Strich. In einer Instruktion des Grenztruppenkommandos für »politische Massenarbeit« vom März 1972 heißt es klipp und klar: »Über die Ätherwellen versuchen sie zu den Ohren unserer Bürger und Soldaten zu gelangen und wollen uns dazu bringen, unsere Grenzen ... ›durchlässig‹ zu machen. Doch wir verstehen schon richtig, worauf die Sache hinausläuft. Der Feind hat begriffen, daß er offen, frontal nicht durchkommt. Deshalb will er es jetzt durch die Hintertür versuchen. Aber die ist und bleibt fest verschlossen.«[32] Allerdings agierte auch in der DDR die politische Führung manchmal nicht ganz so, wie die Militärs es sich wünschen mochten.

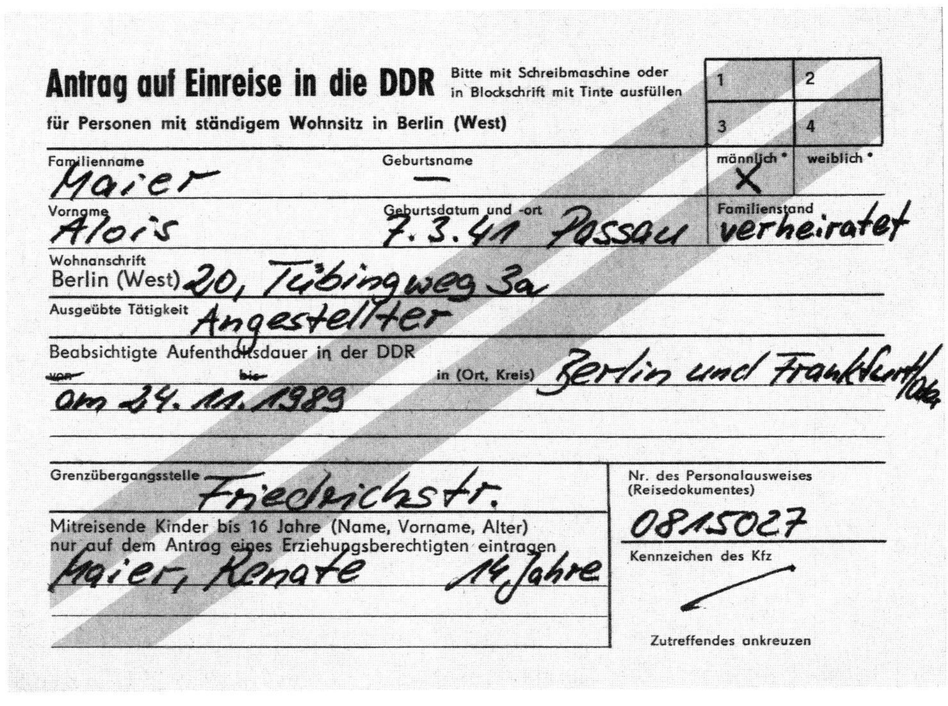
Antrag auf Einreise in die DDR
Bitte mit Schreibmaschine oder in Blockschrift mit Tinte ausfüllen
1 2 3 4
für Personen mit ständigem Wohnsitz in Berlin (West)
Familienname: Maier — Geburtsname: — — männlich: X — weiblich
Vorname: Alois — Geburtsdatum und -ort: 7.3.41 Passau — Familienstand: verheiratet
Wohnanschrift Berlin (West) 20, Tübingweg 3a
Ausgeübte Tätigkeit: Angestellter
Beabsichtigte Aufenthaltsdauer in der DDR — vom — bis — in (Ort, Kreis): Berlin und Frankfurt/Oder
am 24.11.1989
Grenzübergangsstelle: Friedrichstr.
Nr. des Personalausweises (Reisedokumentes): 0815027
Mitreisende Kinder bis 16 Jahre (Name, Vorname, Alter) nur auf dem Antrag eines Erziehungsberechtigten eintragen: Maier, Renate 14 Jahre
Kennzeichen des Kfz
Zutreffendes ankreuzen

Ausgegeben im »Büro für Besuchs- und Reiseangelegenheiten«: Einreiseantrag.

AUFRÜSTUNG AN DER GRENZE

»Wartungsarm und formschön« – Grenzmauer 75

Während die Entspannungspolitik zwischen Ost und West mühsam, aber stetig Fortschritte machte, das Viermächteabkommen von 1971 und der Grundlagenvertrag 1972 die Lebenssituation der Berliner spürbar verbesserten und sich die Ostblock-Staaten in der Schlußakte von Helsinki zur Einhaltung von Bürger- und Menschenrechten verpflichteten, verstärkte die DDR die Grenzsperren.

Im Mai 1974 gab die Grenztruppen-Führung die Anweisung zur Entwicklung eines neuen Mauer-Typs. Grenzdurchbrüche, insbesondere mit Fahrzeugen, sollten weiter erschwert werden, und auch um das Erscheinungsbild der Grenze machte man sich Gedanken: »Das äußere Bild der Mauer muß den Ansprüchen zum Ausbau der Staatsgrenze im Abschnitt der Hauptstadt der DDR entsprechen.«[1]

Durch Ausbau und Perfektionierung der Grenzanlagen sollte die Abschottung noch dichter, zugleich der abstoßend militärische Charakter durch eine »sterile« Grenze verwischt werden, an der es möglichst wenig »Zwischenfälle« gab. In den Akten der Grenztruppen findet sich immer wieder die Order, das Grenzregime so zu gestalten, daß der »Gegner« möglichst wenig Anlaß zur »Hetze gegen die DDR« findet.

Mitte 1975 wurden auf den Truppenübungsplätzen Straganz und Neu-Zittau umfassende Erprobungen mittels verschiedenster Szenarien vorgenommen. Simuliert wurden Fluchtversuche mit LKW und »Anschläge« aus dem Westen. Ergebnis der Übung war die »Grenzmauer 75«, im Westen bekannt als »Mauer der 4. Generation« – ein Meisterwerk der DDR-Grenztechnik.

Die neue Mauer bestand aus 3,60 Meter (Typ UL 12.41 oder 12.11) bzw. 2,40 Meter hohen (Typ UL 8.21), fugenlosen

Luftaufnahme vom Grenzstreifen zwischen Friedrichshain und Kreuzberg, vorn die St. Thomas-Kirche.

Betonsegmenten von 15 Zentimeter Stärke und 1,20 Meter Breite, selbst mit schweren Lastkraftwagen konnte sie kaum noch durchbrochen werden. Der ausladende, 2,10 Meter tief in die Erde versenkte »Fuß« in Form eines Widerlagers garantierte ein hohes Maß an Stabilität. Ein Unterkriechen der Sperrmauer war nun nahezu unmöglich, auch das Überklettern mit Leitern oder anderen Hilfsmitteln aufgrund der Höhe und durch das aufgesetzte Asbestbeton-Rohr von 40 Zentimeter Durchmesser weiter erschwert. Vorgesehen war ein einheitlich weißer Anstrich. Hygienisch-sauber sollte die Grenze sein, eben den »Ansprüchen ... im Abschnitt der Hauptstadt der DDR« entsprechen.

1976 wurde an der innerstädtischen Grenze in Berlin mit der etappenweisen Aufstellung der Grenzmauer 75 begonnen, und fortan prägte sie weltweit das Bild der Mauer. Insgesamt rund 45 000 der Betonsegmente wurden bis 1989 rings um West-Berlin verbaut, zum offiziellen Stückpreis von 359 DDR-Mark. Parallel dazu entfernte man im innerstädtischen Bereich Sperrelemente, die besonders martialisch wirkten – wie z.B. Höckersperren aus Beton oder »Flächensperren« (am Boden ausgelegte Metallgitter mit Stacheln) –, um, so im Originalton des Grenzkommandos, die »politische Ausstrahlungskraft der Hauptstadt der DDR, Berlin, an den publikumswirksamen Abschnitten Brandenburger Tor und Leipziger Straße weiter zu erhöhen.«[2]

Seit Ende der siebziger Jahre war die Errichtung der »Grenzmauer 75« das zentrale Projekt beim »pioniertechnischen Ausbau« der Grenze. Im Richtlinien-Befehl 101/79 des Verteidigungsministeriums hieß es: »An der Staatsgrenze zu ... Westberlin sind die vorhandenen Mauerruinen abzureißen, in dem den Sperranlagen vorgelagerten Abschnitt eine vorbildliche Ordnung und Sauberkeit herzustellen und die Errichtung der Sperrmauer Typ 75 planmäßig fortzusetzen. In Abschnitten, die mit Grenzmauer Typ 75 ausgebaut sind, hat der Abriß der alten KfZ-Sperren zu erfolgen.«[3]

»Ordnung und Sauberkeit« waren häufig Thema bei den Grenztruppen. Kommandeur Baumgarten brachte es fertig, die »Grenzmauer 75« in einem offiziellen Schriftstück als »wartungsarm und formschön« zu bezeichnen.[4]

Der Ausbau der Sperranlagen erfolgte stets in sich überschneidenden Phasen. Ältere Elemente wurden keineswegs auf einen Schlag und vollständig durch neue ersetzt. Vielmehr blieben alte Grenzanlagen stellenweise noch jahrelang stehen, nachdem der »Nachfolgetyp« schon weitgehend installiert war. Die Berliner Mauer bot zu keinem Zeitpunkt ein einheitliches Bild. 1990 stießen Demontagetrupps beim Abbau der Grenzsperren vereinzelt noch auf Betonpfähle, die aus dem Jahr 1961 stammten.

Im März 1983 lag dem DDR-Verteidigungsministerium erneut ein »Vorschlag über Maßnahmen zur Erhöhung der Wirksamkeit von Grenzsicherungsanlagen« vor, verfaßt von Generalleutnant Baumgarten. In dem Papier wurde beklagt, »daß Schwachstellen einiger Elemente durch gegenerische Kräfte aufgeklärt sind und ... zur Überwindung der Sperren ausgenutzt werden.« Als wichtigste Ausbaumaßnahmen für die Grenze zu West-Berlin wurden gefordert:

- die fortgesetzte Errichtung der Grenzmauer 75;
- der zügige Bau von neuen Beobachtungstürmen des Typs BT-9;
- Neubau des Grenzsignalzauns 83 und
- die Installierung eines »Lichtschrankensignalsystems« zur effektiveren Überwachung von S- und U-Bahn-Anlagen.[5]

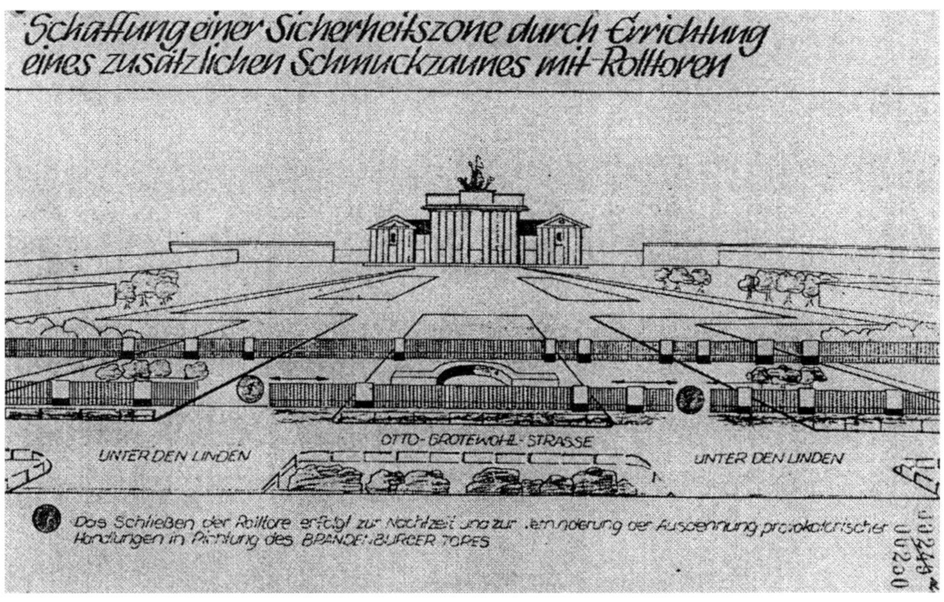

»Ordnung und Sauberkeit«: DDR-Planungsskizze für die Neugestaltung des Pariser Platzes 1983.

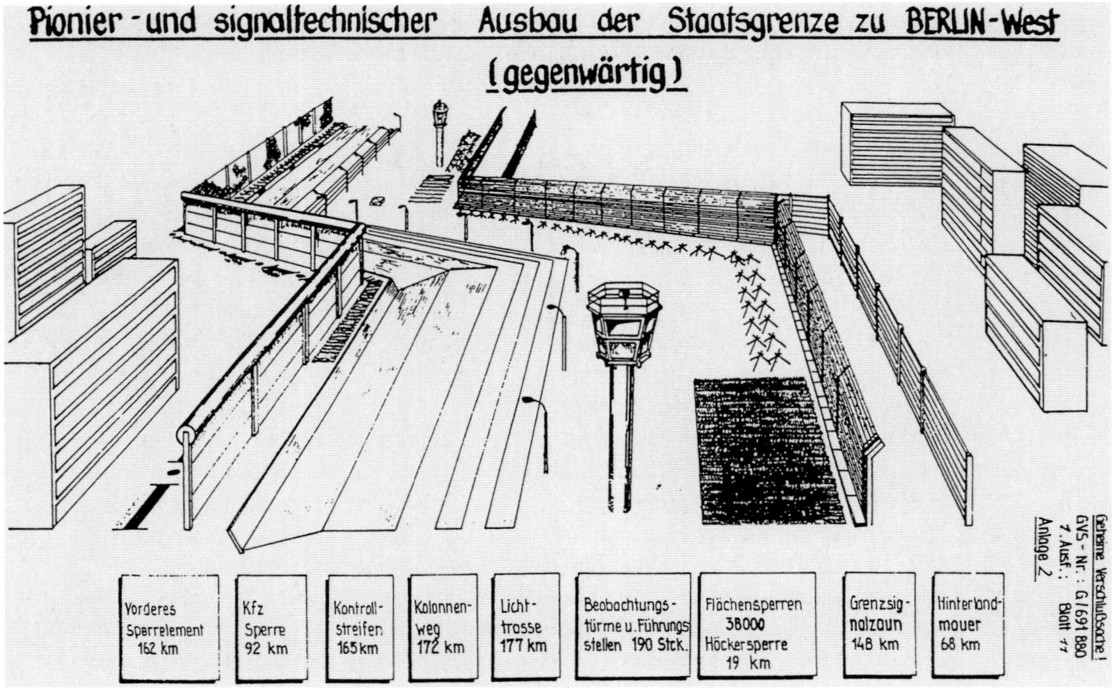

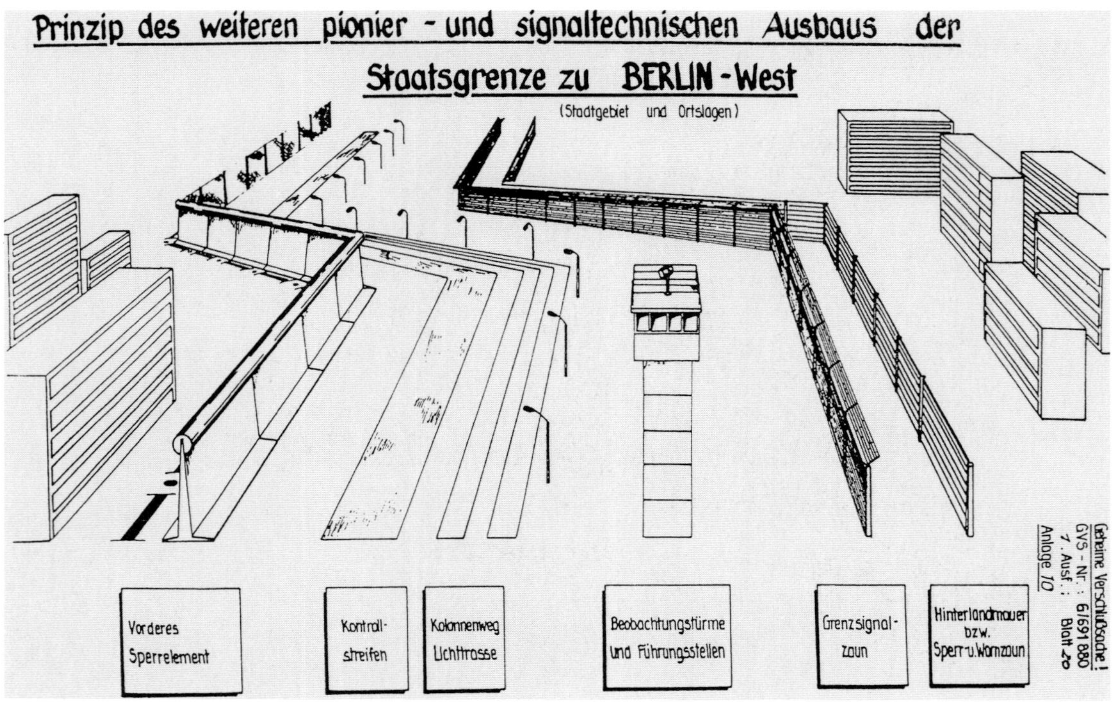

Grenztruppen-Schema zum Stand der Grenzanlagen Mitte der 70er Jahre (o.) und Planungen zum weiteren Ausbau (u.). Einige Sperrelemente wurden entfernt, der Grenzstreifen insgesamt »übersichtlicher«.

Ausbau der Staatsgrenze der DDR zu BERLIN (WEST) mit neuen Grenzsicherungsanlagen im Stadtgebiet der Hauptstadt der DDR - BERLIN -
Stand: 05.07.1985

Geheime Verschlußsache!
GVS-Nr. G 694 545
1. Ausfertigung, Blatt 9 /

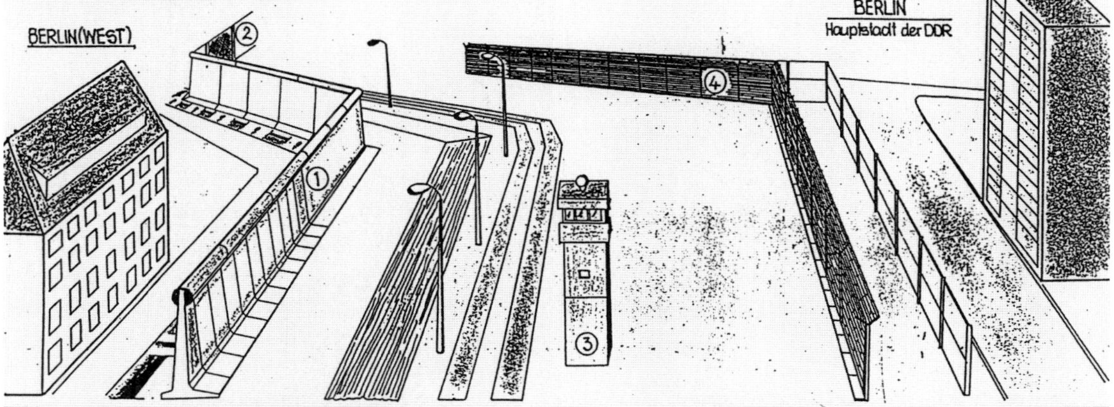

NEUBAU / REKONSTRUKTION

Pos.	GSiA	ME	AUFGABE 1983-85	AUFGABE 1986-90	Ges.	ERFÜLLUNG 05.07.85	%	vorges. Abschl.
①	Grenzmauer 75	km	6.4	4.0	10.4	5.1	79	1987
②	Grenzzaun I/83	km	0,3	8,4	8,7	4,34	54	1986
③	Beobachtungst.	St	40	7	47	40	100	1986
④	Grenzsignalzaun 83	km	6,0	30,9	36,9	3,2	53	1986

ABBAU

Pos.	GSiA	ME	AUFGABE 1983-85	AUFGABE 1986-90	Ges.	ERFÜLLUNG 05.07.85	%	vorges. Abschl.
⑦	Höckersperre	km	9,0	7,4	16,4	6,6	73	1986
◯		St	8100	6700	14.800	5940	73	1986
⑧	Flächensperren	St.	18800	-	18800	-	100	1984
⑨	Postenhäuser	St.	45	-	45	38	84	1985

Grenzsignal- und Sperrzaun I

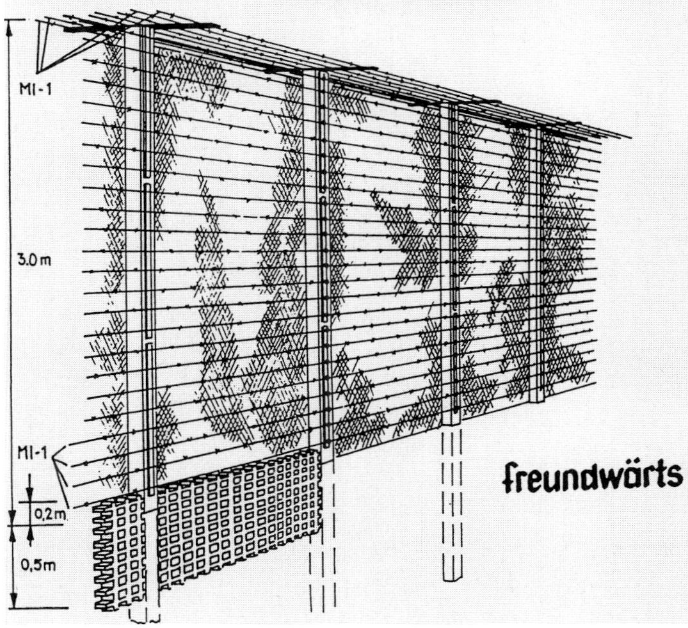

Betonzaunsäulen 4,50 m
Streckmetall
Stacheldraht Chrom-Nickel
Wildabweisung
Unterkriechschutz

Kosten / km ca. 235 TM (Neubau)
bei teilweiser Wiederverwendung von Material ca. 180 TM

Geheime Verschlußsache!
GVS-Nr.: G 691 880
7. Ausf.: Blatt 13
Anlage 4

Grenztruppen-Pläne zu den ab 1985 realisierten Veränderungen an den pioniertechnischen Sperranlagen.

Schema-Zeichnung des Stacheldrahtzauns mit Alarmauslösung, der nach der »Hinterlandmauer« die zweite Sperre bildete.

Zu diesem Zeitpunkt bestand die innerstädtische Grenze vor allem aus folgenden Elementen:
- Grenzmauer 75 (20,1 Kilometer)
- Grenzmauer (Platten; 6 Kilometer)
- Grenzzaun 83 (10,4 Kilometer)
- Grenzsignalzaun (33,3 Kilometer)
- Kfz-Sperrgraben (21,5 Kilometer)
- 18 800 Flächensperren (auf dem Boden ausgelegte Metallgitter mit vertikalen Stacheln)
- Hinterlandmauer (27,2 Kilometer)
- Hinterlandzaun (2,8 Kilometer).

Zur Grenzüberwachung gehörten ständige Patrouillengänge, meist von zwei Grenzsoldaten, die in unregelmäßigen Abständen sowohl im »Todesstreifen« als auch vor der Hinterland-Mauer erfolgten. Fluchtwillige sollten nicht die Möglichkeit haben, den Rhythmus der Kontrollgänge zu erkunden.

Ausdrücklich bekräftigt wurde in dieser Ausbau-Etappe ab Mitte der siebziger Jahre der »Schießbefehl«. Auf einer Sitzung des Nationalen Verteidigungsrates 1974 gab der neue SED-Chef Honecker, der im Mai 1971 Walter Ulbricht abgelöst hatte, die klare Anweisung: »Nach wie vor muß bei Grenzdurchbruchsversuchen von der Schußwaffe rücksichtslos Gebrauch gemacht werden, und es sind die Genossen, die die Schußwaffe erfolgreich angewandt haben, zu belobigen.«[6] Die Belobigungen bestanden in einigen Tagen Sonderurlaub, Medaillen und Geldprämien zwischen 150 und 500 Mark.[7]

Die Grenztruppen der DDR

Nach dem Bau der Mauer waren in der DDR aus Polizisten Soldaten geworden. Auf Anweisung des Nationalen Verteidigungsrats wurden am 15. September 1961, vier Wochen nach dem Mauerbau, aus dem Personal der »Deutschen Grenzpolizei« die »Grenztruppen der DDR« gebildet. Sie waren Teilstreitkräfte der

1966 wird am Potsdamer Platz die Mauer der »3. Generation« aus einzelnen Betonteilen errichtet.

»Es kann länger dauern«

Hagen Koch, im August 1961 Gefreiter im Wachregiment Feliks Dzierzynski, Berlin. Das Regiment unterstand dem Staatssicherheitsdienst. Koch diente bei der Einheit bis 1985. Als gelernter Kartograph war es seine Aufgabe, den gesamten Verlauf der Mauer auf Plänen festzuhalten.

Der 13. August 1961 fiel auf ein herrliches Sommerwochenende, und ich hatte dienstfrei. Das war ein seltenes Ereignis in dieser Zeit. Ich hatte drei Wochen zuvor geheiratet, und an diesem Wochende wollten wir mal so richtig ausschlafen. Wir wurden allerdings recht früh durch ungewöhnlichen Lärm geweckt. Als ich Betriebskampfgruppen singend durch die Brückenstraße zum Grenzübergang Heinrich-Heine-Straße ziehen sah, dachte ich noch, daß ich es ja ganz gut hätte, da ich ja dienstfrei hatte und die »Genossen Kämpfer« müßten auch am Wochenende noch irgendwelche Übungen machen. Doch dann sah ich viele Menschengruppen, die in Richtung Grenze gingen und wurde hellwach.

Ich schaltete das Radio ein, wo sich die Meldungen überschlugen. Es gab Reporterberichte vom Potsdamer Platz und vom Brandenburger Tor. Ohne Frühstück gingen wir, meine Frau und ich, zum Brandenburger Tor. Wir konnten uns das aber nur aus der Ferne ansehen, mehr war wegen der Menschen und Absperrungen nicht möglich. Dann beeilten wir uns, wieder nach Hause zu kommen, denn ich war ja Soldat und mußte mich in dieser Situation selbständig bei meinem Regiment melden.

Kaum waren wir zu Hause, klingelte und klopfte es an der Wohnungstür. Zwei Alarmmelder vom Stab des Wachregiments holten mich in die Kaserne. Ob ich denn kein Radio höre? Und der andere sagte noch zu meiner Frau: »Es kann länger dauern.«

Unsere Kaserne in Adlershof war wie ein Ameisenhaufen. Große Hektik und militärische Geschäftigkeit; in den Einheiten war Gefechtsbereitschaft ausgelöst worden. Es wurden scharfe Munition und Waffen ausgegeben, die mußten ständig am Mann getragen werden.

Dann bekam ich meine erste Aufgabe. Ich mußte für die Regimentsführung topografische Karten in verschiedenen Maßstäben vom Grenzbereich in Berlin zusammenkleben und beschriften. Das wurden dann sogenannte Arbeitskarten, Entschlußkarten und Befehlskarten. Dann mußte ich auf den Karten alle Informationen darüber festhalten, was sich an den Grenzen so abspielte. Die gesamte »Dynamik der Handlungen«, wie das hieß.

Besonders geärgert hatte ich mich in dieser Zeit oft über die »Grenzgänger«, die im Osten wohnten und im Westen arbeiteten. Da gab es junge Männer, die in West-Berlin Gelegenheitsarbeiten machten, und dafür, das erzählten sie dann prahlend, 5 DM die Stunde bekamen. Das waren bei einem Wechselkurs von 1:5 ungefähr 25 Ost-Mark Stundenlohn, an einem halben Arbeitstag 100 Ost-Mark. Wenn man das nur jede Woche einmal machte, hatte man circa 400 Ost-Mark zusätzlich, netto und steuerfrei. Ich selbst hatte 1961 ein monatliches Gehalt von 315 Mark brutto. Und es ärgerte mich, wenn ich manchmal noch verspottet wurde, für die »paar Pfennig« im Monat arbeiten zu gehen. Ich sah das so: Wer im Westen arbeitete und sein Geld da verdiente, der sollte sein Geld auch dort ausgeben und nicht hier im Osten den dicken Max markieren. Von den Ereignissen am 13. August, von der Grenzschließung, war ich überrascht. Ich war aber spontan dafür, daß diese Schiebereien aufhörten.

Am dritten Tag dann, am 15. August, wurde ich an die Grenze befohlen. Der zentrale Einsatzstab machte eine Inspektion der bestehenden Grenzanlagen, und ich sollte dabei sein und den Stand des Ausbaus auf topografischen Karten dokumentieren. Die Inspektion begann im Norden, in Schönholz, ging durch die ganze Stadt nach Süden, bis nach Alt-Glienicke. Den größten Teil der 50 Kilometer zu Fuß. Die Bernauer Straße konnte zum Beispiel nur von den Zufahrtsstraßen besichtigt werden, da die Hauswände der Straßenseite Grenze waren. Der Fußweg davor war also schon West-Berlin.

Am Nachmittag, so gegen 15 Uhr, kamen wir vom Potsdamer Platz zum Grenzübergang Friedrichstraße. Im Westen hieß das Checkpoint Charlie. Während unserer Besichtigung gab es im Westen einige Proteste. Unsere Gruppe betrachtete das als gesteuerte Provokation. Da befahl mir einer der Offiziere, einen dicken weißen Strich quer über die Straße zu malen, und er sagte noch: »Wir müssen den Kräften des Imperialismus und ihren Helfershelfern mal deutlich machen, wo ihre Macht zu Ende ist.« Mit einem Farbeimer und breitem Pinsel bewaffnet, ging ich in Richtung Westen und pinselte von der Hausecke, heute ist da das Café Adler, diese Linie über die Straße. Ich ahnte damals nicht, daß diese Linie bald zu einer wirklichen Konfrontationslinie werden würde.

Seit dem 2. November 1989 war ich Beauftragter zum Schutz von Kulturgut der DDR im Institut für Denkmalpflege der DDR. Ich bekam dann von der DDR-Regierung, der Modrow-Regierung, den Auftrag, den Abriß der Mauer als Beauftragter zum Schutz des Kulturgutes der DDR zu begleiten und Dokumente zu sichten und zu sichern. Später war ich auch in der Koordinierungsgruppe Mauerabriß beim Ost-Berliner Magistrat. Von mir wurden im Auftrag der Regierung de Maizière, der letzten DDR-Regierung, aber die erste frei gewählte, Mauerstücke an hochrangige Personen und Einrichtungen in alle Kontinente verschickt, als Dank, aber auch als Trophäe oder Kunstobjekt. Mein erster Auftrag führte mich am 17. Juni 1990 nach Koblenz, ans Deutsche Eck, wo Rhein und Mosel zusammenfließen. Ich stellte dort 3 Originalelemente der Mauer auf. Im Juni 1990 war ich auch in Monte Carlo dabei, als dort Mauersegmente versteigert wurden.

Am 30. Juni 1990 gab es die Weisung von Minister Eppelmann, das Grenzregime zu beenden. Zusammen mit Rainer Hildebrandt, dem Direktor des Hauses am Checkpoint Charlie, feierten wir das Ende der Mauer. Und in dieser Nacht übergab ich zwei Originalschlagbäume vom Grenzübergang Friedrichstraße.

Nationalen Volksarmee und dem Verteidigungsministerium mit Sitz in Strausberg unterstellt; die Grenzpolizei mit ihren rund 40 000 Mann hatte noch dem Innenministerium unterstanden. Das Oberkommando der Grenztruppen lag in Pätz bei Königs Wusterhausen, 20 Kilometer südlich von Berlin. Erster Chef der Grenztruppen wurde Oberst Erich Peter. In Berlin unterstellte man die dort stationierten Grenzbrigaden 1 und 2 sowie die (Ausbildungs-)Brigade 4 erst im August 1962 dem Verteidigungsministerium – vermutlich hatte die DDR-Führung zunächst Bedenken, die Westalliierten würden auf diesen eklatanten Verstoß gegen den entmilitarisierten Status Berlins empfindlich reagieren. Zum Kommandeur der Grenztruppen Berlin wurde Generalmajor Helmuth Poppe ernannt, zugleich Stadtkommandant von Ost-Berlin.

Mitte der sechziger Jahre bestanden die Grenztruppen der DDR aus insgesamt 10 Grenzbrigaden mit jeweils zwei bis fünf Regimentern. An der Grenze zu West-Berlin waren zunächst drei, an der innerdeutschen sechs Grenzbrigaden und an der Ostsee-Küste die »6. Grenzbrigade Küste« stationiert. Bis Anfang der sieb-

21. September 1961 • 9. Jahrgang • Nummer 38

Der Grenzsoldat

Organ des Kommandos Grenze der Nationalen Volksarmee

Festakt im Kommando Grenze *Die Deutsche Grenzpolizei ist auf Befehl des Vorsitzenden des Nationalen Verteidigungsrates der DDR, Genossen Walter Ulbricht, dem Ministerium für Nationale Verteidigung unterstellt worden. Am 15. September wurde in einem Festakt das Kommando Grenze vom Minister für Nationale Verteidigung, Armeegeneral Heinz Hoffmann, übernommen. Im Anschluß an den offiziellen Akt begrüßte Armeegeneral Hoffmann Kommandeure von Verbänden und Truppenteilen des Kommandos Grenze der Nationalen Volksarmee"* Foto: MBD

Nationale Volksarmee übernimmt Kommando Grenze

Auf Befehl des Vorsitzenden des Nationalen Verteidigungsrates der Deutschen Demokratischen Republik, Genossen Walter Ulbricht, ist die Deutsche Grenzpolizei dem Ministerium für Nationale Verteidigung unterstellt worden. In einem Festakt wurde am 15. September 1961 das Kommando Grenze vom Minister für Nationale Verteidigung, Armeegeneral Heinz Hoffmann, übernommen. Damit stehen, der gegebenen militärpolitischen Situation entsprechend, alle Organe der Deutschen Demokratischen Republik, die für die äußere Sicherheit unseres Arbeiter-und-Bauern-Staates verantwortlich sind, unter einheitlichem Kommando.

★

Die leitenden Offiziere aus den Verbänden und Truppenteilen und die Offiziere des Kommandos sind in offenem Karree angetreten, als der offizielle Akt der Übergabe beginnt. Der Minister des Innern, Generalleutnant Karl Maron, und der Minister für Nationale Verteidigung, Armeegeneral Heinz Hoffmann, betreten mit ihrer Begleitung den Festsaal. Oberst Erich Peter erstattet Meldung an den Minister des Innern. Nach der Verlesung des Befehls des Vorsitzenden des Nationalen Verteidigungsrates ergreift der Minister des Innern, Karl Maron, das Wort.

Dank an die Grenzer

Er dankt allen Genossen der Deutschen Grenzpolizei, die in den vergangenen Jahren bedeutsame Erfolge bei der Wacht an den Grenzen unserer Deutschen Demokratischen Republik erzielten. Von Jahr zu Jahr hat sich die Kampfkraft und die politisch-moralische Festigkeit der Einheiten der Deutschen Grenzpolizei erhöht. Dank der sich ständig festigenden Disziplin und der Erhöhung der politischen Aktivität, hebt Minister Maron hervor, wurden die komplizierten Aufgaben der Grenzsicherung erfolgreich gelöst, die Zusammenarbeit mit der Bevölkerung in den Grenzkreisen verbessert und die vielfältigen Grenzprovokationen der Bonner Ultras und ihrer Achtgroschenjungen verhindert.

Genosse Karl Maron betont dann: „Der Befehl des Vorsitzenden des Nationalen Verteidigungsrates, unseres Genossen Walter Ulbricht, trägt der Entwicklung der bewaffneten Kräfte und der Notwendigkeit der weiteren Erhöhung des Schutzes unserer Staatsgrenze Rechnung. Mit der Realisierung dieses Befehls werden die Einheiten des Kommandos Grenze in Verbindung mit den anderen Teilen der Nationalen Volksarmee noch wirksamer und besser den Schutz und die Unantastbarkeit der Grenzen der Deutschen Demokratischen Republik garantieren."

Jeder, der dort im Saale steht, begreift, daß es sich nicht um eine Namensänderung oder einen Führungswechsel schlechthin handelt, sondern daß es darauf ankommt, noch besser und entschlossener, noch wachsamer und kampfbereiter alle Befehle der Arbeiter-und-Bauern-Macht zum

»Der Grenzsoldat« hatte vor allem für die ideologische Stärkung der Grenztruppen zu sorgen.

ziger Jahre verfügten die Grenztruppen neben Karabinern, Maschinenpistolen, leichten MGs, Pistolen und Handgranaten auch über schwere Bewaffnung wie Panzer vom Typ T 34/85, Flak, Panzerabwehrkanonen und Granatwerfer.

Diese Bewaffnung entsprach durchaus dem propagandistisch verbreiteten »Kampfauftrag«, einen möglichen Angriff des »imperialistischen Gegners« aus dem Westen an der Grenze aufzuhalten. Nicht zuletzt durch diese Bewaffnung sollte die Bedeutung der Mauer als »antifaschistischer Schutzwall« gegenüber den eigenen Truppen gerechtfertigt werden; auch die Gefechtsausbildung einschließlich Manöver-Szenarien waren teilweise darauf ausgerichtet. Die Grenztruppen in und um Berlin wurden sogar im Häuser- und Straßenkampf ausgebildet. »In den Truppenteilen ... an der Staatsgrenze der DDR zu Westberlin ist die Ausbildung im Straßen- und Häuserkampf systematisch fortzuführen.[8] Tatsächlich lagen in den Tresoren des Grenztruppen-Kommandos detaillierte Pläne für eine mögliche militärische Besetzung von West-Berlin. Mit 32 000 Mann sollte die NVA (mit Grenztruppenverbänden) im Fall des Falles in zwei Keilbewegungen nach West-Berlin vorstoßen, die sich am Kaiserdamm planmäßig zu vereinen hatten. Luftlandetruppen sollten zeitgleich die Flughäfen Tempelhof, Tegel und Gatow besetzen. Wie ernsthaft diese Planungen tatsächlich waren, sei dahingestellt.[9] Auch an die Einrichtung von Sammellagern zur »Verwahrung feindlicher Kräfte« war gedacht, und es gab einen speziellen Orden für »Heldentaten« bei der Einnahme von West-Berlin.[10]

Nach Einführung der allgemeinen Wehrpflicht in der DDR im Januar 1962 wurden zunehmend auch Wehrpflichtige zu den Grenztruppen eingezogen. Dabei achtete man streng darauf, daß die Rekruten keine West-Verwandten oder andere West-Kontakte hatten. In den ersten Jahren nach dem Mauerbau gab die innere Verfassung der Grenztruppen der DDR-Führung wiederholt Anlaß zu Unmut und ernster Besorgnis. Sowohl der »Klassenstandpunkt« vieler Grenztruppenangehöriger – die SED-Mitgliedschaft der Offiziere betrug anfangs nur rund 35 Prozent gegenüber 90 Prozent bei der übrigen NVA – als auch die Disziplin ließen in den Augen der SED-Spitze stark zu wünschen übrig. Zudem nahm bis 1964 die Zahl der Fahnenfluchten kontinuierlich zu. Allein bis Mitte 1963 wurden rund 750 Desertionen, davon rund 150 an der Berliner Mauer, registriert.

Ab Ende 1963 begegnete man diesen Zuständen mit einem ganzen Bündel von Maßnahmen, das sowohl Vergünstigungen wie bessere Beförderungschancen, höhere Besoldung, Prämien- und Zulagesystem als auch intensivere ideologische Schulung und verstärkte Repressionen umfaßte. So hatte das Ministerium für Staatssicherheit in allen Grenztruppen-Einheiten »Inoffizielle Mitarbeiter« zur politisch-ideologischen Überwachung und Aufdeckung von Fluchtplänen plaziert. Auch an der Personalplanung, z. B. bei der Zusammenstellung der Patrouillen, hatten MfS-Mitarbeiter innerhalb der Grenztruppen – sie bildeten dort die »Verwaltung 2000« – maßgeblichen Anteil.[11] Dieses Spitzelsystem wurde ständig ausgebaut, so daß in den achtziger Jahren auf zehn Grenzsoldaten im Durchschnitt ein Stasi-Informant kam. Nach Aussage eines früheren Angehörigen der Grenztruppen erreichte die »Spitzeldichte innerhalb der Grenzkompanien einen traurigen DDR-Rekord«.[12] Zu den Aufgaben der Stasi bei den Grenztruppen gehörte auch, DDR-Spione durch die Sperranlagen in die Bundesrepublik zu schleusen.

1971 erfolgte eine tiefgreifende Umstrukturierung der Grenztruppen. Aus den 10 Grenzbrigaden wurden 3 Grenzkommandos gebildet:
- GK Nord (Stabssitz Kalbe, Stendal)
- GK Mitte (Ost-Berlin)
- GK Süd (Erfurt)

Die Grenzbrigade Küste, stationiert in Rostock, blieb bestehen. Die Grenzkommandos bestanden aus jeweils 6 bis 8 Grenzbrigaden nebst einigen Zusatzkompanien und Bataillonen (u.a. Transport, Nachrichten, ABC-Abwehr, Musikkorps). Auf der untersten Ebene standen die Grenzkompanien mit einer Stärke von 70 bis 110 Mann, von denen zumeist

Mit Orden und Urkunden war man nicht geizig in der DDR. Auch für die Grenztruppen fiel da einiges ab.

mehr als die Hälfte Soldaten im Grundwehrdienst waren.[13]

Das für Berlin zuständige Grenzkommando Mitte hatte seinen Stabssitz in Berlin-Karlshorst. Es umfaßte zuletzt 6 Grenzregimenter:

- Grenzregiment 33 »Heinrich Dorrenbach« (stationiert in Berlin-Treptow)
- Grenzregiment 34 »Hanno Günther« (Groß-Glienicke)
- Grenzregiment 35 »Nikolai Bersarin« (Berlin-Rummelsburg)
- Grenzregiment 38 »Clara Zetkin« (Hennigsdorf und Schildow)
- Grenzregiment 42 »Fritz Perlitz« (Blankenfelde)
- Grenzregiment 44 »Walter Junker« (Potsdam-Babelsberg).

Hinzu kamen

- das GÜST-Regiment »Walter Husemann« (Berlin-Niederschönhausen), zuständig für die Sicherung an den Grenzübergangstellen, 1985 in Grenzregiment 36 umbenannt,
- 2 Grenzausbildungsregimenter: GAR 39 »Ho-Chi-Minh«, GAR 40 »Hans Coppi«,
- eine Stabskompanie,
- eine ABC-Abwehr-,
- eine Transport- und Instandsetzungs-
- eine Amphibische Pionierkompanie
- sowie ein Nachrichtenbataillon und ein Musikkorps.[14]

Verschiedentlich war auch das dem Ministerium für Staatssicherheit unterstellte Wachregiment »Feliks Dzierzynski« an Sicherungsmaßnahmen an der Mauer und am Ausbau der Sperranlagen beteiligt.

Festakt zum 40. Jahrestag der Grenztruppen 1986. Vorn in der Mitte Erich Honecker.

Durch die Neustrukturierung von 1971 sollte das Grenzregime insgesamt flexibler und, im Hinblick auf die Verhinderung von »Grenzdurchbrüchen«, effektiver werden. Sie blieb in ihren Grundzügen bis zum Fall der Mauer erhalten. Allerdings gehörten die Grenztruppen ab Januar 1974 offiziell nicht mehr zur NVA, unterstanden aber weiterhin dem Ministerium für Nationale Verteidigung. Durch die formale Herauslösung wollte die DDR erreichen, daß die Grenztruppen nicht zum Verhandlungsthema bei den 1973 in Wien aufgenommenen Verhandlungen zur Rüstungsbegrenzung wurden.

»Die Vermittlung eines Feindbildes ist zu verstärken«

»Nehmen wir nur ein Beispiel: Nachtdienst. Da wurde der Soldat früh um 7.00 Uhr geweckt, und dann ging das bis 15.00 Uhr durch mit Ausbildung, Politschulung und was weiß ich. Dann gab es 4 Stunden Pflichtschlaf, und dann ging er zu seinem eigentlichen Dienst. Der war dann nächsten Früh um 8.00 Uhr beendet, dann die Fahrt zurück und Nachbereitung, Waffen reinigen und Sachen in Ordnung bringen ... es war verboten, Radio zu hören, verboten zu lesen. ... Hinzu kam dann eben die hohe psychische Belastung, daß man während des Grenzdienstes nichts tun konnte als gucken. Und warten, daß etwas passiert.«[15]

Es war keine ganz leichte Aufgabe, die Angehörigen der Grenztruppen für ihren Dienst an der Mauer zu motivieren. Offiziell als »antifaschistischer Schutzwall« gegen den »Feind« im Westen bezeichnet, richteten sich die Sperranlagen für jedermann sichtbar in Wahrheit gegen Fluchtwillige aus dem Osten. Diesen Widerspruch hatten sie auszuhalten, Soldaten wie Offiziere, und mußten dabei bereit und fähig sein, gegebenenfalls auf Flüchtlinge auch gezielt zu schießen. Der politisch-ideologischen Schulung der Truppen kam somit im Rahmen des Grenzregimes der DDR eine zentrale Bedeutung zu.

Bereits unmittelbar nach Errichtung der Mauer hatte es Probleme mit der Moral der Truppen gegeben. Wiederholt waren »defätistische« Äußerungen von Grenzsoldaten laut geworden, und die Zahl der Desertionen hatte in den ersten Wochen nach Grenzsperrung ein dramatisches Ausmaß angenommen. Speziell geschulte Propagandisten wurden daraufhin zur »ideologischen Stärkung« in die Grenzregimenter geschickt, wobei von Beginn an Karl-Eduard von Schnitzler mit besonderem Eifer und (laut offiziellen Berichten) auch mit großem Erfolg die Notwendigkeit der Mauer zu erläutern versuchte. In einer Chronik des Grenzkommandos Mitte heißt es zu einem Foto, das Truppenangehörige mit Schnitzler unterm Weihnachtsbaum zeigt: »Es ist zu einer guten Tradition geworden, daß Karl-Eduard von Schnitzler am Weihnachtsabend seine Glückwünsche den Grenzsoldaten des Grenzregimentes 42 persönlich überbringt. Für alle Genossen, die auf diese Weise mit dem profilierten und von unserem Gegner gehaßten Chefkommentator des Deutschen Fernsehfunks persönliche Bekanntschaft schließen konnten, ist das nicht nur eine bleibende Erinnerung aus der Zeit ihres Armeedienstes, sondern auch Ansporn für ihre militärische Pflichterfüllung bei der Sicherung der Staatsgrenze.«[16] »Ideologische Stärkung« erwies sich als stets aktuelles Thema, wie noch aus dem Protokoll einer Kommandeurstagung vom 2. Februar 1988 ersichtlich: »Wirksamkeit der Grenzsicherung hängt wesentlich von der ideologischen Erziehung ab – im Kopf müssen alle Probleme klar sein.«[17] Das 1978 herausgegebene Hand-

Aus einer Bildmappe der Grenztruppen: Krad-Streife beim Nachtdienst.

Ging es um die ideologische Stärkung der Truppe, war Karl-Eduard von Schnitzler (stehend) stets zur Stelle.

Tägliche »Aufgabenstellung« an Postenführer zu Dienstbeginn: »Grenzdurchbrüche sind zu verhindern«.

buch für politische Arbeit in Truppenteilen und Einheiten« bezeichnet denn auch die ideologische Schulung als »Herzstück der Führungstätigkeit der Kommandeure«.

Zur »inneren Aufrüstung« der Grenztruppen gehörten vor allem ein geschlossenes politisch-ideologisches Welt- und ein klares Feindbild auf der Grundlage des Marxismus-Leninismus. Hauptfeind war der »internationale Imperialismus«, d.h. die westlichen Staaten. »Solange der Imperialismus existiert, solange wird die unversöhnliche Feindschaft gegen den Sozialismus der Leitfaden seiner Politik sein. Er wird immer bemüht sein, unser festes Grenzregime zu durchlöchern, die Staatsgrenze durchlässig zu machen, provokatorische Anschläge auf sie auszuführen und – wenn ihm die Stunde als günstig erscheint – die offene Aggression zu entfachen.« Diese Einschätzung aus einer »Argumentationshilfe« für Polit-Offiziere von 1971 zieht sich formelhaft durch alle Materialien zur politischen Schulung der Grenztruppen.[18] »Das reaktionäre Wesen und die aggressive Politik des Imperialismus ist wirksamer zu entlarven und bei allen Angehörigen der Grenztruppen ein reales, klassenmäßig geprägtes Feindbild auszuformen«, heißt es in Schulungsleitlinien aus dem Jahr 1975.[19]

Feindbild und Haß wurden zuweilen auch in Gedichtform gepreßt. Beispielhaft sei hier aus einer von der Politischen Hauptverwaltung der Grenztruppen herausgegebenen Gedichtsammlung zitiert:

Der dort drüben steht
mit der Waffe,
könnte mein Bruder sein.
Aber er ist:

Arm der Heim-ins-Reich-Holer,
williges Werkzeug der Einbrecher,
fühllose Waffe der Raubmörder,
Mensch vielleicht Bruder,
jedoch:
benutzbar zum Mord und also mein
Feind.[20]

Auch nach innen, bezüglich »Systemgegnern« und »Republikflüchtlingen«, wurde ein klares Feindbild gezeichnet. Flüchtlinge wurden in offiziellen Verlautbarungen der Grenztruppen häufig als »Verbrecher« und »Verräter« oder »Gegner« deklariert, um die Hemmschwelle der Grenzposten beim Schußwaffeneinsatz zu senken. Ein Fluchtversuch, die Konfrontation von Grenzposten und Flüchtling, wurde häufig als »Gefecht« beschrieben, ganz so, als befänden sich Grenzposten und Flüchtling im Kriegszustand, bei dem der Schußwaffengebrauch selbstverständlich sei.

»Das Schändlichste ist der Verrat. Wer die Republik verläßt, ist ein Verräter, als solchen müssen wir ihn politisch und moralisch entschieden verurteilen. ... Diese Haltung ist prinzipiell, und es gibt keine, wie auch immer gelagerte Entschuldigung für den Verräter.« So der Chef der Grenztruppen in einem Bericht vom 5. September 1986 über die »Lage an der Staatsgrenze und in den Grenztruppen der DDR« mit Blick auf eine gewachsene Zahl von Fahnenfluchten bei den Grenztruppen.[21]

Als sich 1979/80 die »Grenzdurchbrüche« im Abschnitt des Grenzregiments 35 häuften, wurde dies vom Grenztruppen-Kommando zum Anlaß genommen, neben einer Verstärkung der Sperranlagen auch die Intensivierung der ideologischen Arbeit bei der Truppe

Im Wachturm: Ein Postenführer gibt Erläuterungen zu Besonderheiten des »Grenzsicherungsabschnittes«.

Blick aus einem Beobachtungsturm auf den Grenzstreifen am Potsdamer Platz, im Hintergrund der Reichstag.

zu fordern. Im Befehl 45/80 vom 30. September 1980 wird verlangt, »geeignete Maßnahmen durchzuführen ..., damit die politisch-ideologische Arbeit wirksamer auf die Erziehung der Angehörigen des Grenzkommandos Mitte zum politisch verantwortlichen Handeln, zur entschlossenen Abwehr von Provokationen und zur Verhinderung von Grenzdurchbrüchen einschließlich der kompromißlosen Anwendung der Schußwaffe« gewährleistet würden.[22]

Daß die ideologische Arbeit nicht immer erfolgreich war, zeigt sich auch daran, wie häufig in den Richtlinien-Befehlen 101 des Verteidigungsministers von Disziplinmangel die Rede ist. »Mit den feindwärts der Grenzsicherungsanlagen eingesetzten Soldaten und Unteroffizieren ist eine besonders intensive und differenzierte individuelle Arbeit zu leisten. Die Vermittlung eines realen Feindbildes ... ist zu verstärken.«[23]

Auch der Regierungswechsel in der Bundesrepublik und die Entspannungspolitik der sozial-liberalen Regierung Brandt/Scheel ab 1969 hatten nichts an dieser Grundposition geändert. »Unser Feinbild stimmt genau. Der Imperialismus hat keinen Sinneswandel vollzogen. Am Wesen des Imperialismus und der seinen inneren Gesetzmäßigkeiten entspringenden Aggressivität hat sich nichts geändert.« So formuliert im »Material für die politische Massenarbeit« bei den Grenztruppen vom März 1972.[24] Im Juni 1971 richtete das Grenzkommando Mitte folgende Grußadresse an den VIII. Parteitag der SED: »Wir beweisen durch Höchstleistungen – unser Vertrauen zur zielklaren Politik der SED ... – unseren Haß auf den Imperialismus und seine Söldner ...«[25]

Haß war ein Leitmotiv der politischen Schulung, Haß sowohl auf den westlichen Imperialismus, den »Klassenfeind«, als auch auf seine »Söldner«, zu denen letzlich auch »Republikflüchtlinge« und »Grenzverletzer« zählten. Grenztruppen-Chef Baumgarten sprach in einer Rede zum 35. Jahrestag der Grenztruppen im November 1981 von »Verachtung und Haß ... gegen alle gewissenlose Elemente, ... die die Zukunft der ganzen Menschheit für imperialistische Profit- und Machtinteressen aufs Spiel setzen.«[26]

Mittels ideologischer Schulungen können Realitäten in erhebliche Schieflage geraten. Papier ist geduldig – eine eifrig mitschreibende Versammlung von Grenzoffizieren ebenso: »Über viele Jahre hinweg versuchte der imperialistische Feind immer wieder vom Territorium der BRD und Berlin-West aus, unsere Grenze zu beseitigen, die DDR zu annektieren, den Sozialismus zurückzudrängen und schließlich zu vernichten. Die Zahl der in dieser Zeit erfolgten Provokationen und brutalen Verletzungen unserer Staatsgrenze geht in die Tausende.«[27]

Ein anderer Hebel der ideologischen Beeinflussung der Grenztruppen war die »kulturpolitische Arbeit«. In Lesezirkeln, Singekreisen und »bunten Abenden« sollten Gruppengefühl und Motivation der Soldaten gestärkt werden. Es gab eine Vielzahl von Konzerten, Ausstellungen und Lesungen, deren künstlerisches Niveau sich mitunter durchaus sehen lassen konnte, zumal renommierte Institutionen, darunter die Deutsche Staatsoper Berlin, die Akademie der Wissenschaften oder der DDR-Schriftstellerverband in diese Art der Grenz-

»Dienst ist Dienst, und Schnaps ist Schnaps.« Gemütlicher Abend mit Angehörigen der Grenztruppen.

truppen-Betreuung eingebunden waren. Darüber hinaus existierten Arbeitsgemeinschaften »Bildende Kunst« und ab 1976 eine »AG Fotografie«, die im Laufe der Jahre mehrere Ausstellungen eigener Werke veranstaltete.[28]

Auch die Beschäftigung mit Kultur wurde von der Grenztruppenführung vor allem als Mittel zum Zweck betrachtet. »Die kulturpolitische Arbeit beeinflußt durch ihre ausgeprägten emotionalen Möglichkeiten die kommunistische Erziehung der ... Grenzsoldaten. Sie trägt dazu bei, ihren Klassenstandpunkt zu festigen ...«[29]

Tote Helden: Kult um erschossene Grenzsoldaten

27 DDR-Grenzsoldaten wurden zwischen 1961 und 1989 an Mauer und innerdeutscher Grenze durch Schußwaffengebrauch bei Fluchtaktionen getötet.[30] Im selben Zeitraum kamen mehr als 800 Flüchtlinge ums Leben. Zwei der Todesopfer der Grenztruppen wurden in der DDR propagandistisch besonders hervorgehoben: Peter Göring und Reinhold Huhn, beide 1962 an der Berliner Mauer erschossen. Peter Göring wurde am 23. Mai 1962 in der Nähe des Invaliden-Friedhofs bei einem Schußwechsel zwischen DDR-Grenzposten und West-Berliner Polizisten, die einem 14jährigen Flüchtling Feuerschutz gaben, von einer Kugel aus dem Westen tödlich getroffen.[31] Der Grenzsoldat Reinhold Huhn kam am 18. Juni 1962 in der Nähe des Checkpoint Charlie ums Leben. Als Huhn mehrere Personen kontrollierte, die im Begriff waren, durch einen Tunnel in den Westen zu fliehen, zog einer der Fluchthelfer eine Waffe und gab die tödlichen Schüsse auf den Grenzsoldaten ab.[32]

Der Sarg mit dem erschossenen Grenzsoldaten Reinhold Huhn wird 1962 durch Ost-Berlin gefahren.

Reinhold Huhn und Peter Göring wurden zu »sozialistischen Helden« gemacht. Für sie und andere erschossene Grenzsoldaten errichtete man im Berliner Bezirk Mitte, in Sichtweite des Springer-Hochhauses, eine Gedenkstätte, zu der Rekruten der Grenztruppen, ausländische Delegationen und auch Kinder und Jugendliche geführt wurden. Die dort verlaufende Schützenstraße wurde in Reinhold-Huhn-Straße umbenannt. 1972 ordnete der Chef der Grenztruppen an, in den Kasernen der getöteten Grenzsoldaten »Gedenkzimmer« einzurichten, in denen man Porträts und persönliche Gegenstände der Toten zeigte. Die Gestaltung dieser Räume hatte nach einem vorgegebenen Muster zu erfolgen, das in der Anlage zum Befehl mit Fotos und Skizzen verdeutlicht war. In die »Gedenkzimmer« wurden junge Grenzsoldaten bei ihrem Dienstantritt geführt, »Brutalität und Ruchlosigkeit« der Republikflüchtlinge und der »Feinde« jenseits der Mauer sollten ihnen so vor Augen geführt werden. Die Mutter Peter Görings nahm bis Mitte der achtziger Jahre an Festveranstaltungen der ehemaligen Kompanie ihres Sohnes teil.[33]

Staatsanwaltliche Untersuchungen nach dem Fall der Mauer führten zu dem Ergebnis, daß wahrscheinlich 9 Grenzsoldaten von fliehenden Kameraden erschossen worden waren. In drei Fällen kamen die tödlichen Schüsse aus den Waffen von US-Soldaten oder West-Berliner Polizisten. Drei Grenzposten wurden von zivilen Flüchtlingen erschossen. Was immer die genauen Umstände des Todes der DDR-Grenzposten waren, in der politisch-ideologischen Propaganda standen sie im Mittelpunkt eines Heldenkultes, der die Gefährlichkeit des Grenzdienstes und die Heimtücke des »Feindes« – seien es Flüchtlinge oder westliche Polizisten – ins Bewußtsein der Grenzsoldaten rücken sollte. Das konnte auch in Gedichtform geschehen:

Unvergessen sind,
die ermordet wurden an dieser Grenze.

Eingemeißelt den Steinen,
dauern die Namen,
eingeprägt dem Gedächtnis,
leben die Bilder.

Wo sie gefallen sind,
stehen wir.
Was sie liebten,
lieben wir inniger.
Was sie haßten,
hassen wir heftiger.
Wofür sie starben,
leben wir.

Unvergessen sind,
die ermordet wurden.

Unvergessen die Mörder![34]

Freiwillige Helfer der Grenztruppen

Davon träumte die DDR-Führung: Ein ganzes Volk von Grenzschützern. Bei der Bespitzelung war die Stasi, wie sich nach 1989 herausstellte, mit rund 150 000 Inoffiziellen Mitarbeitern in der gesamten DDR schon recht weit gekommen.

Auch zur Sicherung des Grenzregimes und Verhinderung von Fluchtaktionen

»Junge Pioniere« an der Gedenkstätte für den erschossenen Grenzsoldaten Reinhold Huhn.

griff man in der DDR auf die tätige Mithilfe von Zivilpersonen zurück. Diese »Freiwilligen Helfer der Grenztruppen« versahen in erster Linie Patrouillendienste in grenznahen Gebieten, wo sie Fluchtwillige bereits im Vorfeld der Sperranlagen aufspüren und der Volkspolizei übergeben sollten. Zudem hatten sie die Aufgabe, das Gelände auf etwaige Besonderheiten und Veränderungen hin zu beobachten, die auf die Vorbereitung einer Fluchtaktion schließen ließen.

Aus statistischen Erhebungen der Grenztruppen geht hervor, daß die Freiwilligen Helfer dabei im Zusammenwirken mit Polizei und Grenztruppen oft ganze Arbeit leisteten. So sind für den Zeitraum zwischen Dezember 1974 und November 1979 an der innerdeutschen Grenze einschließlich Berliner Mauer insgesamt 4956 »Personenbewegungen Richtung DDR–BRD«, d.h. Fluchtversuche, verzeichnet. Davon wurden 3984 Personen bereits vor Erreichen des ersten Signalzauns festgenommen, woran die Freiwilligen Helfer einen erheblichen Anteil hatten. Im Bereich der Grenzsicherungsanlagen gab es im genannten Zeitraum insgesamt 743 Festnahmen durch die Grenztruppen. Lediglich 229 Menschen gelang die Flucht in den Westen.[35]

In einem Bericht der Grenzbrigade »13. August« (Bereich Potsdamer Platz/Brandenburger Tor) an die Berliner Bezirksleitung der SED für den Zeitraum 1965/66 wurde der Anteil der Grenzbevölkerung und der Freiwilligen Helfer bei der Grenzsicherung ausdrücklich hervorgehoben: »In 7 Fällen konnte mit Unterstützung der Grenzbevölkerung Personen festgenommen werden, die sich zur Vorbereitung verbrecherischer Handlungen im Grenzgebiet aufhielten. Die Arbeit mit den Freiwilligen Helfern der Grenztruppen ist zu einem festen Bestandteil im System der Grenzsicherung geworden.« Und es sollte sich auch lohnen: »Für vorbildliche Unterstützung der Grenztruppen konnten im Berichtszeitraum 10 Freiwillige Helfer der Grenztruppen mit Sachprämien ausgezeichnet werden.«[36]

Ein Rechenschaftbericht des Stadtkommandanten von 1969 hebt das gute Zusammenwirken der Grenztruppen mit ihren zivilen »Hilfstruppen« hervor: »Gegenwärtig versehen 468 Bürger als Freiwillige Helfer der Grenztruppen in 64 Gruppen ihre Dienst und erzielen gute Ergebnisse ... bei der Grenzsicherung.«[37]

Wenn Bewohner des Grenzgebietes in Ost-Berlin auf dem Nachhauseweg von einem Zivilisten mit Armbinde aufgefordert wurden, den Ausweis zu zeigen, war das durchaus nichts Ungewöhnliches. Ein kurzer Blick in die Papiere, ein Kopfnicken, danke, auf Wiedersehen. Die Freiwilligen Helfer traten in der Regel höflich und korrekt auf. Ein ehemaliger Grenztruppen-Offizier beschrieb deren Aufgaben rückblickend folgendermaßen: »Sie ... liefen in der Regel tagsüber während der Arbeitszeit oder abends ihre Streife ... Sie mußten Streifen laufen, Kontrollen zur Ordnung und Sicherheit im Grenzgebiet durchführen, wozu auch gehörte, daß sie die Verschlußsicherheit in den Landwirtschaftlichen Produktionsgenossenschaften überprüften, nachsahen, ob die Maschinen ordentlich abgestellt waren, daß die Schlüssel nicht steckten, damit keiner bei Nacht und Nebel mit dem Traktor in Richtung Westen fahren konnte. ... Unsere Überzeugung war, die Grenze kann nur dann gesichert werden, wenn die Bevölkerung mitmacht. Bestandteil der Bevölkerung waren eben auch die Freiwilligen Helfer, und ich muß sagen, sie waren mir eine wichtige Hilfe.«[38] Ergo: »Die Maßnahmen der Zusammenarbeit und der Einsatz der Freiwilligen Helfer haben zu gewährleisten, daß die Grenztruppen über fremde Personen im Grenzgebiet, über die Vorbereitung von Grenzverletzungen ... unverzüglich informiert werden.«[39]

Nach Fluchtversuchen hatten die Freiwilligen Helfer auch Fahndungsaufgaben zu übernehmen, so beispielsweise nach einer erfolgreichen Mauer-Flucht in Stolpe am 29. Dezember 1981. Die offizielle Meldung an den Chef der Grenztruppen nennt unter dem Punkt »Sofortmaßnahmen«: »Überprüfung der Bewohner und Besucher in der Ortschaft Stolpe Süd durch die Deutsche Volkspolizei im Zusammenwirken mit den Freiwilligen Helfern der Grenztruppen der Ortschaft ...«[40]

Ein »Freiwilliger Helfer der Grenztruppen« in Dienstkleidung.

Auch in den Befehlen 101 des Verteidigungsministers, die jährlich die Richtlinen für den Ausbau des Grenzregimes festlegten, wurde die Rolle der Freiwilligen Helfer bei der Grenzsicherung immer wieder hervorgehoben. »Durch gute Zusammenarbeit der Grenztruppen ... mit der Grenzbevölkerung ist deren ständige Unterstützung bei der Grenzsicherung zu gewährleisten. Der Arbeit mit den freiwilligen Grenzhelfern (Ausbildung, Einsatz und konkrete Aufgabenstellung) ist große Beachtung zu schenken.«[41]

Propagandistisch wurde die Existenz der »Freiwilligen Helfer« als Ausdruck für die »Verbundenheit von Grenztruppen und Bevölkerung« dargestellt. »Seit Jahr und Tag unterstützen sie uns in aufopferungsvoller Weise, oft unter Zurückstellung persönlicher Probleme, bei der Erfüllung unseres Klassenauftrags. Gegenwärtig arbeiten in unserem Truppenteil 89 Freiwillige Helfer«, heißt es in einer Chronik des in Hennigsdorf stationierten Grenzregiments 38 »Clara Zetkin« aus dem Jahr 1986.[42] Die Offiziere des Grenzregiments trafen sich regelmäßig mit Freiwilligen Helfern, um »neben der ... Schulung« auch über »aktuell-politische Fragen sowie Probleme im Territorium« zu sprechen. »Die Grenzhelfer ... bewährten sich gleichzeitig als Agitatoren bei der Überzeugung der Grenzbevölkerung von der Notwendigkeit der Sicherungsmaßnahmen zum Schutz der Staatsgrenze und der dazugehörigen Ordnung im Grenzgebiet.«[43] 1986/87 waren im Abschnitt des Grenzregiments 34 »Hanno Günter« 120 Freiwillige Helfer im Einsatz, die im Rahmen einer sogenannten »Sicherheitsberatung« regelmäßig geschult wurden.[44]

Als Beweis für die Verbundenheit mit der Bevölkerung betonte Stadtkommandant und Berliner Grenztruppen-Chef Poppe im Rechenschaftsbericht aus dem Jahr 1969, daß die in Berlin stationierten Grenztruppen-Einheiten mit »72 Volkseigenen Betrieben, Institutionen oder Verwaltungen, ... 26 Schulen, 5 Kindergärten durch Patenschaftverträge fest verbunden« seien.[45]

Über Aufgaben und Kompetenzen der Freiwilligen Helfer heißt es im offiziellen »Handbuch für Grenzsoldaten«: »Die Freiwilligen Helfer der Grenzsoldaten können dazu beitragen, bestimmte Hauptaufgaben zu erfüllen. Sie können

- verdächtige Personen feststellen sowie Grenzverletzer ... vorläufig festnehmen;
- den Verkehr an wichtigen Zugängen zum Grenzgebiet kontrollieren sowie bei besonderen Lagen beobachten;
- wichtige Betriebe und Objekte sichern;
- die Abriegelung verstärken und die Suche nach durchgebrochenen Grenzverletzern unterstützen.«[46]

Der Versuch, die Bevölkerung in die »Sicherung der Grenzanlagen« einzubeziehen, hatte eine lange Geschichte. Bereits im August 1952, drei Monate nach Schließung der innerdeutschen Grenze, hatte die damalige Grenzpolizei rund 540 zivile »Grenzpolizeihelfer« im Streifen- und Beobachtungsdienst entlang der Demarkationslinie eingesetzt.[47] Ab 1958 wurden »Freiwillige Helfer der Grenztruppen« geworben, die in Zivilkleidung auftraten und mit einer Armbinde gekennzeichnet waren. Der Dienst der »Helfer«, die jeweils einem Grenzregiment zugeordnet waren, bestand vor allem in Patrouillengängen im Vorfeld der Sperranlagen. Dabei bewegten sie sich zumeist paarweise, zuweilen aber auch in Gruppen bis zu sechs Personen, mitunter begleitet von einem Angehörigen der Grenzpolizei. Sie waren unbewaffnet und trugen entweder Zivil mit einer Armbinde (»Freiwillige Helfer der Grenztruppen«) oder eine Drillich-Uniform mit Käppi. Pro Monat sollten sie sechs bis acht Stunden Dienst ableisten, wobei ihnen vor allem die »Aufklärung und Kontrolle von Unterschlupfmöglichkeiten, Baustellen, Objekten, Anlagen ...« aufgetragen war. Sie hatten Befugnis, verdächtige Personen zu kontrollieren und festzuhalten. Mehrheitlich rekrutierten sich die Freiwilligen Helfer in Ost-Berlin und dem Umland aus dem Personal grenznaher Betriebe. Sie waren allesamt SED-Mitglieder, zumeist Reservisten der Nationalen Volksarmee oder der Grenztruppen.[48] Zum Einführungsprogramm gehörten neben politisch-ideologischer Schulung auch Schieß- und Nahkampfausbildung sowie Sanitätslehrgänge.

Ein früherer Grenztruppen-Offizier über die Zusammenarbeit: »Die waren im Wohngebiet angesiedelt. Sie haben im gesamten Hinterland, auch in den Kleingartenanlagen und Betrieben, unterschiedlich Dienst gemacht ... etwa acht Stunden im Monat, in ihrer Freizeit. Das ist nicht bezahlt worden. Es stand aber für die Kräfte eine Art Prämienfonds zur Verfügung, so zwischen 50 und 100 Mark im Jahr. Zum Geburtstag gab es einen Blumenstrauß. Wir haben im Jahr für die Helfer auch einen FHG-Ball (FHG=Freiwillige Helfer der Grenztruppen, d. Verf.) durchgeführt, mit Tanz. Da ist das Geld draufgegangen. Und es gab wie für Armeeangehörige Treuemedaillen, wenn man zwanzig, fünfundzwanzig Jahre dabei war.«[49]

Wie sie zu agieren hatten, wurde den Helfern auch anhand von dokumentierten Fluchtversuchen – als »Gefechtsbeispiele« deklariert – nahegebracht. Über einen gescheiterten Fluchtversuch im August 1964 vermerkt das Schulungsmaterial: »1. Grenzverletzer näherten sich mit öffentl. Verkehrsmitteln bis Dreilinden ... 2. Die Grenzkompanie erhielt durch eine Bürgerin der DDR telefonische Mitteilung ..., daß 2 verdächtige, ortsfremde Personen in Richtung Teltowkanal gegangen sind.« Daraufhin wurden die beiden Flüchtlinge von Grenzsoldaten festgenommen; für die Ausbildungsoffiziere ein Beispiel dafür, daß die »enge Zusammenarbeit der Grenztruppen mit der Grenzbevölkerung ... die Unantastbarkeit der Staatsgrenze der DDR zum NATO-Stützpunkt Westberlin« erhöht.[50]

An der Grenze zu West-Berlin versahen Ende der achtziger Jahre rund 550 Freiwillige Helfer ihren Dienst; an der innerdeutschen Grenze waren es insgesamt rund 3 000, darunter auch Frauen.[51] Daneben existierten außerdem sogenannte »Grenzsicherungsaktive«, die Volkspolizei und Grenztruppen regelmäßig mit Informationen dienlich waren. Im Grenzkommando Mitte bestanden in den Achtzigern insgesamt 139 solcher Grenzsicherungsaktive mit rund 1 500 Mitgliedern.[52] Nach einer internen Untersuchung sollen um 1988 etwa 5 Prozent der Einwohner grenznaher Ortschaften als Informanten der Volkspolizei und des MfS tätig gewesen sein, davon 1,4 bis 2,3 Prozent als Freiwillige Helfer.[53]

Ihre »Effektivität« läßt sich indirekt auch an Statistiken über Festnahmen im Grenzgebiet ablesen. 1987 gab es insgesamt 1 732 Festnahmen von Flüchtlingen an innerdeutscher Grenze und Mauer,

748 davon durch Volkspolizei
422 durch Transportpolizei
412 durch Grenztruppen
194 durch Stasi.

Für 1988 lauteten die entsprechenden Zahlen:

2312 Festnahmen insgesamt
978 davon durch Volkspolizei
526 durch Transportpolizei
614 durch Grenztruppen
73 durch Stasi.[54]

Die hohe Zahl von Festnahmen durch Volks- und Transportpolizei kam auch durch Hinweise und Aktivitäten Freiwilliger Helfer zustande.

1986 verfügte der Nationale Verteidigungsrat die Stiftung eines Ordens, der »Helfern« für »treue Dienste beim Schutz der Staatsgrenze der DDR« verliehen wurde. Er war verbunden mit einer Prämie von 150 bis 500 Mark. Auch für »Einzelleistungen«, insbesondere für die Festnahme eines Flüchtlings wurden Sach- und Geldprämien gewährt.

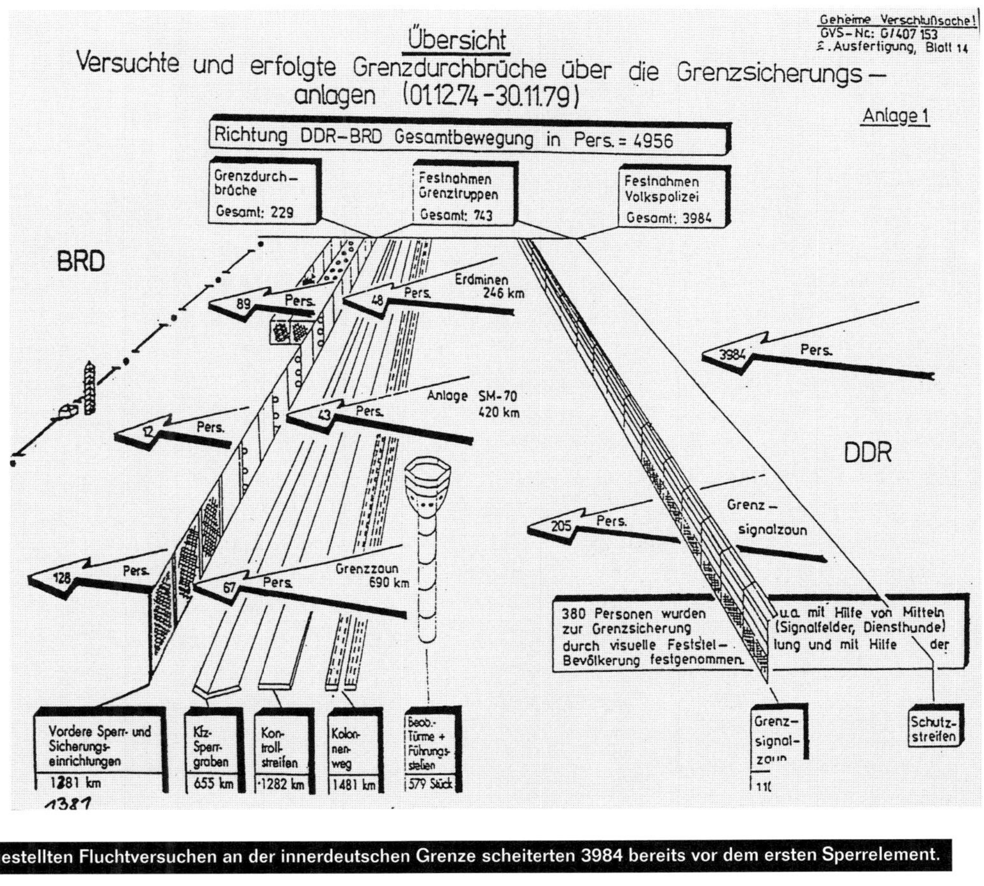

Von 4956 festgestellten Fluchtversuchen an der innerdeutschen Grenze scheiterten 3984 bereits vor dem ersten Sperrelement.

Gewöhnung und Verdrängung

Begannen sich die Menschen allmählich an die Mauer zu gewöhnen? Ab Mitte der siebziger Jahre konnte man zumindest in West-Berlin fast den Eindruck haben. Die Mauer, die Teilung der Stadt gehörten zum Alltag, so beschwerlich und absurd ihre Auswirkungen diesen Alltag mitunter auch machten.

Hatte man sich in West-Berlin damit abgefunden, in einer eingemauerten Halbstadt zu leben, so galt dies ebenso für viele Menschen im Ostteil der Stadt. Man mußte versuchen, sich mit den Verhältnissen zu arrangieren. »Und der Versuch glückte, bei den meisten Leuten sogar vortrefflich«, schreibt der Ost-Berliner Schriftsteller Günter de Bruyn rückblickend. »Schon einige Wochen nach Errichtung der Mauer ... begannen viele ..., sie selbstverständlich zu finden und Positives an ihr zu sehen. Man lebte ruhiger in ihrem Schatten. Man war der Entscheidung zu fliehen oder zu bleiben enthoben; das Provisorische hatte feste Konturen bekommen; das Vorläufige sah ... plötzlich nach Dauer aus. Auf Dauer also galt es sich einzurichten, Familien zu gründen, Kinder zu kriegen, ... nicht unliebsam aufzufallen ... Die Gewöhnung konnte ich an mir selbst studieren. Zwar blieb meine Meinung zum Mauerbau unverändert, aber ich lernte, mein Leben auf die neuen Bedingungen einzustellen und nicht ständig über die Freiheitsbeschneidung erbost zu sein. ... Um den Schmerz wieder wach werden zu lassen, brauchte nicht erst ein Flüchtling erschossen zu werden; es genügten kleinere Anlässe, wie der Ausbau der Grenzanlagen, die Sichtblenden auf der Marschallbrücke, die den Blick auf den Reichstag verhinden sollten, oder die neuen Landkarten und Stadtpläne, die West-Berlin nur als weißen Fleck zeigten, als endete an den Grenzen die Welt.«[1]

Für etliche Menschen in Ost-Berlin bedeutete die Mauer eine permanente Beschneidung der Freiheit, war sie lastender Ausdruck eines Regimes, das seine Unterdrückungspolitik mit vielfältigen Formen kollektiver Fürsorge verband. Man konnte von der Mauer auch krank werden, im wahrsten Sinne des Wortes. Zu den mittelbaren Folgen des Mauerbaus zählte auch jenes Syndrom, das von DDR-Ärzten hinter vorgehaltener Hand als »Mauerkrankheit« bezeichnet wurde. Zwischen 1964 und 1971 sammelte ein Ost-Berliner Psychiater mehrere Dutzend Fallstudien, bei denen psychische Erkrankungen wie Depressionen, Neurosen, teilweise auch Psychosen in deutlichem Zusammenhang mit der Mauer standen. Nach Feststellungen des Mediziners konnten die Trennung von Familienangehörigen, das bedrükkende Gefühl des Eingeschlossenseins, des Verlustes von Wahl- und Entfaltungsmöglichkeiten in persönlicher, beruflicher wie politischer Hinsicht psychopathologische Symptome auslösen, von neurotischen Störungen bis zu schweren Depressionen und psychotischen Wahnvorstellungen führen. Seine systematischen Untersuchungen konnte der Mediziner allerdings nur heimlich anstellen.[2]

Im Mai 1971 gab es in der DDR einen Führungswechsel: Auf den greisen Ulbricht folgte Erich Honecker an der Spitze der SED. Ausgerechnet der »Architekt der Mauer« hatte also nun die Fäden in der Hand. Dennoch verbanden viele Menschen in der DDR mit dem Wechsel auch Hoffnungen, und diese schienen sich im Zuge der Entspannungspolitik mit ihren spürbaren Verbesserungen im Reise- und Besuchsverkehr teilweise sogar zu bewahrheiten. 1974 eröffneten beide deutsche Staaten in Ost-Berlin bzw. Bonn »Ständige Vertretungen«; auf internationalem Feld gewann die DDR zunehmend Anerkennung. Zwar verbesserten sich in den Folgejahren auch die materiellen Lebensbedingungen, von politischer und gesellschaftlicher Liberalisierung jedoch war nichts zu spüren, von einer Lockerung des Grenzregimes ganz zu schweigen. Im Gegenteil. Die Sperranlagen wurden weiter ausgebaut.

Bis 1989 gab es immer wieder Menschen, die buchstäblich ihr Leben riskierten, weil sie es in der Enge der DDR nicht aushielten. Ab 1985/86 verzeichneten die Grenztruppen sogar einen deutlichen Anstieg der versuchten und erfolgreichen Fluchtaktionen, in einigen Mauer-Abschnitten um mehr als 20 Prozent.

Auch Fahnenfluchten kamen immer wieder vor, wie im September 1986 in der Nähe des Reichstags oder zwei Monate später am Teltow-Kanal. Dort hatte der Grenzposten Mathias Sch. seinen Postenführer zunächst entwaffnet, dann zur gemeinsamen Flucht aufgefordert. Der aber wollte nicht, worauf Sch. allein über Sperrzaun und Mauer nach West-Berlin kletterte. Seine Kalaschnikow lehnte er vorher feinsäuberlich an den Zaun, den Lauf in den Boden gebohrt.[3]

Von Ost nach West, von West nach Ost

Kurz vor Morgengrauen am 31. März 1983 machten sich zwei junge Männer auf einem Dachboden in der Bouchéstraße in Treptow zu schaffen. Ihr Plan war, sich mittels eines Stahlseils über die Mauer zu schwingen, wie es 20 Jahre zuvor einem Leipziger mit Frau und Kind schon einmal gelungen war. Vom Dachboden des mehrstöckigen Wohnhauses warfen sie mit einem Wurfanker eine Angelleine über den dort nur rund 20 Meter breiten Grenzstreifen. Von der Westseite zogen Helfer ein Stahlseil über die Mauer und befestigten es am gegenüberliegenden Haus. Noch ein kurzer Blick, und los. Unbemerkt von den Grenzposten glitten die beiden Ost-Berliner über Kontrollstreifen und Mauer.

Das Grenzkommando war düpiert und fürchtete wie stets »Nachahmungstäter«. »Bei eventueller Veröffentlichung des Grenzdurchbruches in den Massenmedien von Berlin (West) ... ist mit weiteren Angriffen aus diesem sowie ähnlich gelagerten Objekten heraus zu rechnen«, heißt es im Untersuchungsbericht, der die Flucht mit zahlreichen Fotos dokumentiert. Häuser im Grenzgebiet müßten noch schärfer überwacht werden, so die Schlußfolgerung der Kommandeure. Gerügt wird zudem, daß es eine Ost-Berlinerin an Diensteifer hatte fehlen lassen: »Trotz Wahrnehmung von Geräuschen und Stimmen auf dem Dachboden durch eine Bewohnerin ..., erfolgte durch sie keine Meldung ..., obwohl sie Mitglied des gesellschaftlichen Grenzmeldenetzes ist.«[4]

Für die Anwohner hatte diese gelungene Seil-Flucht Folgen. Frau K.: »Da stand unsere Grenzpolizei auf Krücken, Tag und Nacht war was los. Dann wurden eben alle Böden dichtgemacht ...« Der damalige »Abschnittsbevollmächtigte« ergänzt: »Im Ergebnis dieser Flucht vom Dach gab es eine konkrete Anweisung: Es mußten sämtliche Dachluken verschlossen, vergittert werden. Bei einer Neudeckung wurden ohnehin gleich nur Glasbausteine eingesetzt. Offenbleiben durften nur die Luken, die der Schornsteinfeger brauchte, um normal die Esse zu kehren. Alles andere wurde verschraubt.«[5]

Am 21. August 1988 wurden dutzende Touristen am Reichstagsufer jäh aus ihrer Beschaulichkeit gerissen. Gegen 10.00 Uhr vormittags schlugen sich vier junge Leute, zwei Frauen und zwei Männer, durch die Sperranlagen. Sie hatten schon fast das östliche Spreeufer erreicht, als ein Grenzposten sie entdeckte. Kopfüber stürzten sich die vier in die Spree und versuchten, schwimmend das westliche Ufer zu erreichen. Es dauerte einige Momente, bis die aufgeschreckten Touristen begriffen, daß sie Augenzeugen einer Flucht wurden. DDR-Grenzer verfolgten mit einem Boot die sich verzweifelt vorwärtskämpfenden Flüchtlinge und bekamen eine der Frauen zu fassen, doch gelang es ihr, sich wieder loszureißen. Glücklicher Umstand: ein zufällig auf der Westseite der Spree anwesendes Kamerateam filmte die dramatischen Szenen. Von den Augenzeugen angefeuert, erreichten alle vier Flüchlinge schließlich erschöpft das westliche Ufer.

Diese Flucht vor laufenden Kameras, unter den Augen zunächst empörter, dann begeisterter Zuschauer, bereitete der Grenztruppen-Führung besonderes Kopfzerbrechen. Der Kommandeur des Grenzkommandos Mitte höchstpersönlich las den düpierten Grenzsoldaten die Leviten: »Das ist eines der schwersten Vorkommnisse an der Staatsgrenze, die wir je hatten und lastet enorm schwer auf den Angehörigen der Grenztruppen des Grenzkommandos Mitte.« Der Kommandeur sah einen wahren Abgrund von Nachlässigkeit, Disziplinlosigkeit und Ineffektivität. »Wie das im Grenzregiment 36 einzuschätzen ist, bestätigt uns das besondere Vorkommnis.«[6] Vor allem sei die »politische Motivierung für Grenzdienst noch nicht wirksam genug.«[7] So wurde angeordnet: »Publikumswirksame Abschnitte grundsätzlich neu zu beurteilen, gut ausgewählte Grenzposten einzusetzen und wo notwendig, diese auch auf 3 AGT (Angehörige der Grenztruppen, d. Verf.) zu erhöhen.«[8]

Der Effekt dieser Maßnahmen indes war nicht wie erwünscht. Wenige Monate später, am 14. Februar 1989, gelang zwei Männern ungefähr an der gleichen Stelle die Flucht. Mit einem LKW durchbrachen sie die Sperrzäune und stürzten sich in die Spree, mit Taucheranzügen vor der Kälte geschützt. Mit letzter Kraft gelangten die beiden ans westliche Ufer, ein dritter Flüchtling wurde von einem Grenztruppen-Boot abgefangen.

In den Vernehmungsprotokollen zweier beteiligter Grenzposten liest sich der Vorgang wie folgt:

»Gegen 12.30 Uhr ging ich auf die Toilette, der KSiA (Kommandeur Sicherungsabschnitt, d. Verf.) führte den SiA-II (Sicherungsabschnitt II) und der Kraftfahrer war mit oben (im Beobachtungsturm, d. Verf.). Als ich fertig war, ging ich wieder nach oben. Als ich im Zwischendeck war, hörte ich einen Knall und fast gleichzeitig die Auslösung des GSZ-Feldes (Grenzsicherungszaun-Feld). ...

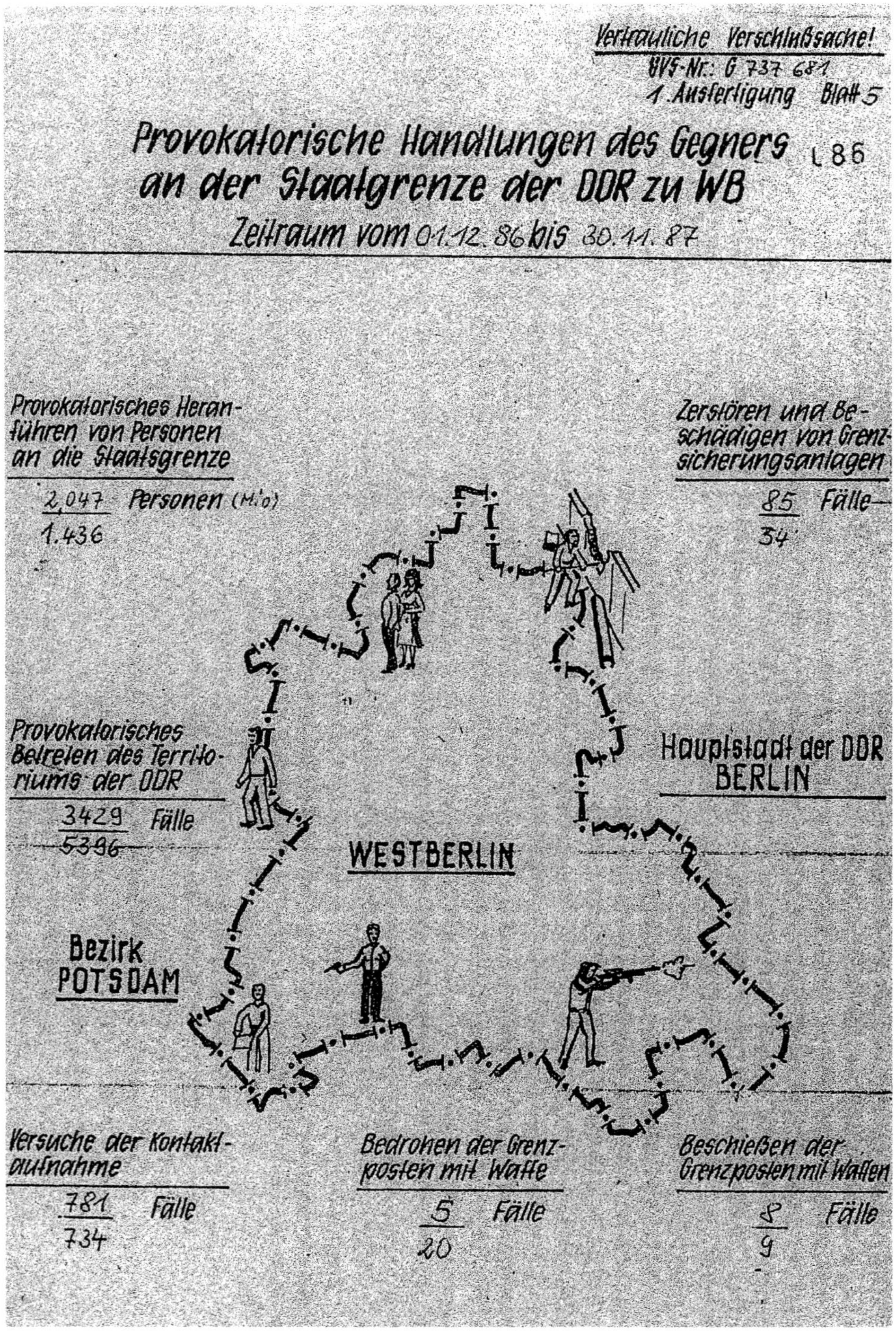

Grenztruppen-Aufstellung über Protestaktionen und andere Vorfälle an der »Staatsgrenze der DDR«.

Während dieser Zeit 1-2 Sek. war ich auch schon oben und gleich wieder runter mit dem MKF (Militärkraftfahrer) in das Auto und in Richtung LKW. Als ich oben war, sah ich nur, daß ein LKW am vorderen Sperrelement war. Noch beim Einsteigen lud ich meine Waffe durch. Als wir am LKW waren, war da niemand mehr.«

Ein zweiter Grenzposten: »Um 12.35 Uhr kam der Ruf des Postenführers ›Grenzdurchbruch‹. Ich wollte gerade mein letztes Brötchen essen und mir Tee in den Becher machen mit Blickrichtung Marschallbrücke. Als ich den Ruf gehört hatte, schnappte ich meine MPi und schaute kurz auf die Clara-Zetkin-Straße. Ich bin dann so schnell wie möglich abgesessen und habe geschaut, wo der Grenzdurchbruch war. Dann habe ich den LKW gesehen, der in das Streckmetall hineinfuhr. Das A-Boot war schon von seinem Standort weg und fuhr in Richtung Grenzverletzer. Ein Grenzverletzer war schon am anderen Ufer und zwei kurz davor. Als das A-Boot kurz an dem Grenzverletzer dran war, war der zweite schon draußen am Ufer. Er wollte dem dritten helfen, aber da war schon das A-Boot bei ihm und sie nahmen ihn oder führten die Festnahme durch. Alle 3 waren in Taucheranzügen.«[9]

Zwei durchgekommen, einer geschnappt: Disziplinarische Maßnahmen blieben den Grenzposten erspart.

Auch »Grenzdurchbrüche« von West nach Ost hat es gegeben. Ein West-Berliner beispielsweise kletterte in den siebziger Jahren rund fünfzehnmal von Kreuzberg über die Mauer in den Osten, wo er regelmäßig festgenommen wurde. Im Verhör befragt, warum er keinen Grenzübergang benutze, antwortete er den Grenzoffizieren stereotyp, er wohne in Kreuzberg, gleich gegenüber seinen Bekannten, und da sei der direkte Weg einfach der kürzeste. Dieser Logik hatten die Grenzer wenig entgegenzusetzen. Der »Grenzverletzer« wurde nach West-Berlin abgeschoben. Bis zum nächsten Mal.

Einigen solcher »Mauerspringer« war die Mauer ein ganz persönliches Ärgernis oder auch eine »sportliche Herausforderung«. Wie Rainer W., der Anfang der siebziger Jahre als 18jähriger erstmals die Sperranlagen bei Potsdam-Babelsberg in Richtung Westen überwand. Dort blieb er jedoch nur ein Wochenende lang, weil es ihm »so richtig« nicht gefiel. Wenige Monate nach seiner Rückkehr in den Osten kletterte er, einem inneren Drang folgend, erneut über die Mauer. Später siedelte W. mit DDR-Genehmigung nach West-Berlin über – und sprang weiter, nun von West nach Ost. Die Grenztruppen entledigten sich des lästigen »Mauerspringers« nach kurzem Verhör jedesmal durch Abschiebung nach West-Berlin.

Das Deutsche Rote Kreuz übrigens hielt in West-Berlin jahrelang einen Kleinbus in Bereitschaft, um immer wieder einmal »Mauerspringer«, die aus anarchischem Freiheitsdrang oder als entschlossene »Weltverbesserer« Mauer und Sperranlagen überklettert hatten, in Ost-Berlin abzuholen und anschließend in ärztliche Obhut zu übergeben.[10]

Während westliche Politiker sich in Verhandlungen mühsam um größere Durchlässigkeit der Mauer bemühten, erklärten rebellische Zeitgenossen dem Monstrum ihren ganz persönlichen Krieg. Daß es sich bei ihnen nicht selten um merkwürdige, psychisch zumindest

Westliche Beeinflussungsversuche und Protestaktionen an der Mauer wie hier 1967 wurden von den DDR-Grenztruppen auf Fotos dokumentiert und sorgfältig archiviert.

grenzwertige Menschen handelte, sei festgestellt, ohne damit eine Wertung ihres Tuns vorzunehmen. Wie heißt es bei Lessing: »Wer über gewissen Dingen nicht den Verstand verliert, der hat keinen zu verlieren.«

Zu den skurrilsten Erscheinungen dieser »Szene« zählte zweifellos der US-Amerikaner John Runnings, der 1986/87 mehrere Attacken gegen die Mauer ritt. Im Sommer 1986 kam er nach Berlin und erkletterte mittels einer Leiter von Westen die Mauer. Weder westliche Polizisten noch DDR-Grenzsoldaten konnten ihn davon abhalten, 500 Meter auf der Mauer entlangzubalancieren, beobachtet von zahlreichen Zuschauern, die ihm aufmunternd applaudierten. Schließlich zwangen DDR-Grenzposten Runnings herunter und nahmen ihn in Gewahrsam. Um weiteres Aufsehen und diplomatische Verwicklungen zu vermeiden, schoben ihn die Behörden jedoch nach kurzem Verhör wieder ab.

Runnings ließ sich aber nicht einschüchtern und startete wenige Tage später erneut eine Aktion, bei der er sich rittlings auf die Mauer setzte und ihr symbolische Hammerschläge versetzte. Umgehend wurde er von DDR-Grenzposten verhaftet und am nächsten Tag in den Westen zurückgeschickt. Sein dritter »Mauerlauf« brachte ihm 53 Stunden DDR-Gefängnisaufenthalt ein. Kaum zurück, setzte er am Checkpoint Charlie seine Proteste auf Ost-Berliner Gebiet fort. Nun wurde es auch den Amerikanern zu bunt, und sie beförderten den Störenfried per Flugzeug in die USA zurück. Umgehend flog Runnings wieder nach Berlin und erkletterte erneut die Mauer. Diesmal wanderte er für zwei Monate in ein DDR-Gefängnis und wurde anschließend in eine Aeroflot-Maschine nach New York gesetzt. Nicht lange und Runnings war wieder da. Nunmehr baute er eine massive Holzramme, mit der ein Dutzend Männer die Mauer attackieren sollten. Doch bevor das buntbemalte Gerät zum Einsatz kommen konnte, wurde es von US-amerikanischen Soldaten beschlagnahmt.[11]

Am Morgen des 1. Juli 1988 standen die Grenzposten im Bereich Potsdamer Platz vor einer Herausforderung besonderer Art – eine »Massenflucht« in den Osten. Über 200 West-Berliner Punks, Bewohner eines Hüttendorfes auf dem sogenannten Lenné-Dreieck, ergriffen vor

Auch Fotos von solchen »provokatorische Handlungen des Gegners« landeten in den Archiven der Grenztruppen.

anrückender Polizei die Flucht, und zwar über die Mauer nach Ost-Berlin. Damit ging ein mehrmonatiges Spektakel zu Ende, das zu den eher amüsanten Aspekten der Mauer zählt. Es verdankte sich einer topographischen Besonderheit, die an einigen Stellen der Grenze zu absonderlichen Verhältnissen führte. Die Mauer stand keineswegs unmittelbar an der Demarkationslinie. Der Abstand zur eigentlichen Grenzlinie betrug zumeist 1 bis 2 Meter, an einigen Stellen auch erheblich mehr. Und mitten in der Stadt, am Potsdamer Platz, gab es jenes rund 4 Hektar große Gelände zwischen Lenné-, Bellevue- und Ebertstraße, das zwar zu Ost-Berlin gehörte, aber außerhalb der Mauer lag.

Im März 1988 vereinbarten Ost-Berlin und der West-Berliner Senat einen Gebietstausch, durch den das Lenné-Dreieck an den Westen fallen sollte. Im Gegenzug erhielt Ost-Berlin einen Teil des früheren Nordgüterbahnhofs in Höhe der Bernauer Straße. Bis zum Inkrafttreten des Abkommens am 1. Juli 1988 blieb das Lenné-Dreieck jedoch exterritorial. Dies machten sich Kreuzberger Jugendliche aus der »autonomen Szene« zunutze, um aus Protest gegen Bebauungspläne des Senats ein Hüttendorf zu errichten, von Ost-Berlin stillschweigend geduldet. Mit wachsendem Amüsement beobachteten in den folgenden Wochen die Berliner, wie sich Besetzer mit West-Berliner Ordnungshütern ein regelrechtes Katz-und-Maus-Spiel lieferten. Nach Rangeleien zogen die Jugendlichen sich jedesmal auf das Lenné-Dreieck zurück, wohin die West-Berliner Polizisten ihnen nicht folgen durften.

Pünktlich mit Inkrafttreten des Gebietstauschs rückten rund 900 Polizisten an und machten dem Treiben unter Einsatz von Tränengas eine Ende. Über 200 Besetzer entzogen sich der Festnahme durch Sprung über die Mauer. Für die DDR-Grenztruppen kam die Aktion allerdings nicht unerwartet. Sie reagierten mit Gelassenheit auf diesen außergewöhnlichen »Grenzdurchbruch«. Die Punks wurden auf LKW zu einer Truppenunterkunft gefahren, mit einem Frühstück versorgt und nach Feststellung der Personalien über verschiedene Grenzübergänge nach West-Berlin zurückgeschickt.[12]

Eine weiße Fläche reizt zur Bemalung. Das empfanden auch viele West-Berliner, als mit Errichtung der »Grenzmauer 75« ab 1976 eine kilometerlange, plane Fläche aus 3,60 Meter hohen Betonsegmenten entstand, die förmlich nach Farbe und Schrift schrie. Doch bildete die Mauer an keiner Stelle exakt die Grenze. Sie stand auf Ost-Berliner Gebiet, der Abstand zur eigentlichen Sektorengrenze betrug mindestens einen Meter. Für die Graffiti-Künstler bedeutete dies, daß zu den großzügigen Entfaltungsmöglichkeiten auf der westlichen Mauerseite auch noch der Reiz einer permanenten

DDR-Protest gegen die Bemalung der Mauer 1975. Das Übertreten der Grenzlinie wird peinlich genau vermieden.

»Grenzverletzung« kam. Das sahen die DDR-Grenztruppen ebenso. Jahrelang wurden Grenzsoldaten mit Farbeimern und Pinsel durch niedrige Durchlaßtore auf die »feindwärtige« Mauerseite geschickt, wo sie Graffitis zu übertünchen hatten. Die Sprayer ließen es sich jedoch nicht verdrießen, meist war das betreffende Mauerstück innerhalb von Tagen erneut bemalt. Vereinzelt kam es auch zur Verhaftung von Mauersprayern wegen »Verletzung des Hoheitsgebiets der DDR« und »Beschädigung sozialistischen Eigentums«.

1984 hatte Rainer Hildebrandt, Leiter des »Hauses am Checkpoint Charlie«, die Idee, einen Malwettbewerb auszuschreiben. An der Aktion unter dem Motto »Die Überwindung der Mauer durch ihre Bemalung« beteiligten sich auch namhafte internationale Künstler, darunter Lew Nussberg, Christophe Bouchets, Richard Hambleton und Jonathan Borowsky. Später malte auch Graffiti-Star Keith Haring seine berühmten Männchen auf die Mauer. Mittlerweile hatten es die Grenztruppen aufgegeben, die Bemalungen auf der »feindwärtigen« Seite zu beseitigen; nur noch in Ausnahmefällen gingen Grenzposten gegen Graffiti vor. Im Mai 1975 hatte die Aktion »Wir malen ein Loch in die Mauer« noch zu einem hochoffiziellen Protest von Grenztruppen-Kommandeuren bei der West-Berliner Polizei geführt.

Bei aller Gewöhnung an die Mauer gab es doch auch Ereignisse, die die Emotionen in West-Berlin hochschlagen ließen. Wie etwa im Mai 1975, als der fünfjährige Cetin aus Kreuzberg beim Spielen in die Spree fiel. Nach wenigen Minuten trafen West-Berliner Taucher ein, die aber nicht ins Wasser durften und tatenlos zusehen mußten, wie der Junge ertrank. An dieser Stelle gehörte die Spree in ihrer ganzen Breite zu Ost-Berlin. Ein DDR-Grenzboot traf viel zu spät am Unglücksort ein und konnte nur die Leiche des türkischen Jungen aus dem Wasser bergen.

In West-Berlin löste der Vorfall einen Sturm der Entrüstung aus. Hunderte Menschen versammelten sich am Kreuzberger Ufer der Spree und prangerten auf Plakaten »Kindermord« und »Unmenschlichkeit« des SED-Regimes an. In den Akten der Grenztruppen ist dieser Protest wie folgt dokumentiert: »In der Zeit von 14.00 Uhr bis 16.00 Uhr versammelten sich am Gröbenufer im Abschnitt des GR-35, Pq.2094/9, etwa 2 000 Personen und hetzten im Zusammenhang mit dem Unglücksfall vom 11. Mai 1975, bei dem ein türkisches Kind in die Spree fiel und ertrank, gegen die Deutsche Demokratische Republik und alle Kommunisten.«[13]

Der DDR paßten derartige Ereignisse, mit denen die Mauer schlagartig wieder ins öffentliche Bewußtsein rückte, nicht ins Konzept. Nach dem Tod des Jungen trafen Ost und West eine Vereinbarung über »unbürokratische« Hilfeleistungen bei »Unglücksfällen an der Grenze«.[14]

Empörung am Kreuzberger Spree-Ufer über den Tod eines Kindes 1975.

Hart an der Grenze: Exklaven und Idyllen

Das Lenné-Dreieck war nur einer der Orte, an denen der Verlauf der Mauer zu seltsamen Hoheitsgebietsansprüchen führte. Zu den skurrilen Erscheinungen der Teilung gehörte auch die West-Berliner Exklave Steinstücken. Das rund 13 Hektar große Gebiet mit seinen 130 Einwohnern im Südosten der Stadt war zur Gänze von DDR-Territorium umgeben. Seit Kriegsende bestand die einzige Verbindung zu West-Berlin in einem 1,1 Kilometer langen Feldweg, auf dem die Bewohner zwei Kontrollposten passieren mußten. Mit dem Bau der Mauer war Steinstücken vollständig von West-Berlin abgeschnitten und damit die Frage nach seiner Lebensfähigkeit gestellt. Im Oktober 1951 hatte Volkspolizei die Exklave bereits einmal umzingelt, um sie der Stadt Potsdam und damit der DDR zuzuschlagen. Nach heftigen Protesten der Westmächte hatten die Sowjets damals den Abzug der Vopos verfügt. Es ging ums Prinzip, um ein Symbol. Um die Exklave Steinstücken mußte gekämpft werden, um die Exklave Berlin zu halten, wie es der SPD-Politiker Otto Suhr damals formulierte. Am 21. September 1961 flog General Clay, bekanntlich ein Freund schneller Entschlüsse, kurzerhand mit einem Hubschrauber nach Steinstücken, um so die Zugehörigkeit des Gebiets zu West-Berlin zu demonstrieren. Zum direkten »Schutz« wurden drei US-Soldaten in Steinstükken stationiert.

Für die Bewohner allerdings begannen lange Jahre der Bedrängnis und Schikanen. Die Grenzsperren durften nur polizeilich gemeldete Bewohner der Exklave, zudem Feuerwehr, Arzt und Hebamme passieren, bis nach Unterzeichnung des Viermächteabkommens nach einem Gebietstausch im August 1972 eine direkte Straßenverbindung zwischen Steinstücken und West-Berlin eröffnet wurde, beiderseits eng von der 3,60 Meter hohen Mauer eingefaßt.[15]

Eine andere Exklave war der sogenannte Eiskeller, mit dem West-Berliner Bezirk Spandau nur durch eine Stichstraße verbunden. Der 12jährige Erwin S. mußte im Herbst 1961 eben diese Stichstraße passieren, um zu seiner Schule zu gelangen. Als er eines Tages nicht zum Unterricht erschienen war, gab er an, von DDR-Polizisten auf dem Weg behindert worden zu sein. Die Westmächte reagierten sofort. Über mehrere Wochen wurde Erwin von einem britischen Schützenpanzer zur Schule eskortiert; ein weltweit verbreitetes Sinnbild für die manchmal grotesken Folgen des Mauerbaus. 33 Jahre später fügte Erwin S. der Episode allerdings eine Fußnote an. Die Geschichte mit den Vopos war erfunden. Er hatte einfach sein Schulschwänzen verheimlichen wollen.[16]

Während die Mauer an einigen Stellen größere Gebiete ausließ, wie beispielsweise das Lenné-Dreieck am Potsdamer Platz, gab es an anderen Stellen geradezu bizarre Baumaßnahmen, um einzelne Geländestücke und Häuser einzumauern. So etwa den »Entenschnabel« in Hermsdorf, im Norden Berlins, wo ein säuberlich ummauerter Gebietsstreifen weit nach West-Berlin hineinragte. An einigen Stellen, etwa in Treptow, lagen sich Ost- und West-Berliner Kleingarten-Kolonien so nah gegenüber, daß die Menschen sich gegenseitig auf die Gemüsebeete sehen konnten. Zusammen Kaffee trinken konnten sie nicht.

Ein Kleingarten fernab jeder Kolonie entstand am Kreuzberger Mariannenplatz. 1986 zog ein 60jähriger Türke mit seiner Frau in die hart an der Mauer gelegene Gegend. Als er nach dem Besitzer eines brachliegenden Grundstücks fragte, erhielt er die Auskunft, es gehöre niemand. Kurzentschlossen pflanzte Osman Kalin dort einen Gemüsegarten an. Der lag allerdings auf Ost-Berliner Gebiet. Auch an dieser Stelle ließ die Mauer nämlich ein größeres Gebiet aus, das vom Westen zugänglich war. Anfangs wollten DDR-Grenzposten den Türken von dem Grundstück vertreiben, drohten sogar zu schießen. Die Grenzer waren angewiesen, der widerrechtlichen Nutzung von Abschnitten auf dem Hoheitsgebiet der DDR durch Westberliner Bürger ... durch geeignete Maßnahmen schrittweise Einhalt zu gebieten. Doch Kalin und seine Frau ließen sich nicht einschüchtern und betrieben weiterhin ihre Gemüsezucht. Schließlich ließ sie das Grenzregiment gewähren.

»Die Mauer muß weg!« – Jugendproteste in Ost-Berlin

»Die Mauer muß weg!« Es gehörte schon einiger Mut dazu, dies im Jahr 1977 auf dem Ost-Berliner Alexanderplatz zu skandieren, noch dazu am 7. Oktober, dem hochoffiziellen Gründungstag der DDR. Mit Musikgruppen und Tanzrevuen sollten im Zentrum von Ost-Berlin 28 Jahre »Arbeiter- und Bauernstaat« gefeiert werden, bestellter Jubel inbegriffen. Bei einem Jazz-Konzert kam es zu ersten Rangeleien zwischen Jugendlichen und der Volkspolizei; es flogen Steine; Schaufensterscheiben gingen zu Bruch. Fast aus dem Nichts entwickelte sich eine regelrechte Straßenschlacht, bei der die Einsatzkräfte mit großer Härte vorgingen. Spott- und Haßgesänge von rund 1 000 Jugendlichen schlugen den Uniformträgern entgegen, und immer wieder: »Die Mauer muß weg!« Drei Jugendliche kamen bei den gewalttätigen Auseinandersetzungen ums Leben; mehrere Dutzend Personen erlitten zum Teil schwere Verletzungen. Über 150 Menschen wurden von Greiftrupps der Polizei und Stasi festgenommen.

Die DDR-Medien verschwiegen zunächst die regimekritischen Krawalle vom Alexanderplatz. In der »Berliner Zeitung« war statt dessen von »Hochstimmung vom frühen Nachmittag bis zum späten Abend« zu lesen. Später war im »Neuen Deutschland« lediglich von einer »Konfrontation zwischen der Polizei und einigen Schreihälsen« die Rede.

Zum ersten Mal hatte es in Ost-Berlin einen spontanen Massenprotest gegen die Mauer gegeben. Fast war es, als seien damals zwei Welten aufeinandergetroffen: Hier die »jubelnden Werktätigen«, dort hunderte Jugendliche, bei denen nur ein Funke genügte, um die Wut gegen das SED-Regime und das Symbol seiner Herrschaft, die Mauer, zum Ausbruch zu bringen.[17]

Musik führte 1987 erneut zu Massenprotesten gegen die Mauer, bei denen es in Ost-Berlin wieder zu schweren Zusammenstößen zwischen Jugendlichen und der Polizei kam. Zwischen dem 6. und 9. Juni 1987 gaben vor dem Reichstagsgebäude die internationalen Pop-Größen David Bowie, Genesis und Eurythmics umjubelte Konzerte. Einige Lautsprecher waren nach Osten ausgerichetet, wo sich Unter den Linden rund 4000 Jugendliche einfanden, um zumindest akustisch an dem Rock-Spektakel teilzunehmen. Der Bereich um das Brandenburger Tor war von Grenztruppen und Stasi-Angehörigen weiträumig abgeriegelt. In der Nacht zum 9. Juni gelang es dennoch einigen hundert Jugendlichen, die Absperrungen zu durchbrechen und sich dem Brandenburger Tor zu nähern. Es kam zu einer regelrechten Straßenschlacht zwischen den Rock-Fans und Polizei, Grenztruppen- und Stasi-Angehörigen. Weithin vernehmbar ertönten Sprechchöre: »Die Mauer muß weg!« – »Gorbatschow, Gorbatschow«. Mit Schlagstockeinsatz wurde die Menge schließlich auseinandergetrieben. Stasi und Volkspolizei nahmen rund 200 Jugendliche fest.[18]

Es war das Jahr der 750-Jahr-Feiern, die in Ost- und West-Berlin mit großem Aufwand begangen wurden. Im März 1987 hatte das Grenztruppen-Kommando einen Befehl zur »Gewährleistung des zuverlässigen Schutzes der Staatsgrenze der DDR ... zu Berlin (West) sowie einer hohen Sicherheit und Ordnung während der Hauptveranstaltungen zur 750-Jahr-Feier Berlins« herausgegeben. Darin hieß es: »Es ist zu erreichen, daß besondere Vorkommnisse, die zur Hetze und Verleumdung gegen die DDR genutzt werden können, rechtzeitig erkannt und zuverlässig verhindert werden.«[19]

Zu diesem Zweck wurde u.a. die Bereitstellung von Einsatzreserven, auch für die rasche Beseitigung von Beschädigungen an den Sperranlagen, angeordnet. Bei den Grenztruppen rechnete man ausdrücklich mit »Lageveränderungen beiderseits der Staatsgrenze«. Man wollte also auch auf Demonstrationen östlich der Mauer vorbereitet sein.[20] Alle für 1987 geplanten Ausbauarbeiten an der Mauer sollten bereits Ende Mai abgeschlossen sein; von Juni bis Oktober 1987, dem Zeitraum der zentralen Großveranstaltungen der 750-Jahr-Feier, sollten lediglich Instandhaltungsmaßnahmen erfolgen. An neuralgischen Punkten, etwa im Bahnhof Friedrichstraße und am Brandenburger Tor, wurden nur als besonders zuverlässig geltende Grenzposten eingesetzt. »Die Auswahl und der Einsatz der Grenzposten haben den spezifischen Sicherheitsforderungen und dem repräsentativen Charakter dieser Objekte zu entsprechen.«[21]

Kaum etwas fürchtete die um staatliche Anerkennung buhlende DDR-Führung so sehr wie »Zwischenfälle« – Fluchtaktionen, Demonstrationen, Schüsse an der Mauer – zu Zeiten, wenn Ost-Berlin und die DDR gerade im Mittelpunkt des internationalen Interesses standen. Die Jugend-Krawalle im Juni 1987 waren in diesem Zusammenhang ein besonderes Ärgernis.

Bei »besonderen Anlässen«, bei Staatsbesuchen, kulturellen und sportlichen Großveranstaltungen, ergingen üblicherweise besondere Instruktionen für die Grenzsoldaten. Für die Dauer des spektakulären Bonn-Besuchs von Michail Gorbatschow im Juni 1989 wurde vom Chef der Grenztruppen folgender Befehl erlassen: »Die Anwendung der Schußwaffe, mit Ausnahme bei Angriffen auf das Leben der eingesetzten Kräfte und zur Verhinderung von Militärverbrechen (d.h. Desertionen, d. Verf.) ist zuverlässig auszuschließen.«[22] Konkret bedeutete das eine vorübergehende Aufhebung des Schießbefehls.

Als im Februar 1987 in West-Berlin wegen hoher Smog-Belastung erstmals ein generelles Fahrverbot erlassen wurde, erzählte man im Ost-Teil der Stadt einen bitteren Witz. »Fragt ein Ost-Berliner einen Bekannten: Sag' mal, wenn die im Westen so dicke Luft haben, daß sie nicht mal autofahren dürfen, warum gibt's dann bei uns eigentlich keinen Smog-Alarm? Darauf der Bekannte: Ist doch ganz klar. Die Grenze ist dicht!« Dem Grenztruppenkommando offensichtlich immer noch nicht dicht genug. Mitte der achtziger Jahre begann man auf Ost-Berliner Seite damit, die Absperrungen im Bereich Brandenburger Tor/Pariser Platz zu verstärken. Zur Begründung hieß es vom damaligen Leiter des »Informationszentrums im Brandenburger Tor«, Oberstleutnant Ganßauge: »Bei der gegenwärtigen Begrenzung ist es möglich, durch Unterkriechen des Schlagbaums und des Straßengeländers ins Grenzgebiet einzudringen bzw. die Grenzposten zu provozieren. Der Abschnitt bildet für demonstrative Handlungen eine günstige Möglichkeit, besonders beim Besuch von ausländischen Partei- und Staatsdelegationen.«[23]

Das sollte durch die Errichtung weiterer Metallgitterzäune und den Einbau zusätzlicher ferngesteuerter Tore unmöglich gemacht werden. Die erforderlichen Baumaßnahmen wurden im Sommer 1984 ausgeführt, unter strengster Kontrolle durch die Grenztruppen. »In Verantwortung des Bauleiters erfolgt täglich für den folgenden Tag mit den Verantwortlichen der Grenztruppen die Abstimmung des Bauablaufs mit dem Einsatz der Kräfte und Mittel. Er übergibt die nummernmäßige Aufstellung der am folgenden Arbeitstag eingesetzten Kräfte und Mittel ... Die Grenztruppen sind berechtigt, die Arbeiten ganz oder teilweise einzustellen.«[24]

Es fügte sich, daß die beiden mächtigsten Männer der Welt Mitte der achtziger Jahre in relativ kurzem Abstand Besucher an der Berliner Mauer waren. Während der sowjetische Parteichef Gorbatschow 1986 den »heldenhaften Grenztruppen« noch pflichtschuldig seinen Dank für ihren Dienst für die Sicherheit in Europa aussprach[25], richtete US-Präsident Ronald Reagan im Juni 1987 vom Brandenburger Tor aus einen Appell an den neuen Kremlchef: »... solange das Tor zu ist, solange wird diese Mauer als Wunde fortbestehen; es ist nicht die deutsche Frage allein, die offen bleibt, sondern die Frage der Freiheit für die gesamte Menschheit ... Generalsekretär Gorbatschow, wenn Sie nach Frieden streben, wenn Sie Wohlstand für die Sowjetunion und für Osteuropa wünschen, wenn Sie Liberalisierungen wollen, dann kommen Sie hierher zu diesem Tor. Herr Gorbatschow, öffnen Sie dieses Tor! Herr Gorbatschow, reißen Sie diese Mauer nieder!«[26]

Die DDR-Grenztruppen stellten damals am Brandenburger Tor riesige Lautsprecher auf, um die Rede von Reagan, der sich auch direkt an die Ost-Berliner Bevölkerung wandte, mit Musik zu übertönen.[27] Im Westen wurde der US-Präsident für diese Rede eher belächelt, wenn nicht gar angefeindet. Bezeichnend vielleicht für die damalige politische Stimmungslage und die verbreitete Gleichgültigkeit gegenüber der Mauer. Die, so die verbreitete Meinung, würde noch Jahrzehnte stehen.

»High-Tech-Mauer 2000«

Die Mauer »wird auch in 50 oder 100 Jahren noch bestehen bleiben, wenn die dazu vorhandenen Gründe nicht beseitigt sind.«[28] Es muß vielen Menschen in der DDR ordentlich in die Glieder gefahren sein, was Partei- und Staatschef Honecker da am 19. Januar 1989 erklärte.

Die Grenztruppen-Führung sah noch 1989 keinerlei Veranlassung, an eine Lockerung des Grenzregimes zu denken. Im Gegenteil. Mit ausdrücklichem Bezug auf die Honecker-Äußerung »hundert Jahre Mauer« plante man den Ausbau der Grenzanlagen über das Jahr 2000 hinaus. »Es wird ... in den nächsten Jahren (bis 2000 und später) dabei bleiben, daß die DDR durch ihre Grenztruppen an der Staatsgrenze zur BRD und Berlin (West) das Grenzregime in der Form der Grenzsicherung ausgestalten muß ...«[29]

Man dachte weit voraus in der DDR. Noch 1988/89 wurden zum Beispiel detaillierte »Perspektivplanungen« für den Ausbau der Mauer bis zum Jahr 2000 entworfen, wobei man gleich zwei Ziele verfolgte. Zum einen sollte die Grenze für Flüchtlinge noch schwerer zu überwinden sein, zum anderen hatte die SED-Führung ein großes Interesse daran, daß so wenig wie möglich an der Mauer geschossen wurde. Jeder Schuß, jeder Tote an der Grenze schadete dem internationalen Ansehen der DDR. Und gerade die Außenwirkung erhielt in Zeiten eines rapide steigenden Kreditbedarfs wachsende Bedeutung.

Ergebnis dieser Bestrebungen war das Projekt »High-Tech-Mauer 2000«, eine Grenze, an der Fluchtversuche durch elektronische Überwachungssysteme bereits weit vor der Sperrmauer registriert und – möglichst ohne Anwendung der Schußwaffe – vereitelt werden sollten. In der Verlautbarungssprache des Grenztruppen-Kommandos liest sich das folgendermaßen: »Es sind vorrangig solche physikalischen Wirkprinzipien und technischen Mittel zur Anwendung zu bringen, die bei hoher Sicherheit die Ansatzpunkte zur Hetze gegen die DDR für Gegner verringern.«[30] Mit anderen Worten: High-Tech statt Schüsse.

Der Nationale Verteidigungsrat der DDR hatte bereits in seiner Sitzung vom 1. Juli 1983 einen weiteren Ausbau der »Staatsgrenze der DDR zur BRD und zu Berlin (West)« in Auftrag gegeben. Zur Begründung wurde darauf verwiesen, daß die Grenzsicherungsanlagen »in wichtigen Parametern dem technischen Stand der 60er und 70er Jahre« entsprächen und »operativen Anforderungen der 80er Jahre ... nicht mehr voll gerecht« würden. »Zunehmend gelingt es gegnerischen Kräften, die Wirkungsweise der Grenzsicherungsanlagen aufzuklären und ihre Kenntnisse für gezielte Angriffe gegen die Staatsgrenze der DDR auszunutzen. Die Anzahl, denen es gelingt, die Sperranlagen unverletzt und ohne Auslösung zu überwinden, ist erheblich angestiegen.«[31] Mit Planung und Ausführung des Grenzausbaus wurde eine ständige Arbeitsgruppe beauftragt, der Vertreter des Ministeriums für Nationale Verteidigung, des Innenministeriums und des Ministeriums für Staatssicherheit angehörten.

Beide Zielsetzungen, die Verhinderung von weiteren »Grenzdurchbrüchen« und möglichst seltener Schußwaffengebrauch, fanden sich auch in einem Konzept des Grenztruppen-Kommandos vom 6. Mai 1988 zur »Entwicklung von Grenzsicherungstechnik für den Zeitraum 1990-2000« wieder.[32]

Insgesamt wurde darin verstärkt auf Sensortechnik und Elektronik statt auf Sperrzaun, Mauer und Schußwaffe gesetzt. Vorgesehen war eine ganze Palette von technischen Neuerungen. So wollte man »neue wirksame Ergänzungsgeräte für die Signalzaunanlagen, insbesondere für die Signalation des Übersteigens« installieren. Die Zahl der Fehlalarme sollte auf 0,6 pro Kilometer und Monat gesenkt werden. An der Mauer betrug die Zahl der Fehlauslösungen Mitte der achtziger Jahre 0,85 pro Kilometer und Monat. Mitte der siebziger Jahre hatte es durchschnittlich noch fünf Fehlalarme pro Kilometer im Monat gegeben.[33] Nun sollten die technischen, materiellen und logistischen Mittel geschaffen werden, um

Bezeichnung der Grenzsicherungsanlage	Ausbaustand 31. 12. 1988	geplant 1989 im Abschnitt Hptst. d. DDR BERLIN	Bezirk POTSDAM
Grenzmauer	103 km	1,1 km	0,9 km
Grenzzaun	70 km	1,0 km	13,8 km
Grenzsignal-u. Sperrzaun	27 km	-	7,5 km
Beobachtungsturm (BT-9)	111 Stück	2 Stück	6 Stück

»Sie wird auch in 100 Jahren noch bestehen bleiben ...« Planungen der Grenztruppen 1989.

im genannten Zeitraum mikroelektronische Sensortechnik flächendeckend auszulegen, digitalisierte Daten zentral zu erfassen und rechnergestützt auszuwerten. Parallel dazu war geplant, die Grenzpatrouillen mit mobilen Bewegungsmeldern und Nachtsichtgeräten auszurüsten.[34]

Das DDR-Verteidigungsministerium vergab zahlreiche Entwicklungsaufträge, etwa an das Potsdamer »Zentralinstitut für Physik der Erde« für »seismische Meldungsgebersysteme«. Im Januar 1985 stellten die Potsdamer Physiker ihre Prototypen vor:

»Detektion: Einzelperson 3-8 Meter, LKW 40-100 Meter.« Installationspreis pro Kilometer rund 15 000 Mark. Doch auch hier blieben Probleme: »Die Unterscheidung von Personen und Tieren mit Hilfe seismischer Sensoren wurde noch nicht gelöst.«[35] Überhaupt ergaben sich beim Projekt »High-Tech-Mauer« bald größere Schwierigkeiten, die vor allem in der Rückständigkeit der elektronischen Industrie und der notorischen Finanzknappheit der DDR begründet waren. So beklagte der Chef Planungswesen des Verteidigungsministeriums im Juni 1988: »Sensoren zur Auffassung magnetischer, infraroter und akustischer Felder von Personen ..., die unter den Bedingungen dichtbesiedelter und bewachsener Gebiete zuverlässig arbeiten, sind bisher nicht bekannt.«[36]

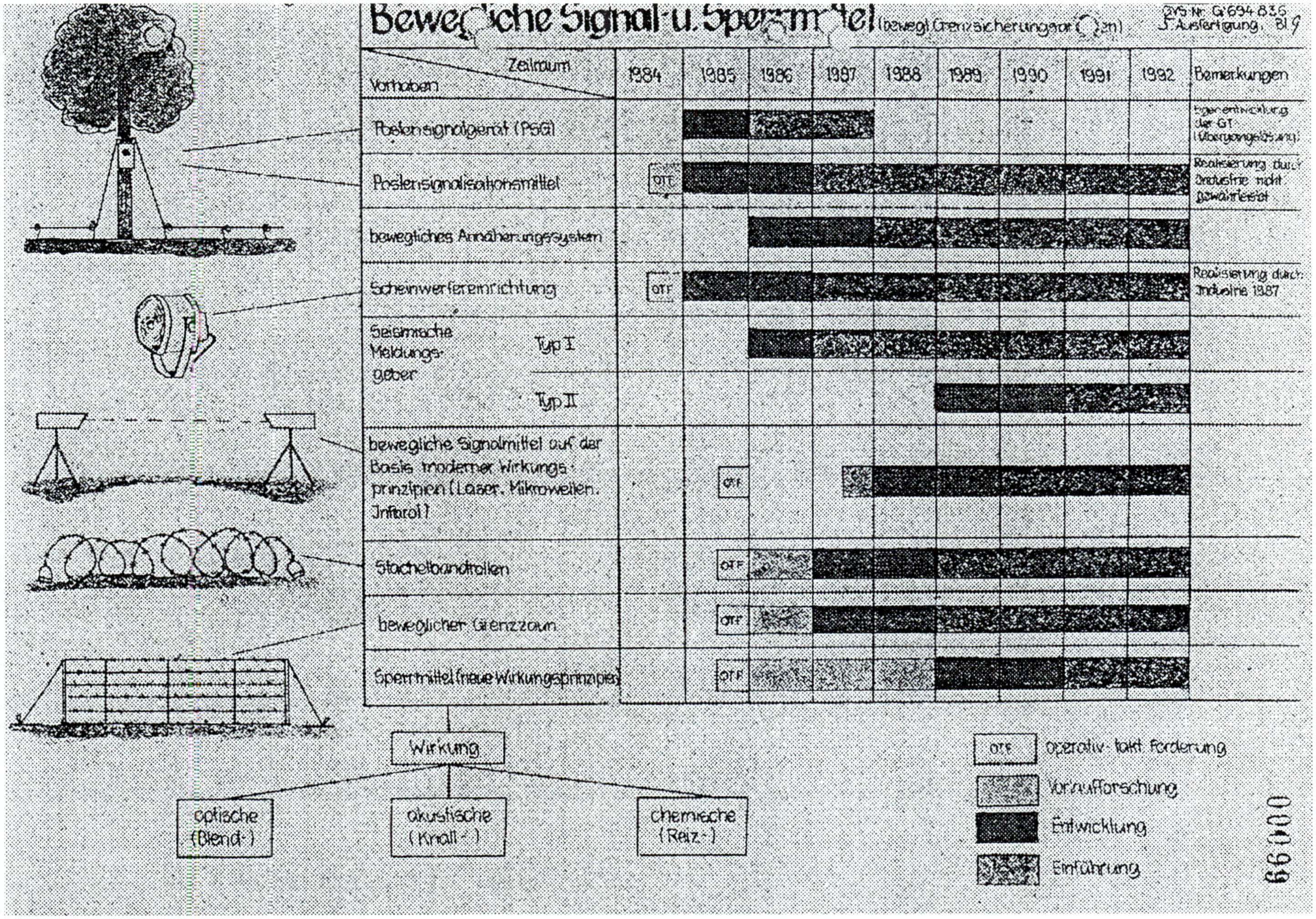

Planungsschema der Grenztruppen zum Ausbau der Grenzanlagen bis Anfang der 90er Jahre.

Vertrauliche Verschlußsache!
VVS-Nr. G 857 426, 7. Ausf., Blatt 74

1. Bezeichnung und Kurzbezeichnung

Mikrowellenschranke "Georgin" - RLD-73

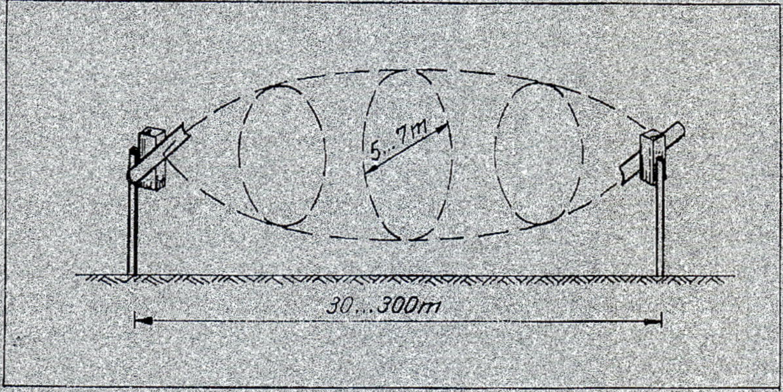

2. Militärische Zweckbestimmung

Überwachung einer Sicherungslinie im Gelände

3. Taktisch-technische Hauptparameter

- Sicherungslänge: 30 ... 300 m
- Sicherungsbreite: 5 ... 7 m
- Stromversorgung: Netz 220 V~ oder 26 V –

4. Orientierungsbedarf

5. Preisobergrenze

7,4 TRubel

6. Einführungsjahr und erforderlicher Einführungszeitraum

Jahr	1988	1989	1990
Stück	2	8	
Kosten in TRbl.	14,8	59,2	

Zum Plan einer »High-Tech-Grenze« gehörte auch diese Mikrowellenschranke »Georgin«.

Ungeachtet der sich zuspitzenden wirtschaftlichen und politischen Krise in der DDR wurden die Ausbaupläne für das Grenzregime auch 1988 und 1989 mit Nachdruck vorangetrieben. Ein Vorschlag des »Chef Technik und Bewaffnung« der Grenztruppen vom 30. Dezember 1988 enthielt einen ganzen Katalog von elektronischen Neuerungen an der »Staatsgrenze zu Berlin (West)«.[37] Kernstück war die »Grenzsignalzaunanlage 90« mit »Streckmetallsensor, Feldsensor, Energieversorgungseinrichtungen, Grenzsignalzauntor- und Wasserdurchlaßsicherung«, angeschlossen an eine rechnergestützte »zentrale Auswertungseinrichtung«.[38] Ein elektronisches »Geländeüberwachungsgerät GÜG 89« sollte ab 1993 installiert werden, wobei die Kosten für jeweils 100 Stück an der innerdeutschen Grenze mit 1,2 Millionen Mark veranschlagt wurden. Annäherungen an Sperrzäune und Mauer sollten durch eine Infrarotschranke (Stückpreis 15 000 Mark) gemeldet werden. Ab 1991 sollte der »Vibrationsmeldegeber ›Gawott‹ DS-80 W« speziell zur Überwachung von Wassersperren installiert werden. Kosten pro System: 15 500 Rubel.[39] Die Funktion des »Funkmeßaufklärungsgeräts ›Kredo‹-1 RL 133« wurde wie folgt beschrieben: »Überwachung eines Geländeabschnittes auf Betreten durch Personen bzw. Befahren mit Räder- oder Kettentechnik«. Stückpreis: rund 30 000 Rubel. Bereits für 1988/89 war die Einführung einer »Mikrowellenschranke« mit der Typenbezeichnung »Georgin-RLD-73« zur elektronischen Überwachung eines Geländeabschnittes geplant.[40]

Auch über das äußere Erscheinungsbild der Grenze machte man sich in den Kommandostäben wieder Gedanken.

Mehrfach wurde die Anpflanzung von dichten Hecken vorgeschlagen, denen man eine »hervorragende Sperrwirkung« zuschrieb.[41]

Ein heikles Thema war die Finanzierung der geplanten High-Tech-Grenze. Aus dem Verteidigungsministerium erging im Juni 1988 ein Schreiben an das Grenztruppen-Kommando, in dem das Finanzierungsproblem nachdrücklich betont wurde. Mit Entwicklung und Installation »moderner Sicherungsanlagen (sind) hohe materielle und finanzielle Aufwendungen verbunden. Dem ökonomischen Teil ist deshalb bei der Erarbeitung der Hauptrichtungen für den Zeitraum 1991-1995/2000 besondere Beachtung zu widmen.«[42] Dieser Sparsamkeits-Appell wird verständlich, wenn man die katastrophale wirtschaftliche Situation der DDR bedenkt, die 1988 vor der Zahlungsunfähigkeit stand. Dennoch enthielt der DDR-Haushalt 1989 für die Grenzsicherung noch Ausgaben in Höhe von 1,221 Milliarden Mark.[43] Allein für die Installierung der »Grenzsicherungsanlage 90 ›GSA 90‹« sollten 42,2 Millionen Mark bis 1996 aufgewendet werden.

Doch die Geschichte, vielmehr die Menschen in der DDR wollten es anders.

00285

Vertrauliche Verschlußsache!
VVS-Nr. G 857 790 /1. Ausf., Bl. 14

Aussage:

Jede Maßnahme für die der Aufwand geringer ist als 2.1 Mio M/Jahr und die zu einer Festnahme zusätzlich führt ist prinzipiell effektiv.

Beispiel

Eine zweite Abschätzung
(bezogen auf GSA)

- Wir haben 1470 km GSSZ/GSZ + GSZA 80

Aufwand: GSZA 80 70 Mio M
GSSZ/GSZ 250 Mio M
320 Mio M

≙ 32 Mio M/Jahr bei 10 NND.

Ergebnis 1988:

Nach Überwindung des GSSZ wurden von den Grenztruppen

118 Fä/149 P festgenommen

Davon in 109 Fä/135 P mit Auslösung.

Effektivität: $\frac{32,0 \text{ Mio M}}{135 \text{ P}}$ ≙ 240 TM/Ausl./Jahr

bei 5 % Erhöhung der Wirksamkeit = 7,45 Fälle bzw. Auslösungen

$= \frac{32}{142,5}$ ≙ 225 TM/Ausl./Jahr

oder anders ausgedrückt:

Der zusätzliche Aufwand von 1,76 Mio M/Jahr bei Erhöhung der Wirksamkeit um 5 % verschlechtert nicht das Aufwand-/Nutzenverhältnis.

Kosten/Nutzen-Rechnung der Grenztruppen am Beispiel des »Grenzsicherungszauns 80«.

Ein System löst sich auf

Östlich des »Eisernen Vorhangs« hatte es zu gären begonnen. Insbesondere in Polen und Ungarn wurde ab Mitte der achtziger Jahre die Kritik an den kommunistischen Staatsparteien lauter. Oppositionsgruppen fanden immer größeren Zulauf und wurden unerschrockener in ihrem Protest gegen politische Unterdrückung. In der Sowjetunion stand seit März 1985 Michail Gorbatschow an der Spitze der Kommunistischen Partei. Er machte die Begriffe »Glasnost« und »Perestroika« in aller Welt bekannt.

In Ost-Berlin aber regierten noch immer dieselben alten Männer. Politbüro-Mitglied Kurt Hager über die politischen Veränderungen in der Sowjetunion: Wenn der Nachbar seine Wohnung renoviere, müsse man noch lange nicht sein eigenes Zimmer neu tapezieren. Kein Handlungsbedarf also in der Partei- und Staatsführung der DDR.

Im Frühjahr 1989 spitzte sich die politische und ökonomische Krise des Ostblocks dramatisch zu. Als erste Staaten zogen Ungarn und Polen Konsequenzen aus dem offenkundigen Scheitern des »real existierenden Sozialismus«, indem sie die Einführung eines Mehrparteiensystems und marktwirtschaftlicher Strukturen einleiteten. Zudem waren die ungarischen Reformer nicht länger bereit, sich an der faktischen Einschließung der osteuropäischen Bevölkerung zu beteiligen. Am 2. Mai 1989 wurden die Stacheldrahtzäune an der Grenze zu Österreich durchtrennt. Der »Eiserne Vorhang«, und damit mittelbar auch die Mauer, hatte erste dauerhafte Lücken bekommen.

In den folgenden Wochen und Monaten entwickelte sich die Grenze zwischen Ungarn und Österreich für eine wachsende Zahl von DDR-Bürgern zum Schlupfloch. Am 19. August kam es bei Sopron zur größten Massenflucht von DDR-Bürgern seit dem Mauerbau. Über 600 Menschen überrannten am Rande einer politischen Veranstaltung triumphierend die Grenze nach Österreich. Die bundesdeutschen Botschaften in Budapest und Prag verwandelten sich im Spätsommer zu wahren Heerlagern von ausreisewilligen DDR-Bürgern. Am 11. September erklärte die ungarische Regierung offiziell die Öffnung der Grenze zu Österreich.

Der DDR-Führung stand das Wasser allmählich bis zum Hals. In Leipzig wurde seit Mitte September jeden Montag für gesellschaftliche Veränderungen demonstriert. Von Woche zu Woche nahm die Zahl der Demonstranten zu. Gleichzeitig signalisierte die sowjetische Führung, daß die Stabilisierung der DDR nicht auf Kosten der Moskauer Interessen gegenüber der Bundesrepublik und Westeuropa geschehen könne. »Wer zu spät kommt, den bestraft das Leben«, erklärte Michail Gorbatschow.[1]

Mauer und innerdeutsche Grenze standen zunächst nicht im Brennpunkt des Geschehens, denn die Menschen suchten ab Juli 1989 vor allem über die ungarisch-österreichische Grenze und die deutschen Botschaften in Prag, Budapest und Warschau den Weg in den Westen. Die Maßnahmen des Grenzkommandos zeigten 1989 denn auch über weite Strecken einen eher defensiven Charakter, ohne daß vom Grundsatz einer

Noch scheint die Welt in Ordnung. Grenztruppenchef Baumgarten (2.v.r) 1986 mit Politbüro-Mitglied Egon Krenz (r.).

undurchlässigen Grenze abgerückt wurde. Mit Nachdruck weiterverfolgt wurden die Pläne zur Errichtung der »High-Tech-Mauer«. Der Grundsatzbefehl 101/89 vom 12. September 1989 forderte insbesondere für die »Hauptstadt der DDR, Berlin« eine stärkere »Berücksichtigung der spezifischen Bedingungen ... Gefährdete Abschnitte mit geringer Tiefe des Grenzgebietes sind durch einen beweglichen, gestaffelten und koordinierten Kräfteeinsatz der Grenztruppen der DDR und der anderen Schutz- und Sicherheitsorgane unter Anwendung und weiterer Vervollkommnung der zweckmäßigsten Einsatzformen und -methoden zu sichern.«[2]

Unterdessen wuchs der politische und ökonomische Druck auf die Staatsführung. Als Anfang 1989 noch dem letzten SED-Machthaber klargeworden war, daß nur Kredite aus dem Westen die DDR wirtschaftlich (und damit auch politisch) würden retten können, wurden auch hinsichtlich des Grenzregimes Konsequenzen gezogen. Nichts hatte dem internationalen Ansehen der DDR seit 1961 so sehr geschadet wie Schüsse an der Mauer. Mit Befehl des Verteidigungsministers vom 3. April 1989 erging die Weisung, zur Verhinderung von Grenzdurchbrüchen die Schußwaffe nicht mehr anzuwenden, außer bei Bedrohung des eigenen Lebens oder des Lebens anderer Personen, etwa von Geiseln.

Noch zwei Monate zuvor, in der Nacht vom 5. auf den 6. Februar 1989, war der 20jährige Chris Gueffroy in Berlin-Treptow bei einem Fluchtversuch erschossen worden. Gueffroy war der letzte Flüchtling, der an der Mauer ums Leben kam. Aber auch nach dem Befehl vom 3. April 1989 fielen noch Schüsse. Als am 8. April zwei Ost-Berliner Jugendliche versuchten, durch den Grenzübergang Chausseestraße in den Westen zu sprinten, wurden sie durch den Warnschuß eines DDR-Paßkontrolleurs gestoppt und anschließend festgenommen.

Der 9. November 1989

So beiläufig wurde noch selten Weltgeschichte gemacht bzw. verkündet.

Am Abend des 9. November 1989 hält Günter Schabowski, Mitglied des Politbüros, im Internationalen Pressezentrum in der Mohrenstraße in Ost-Berlin eine Pressekonferenz, die vom DDR-Fernsehen live übertragen wird. Unter den Journalisten aus aller Welt herrscht gespannte Erwartung, da sich die Ereignisse in den vergangenen Tagen dramatisch zugespitzt haben. Erst am Vortag ist das gesamte Politbüro der SED zurückgetreten. Doch ein übermüdeter Schabowski beläßt es zunächst bei inhaltsarmen Berichten über die letzte ZK-Sitzung.

Um 18.53 Uhr kramt Schabowski auf Nachfrage eines italienischen Journalisten einen Zettel hervor und liest ihn flüchtig, unter mehrmaligem Stocken vor. Offenbar weiß er gar nicht, was auf dem Zettel steht, der ihm kurz vor Beginn der Pressekonferenz von Egon Krenz, dem Nachfolger Honeckers, zugesteckt wurde:

»Privatreisen nach dem Ausland können ohne Vorliegen von Voraussetzungen – Reiseanlässe und Verwandtschaftsverhältnisse – beantragt werden. Die Genehmigungen werden kurzfristig erteilt. Die zuständigen Abteilungen Paß- und Meldewesen der VPKÄ« – Schabowski blickt

Günter Schabowski (r.) auf der historischen Pressekonferenz am Abend des 9. November 1989.

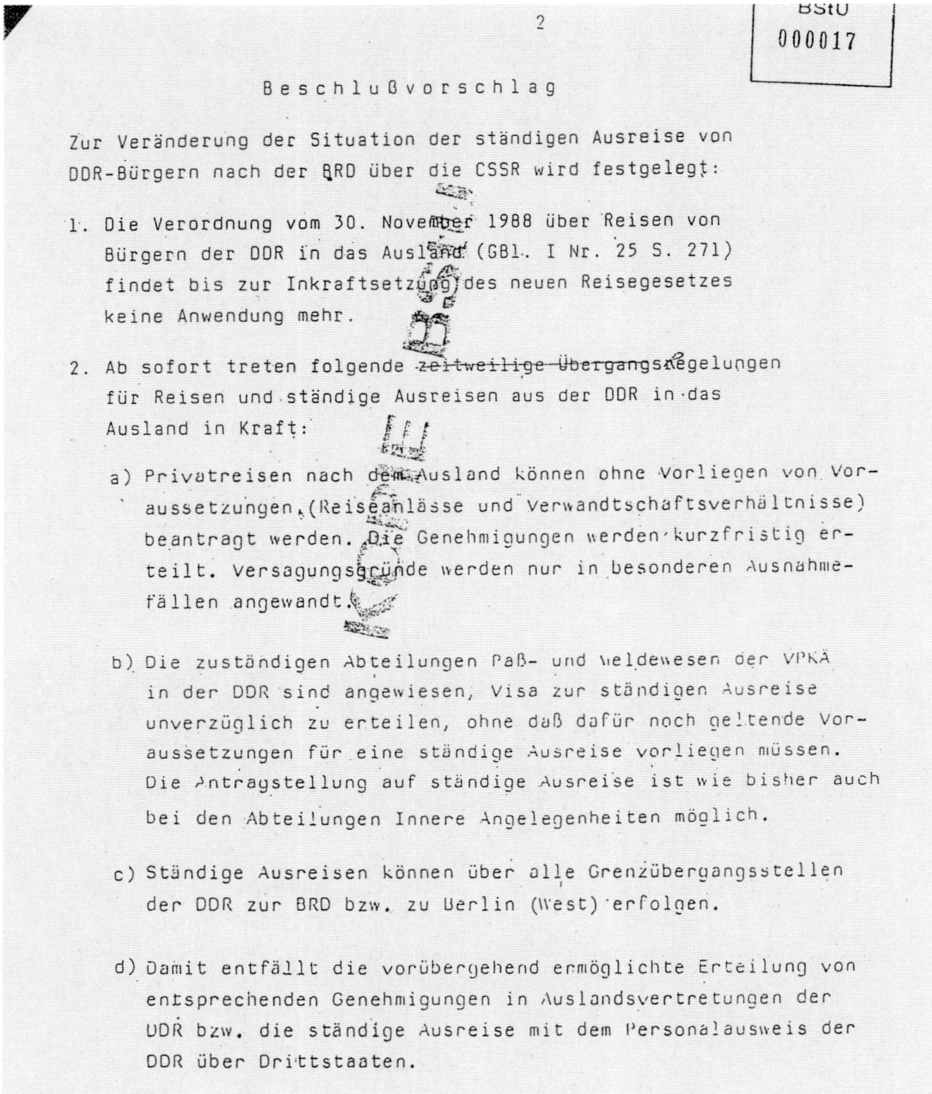

BStU
000017

2

Beschlußvorschlag

Zur Veränderung der Situation der ständigen Ausreise von DDR-Bürgern nach der BRD über die CSSR wird festgelegt:

1. Die Verordnung vom 30. November 1988 über Reisen von Bürgern der DDR in das Ausland (GBl. I Nr. 25 S. 271) findet bis zur Inkraftsetzung des neuen Reisegesetzes keine Anwendung mehr.

2. Ab sofort treten folgende ~~zeitweilige Übergangs~~Regelungen für Reisen und ständige Ausreisen aus der DDR in das Ausland in Kraft:

   a) Privatreisen nach dem Ausland können ohne Vorliegen von Voraussetzungen (Reiseanlässe und Verwandtschaftsverhältnisse) beantragt werden. Die Genehmigungen werden kurzfristig erteilt. Versagungsgründe werden nur in besonderen Ausnahmefällen angewandt.

   b) Die zuständigen Abteilungen Paß- und Meldewesen der VPKÄ in der DDR sind angewiesen, Visa zur ständigen Ausreise unverzüglich zu erteilen, ohne daß dafür noch geltende Voraussetzungen für eine ständige Ausreise vorliegen müssen. Die Antragstellung auf ständige Ausreise ist wie bisher auch bei den Abteilungen Innere Angelegenheiten möglich.

   c) Ständige Ausreisen können über alle Grenzübergangsstellen der DDR zur BRD bzw. zu Berlin (West) erfolgen.

   d) Damit entfällt die vorübergehend ermöglichte Erteilung von entsprechenden Genehmigungen in Auslandsvertretungen der DDR bzw. die ständige Ausreise mit dem Personalausweis der DDR über Drittstaaten.

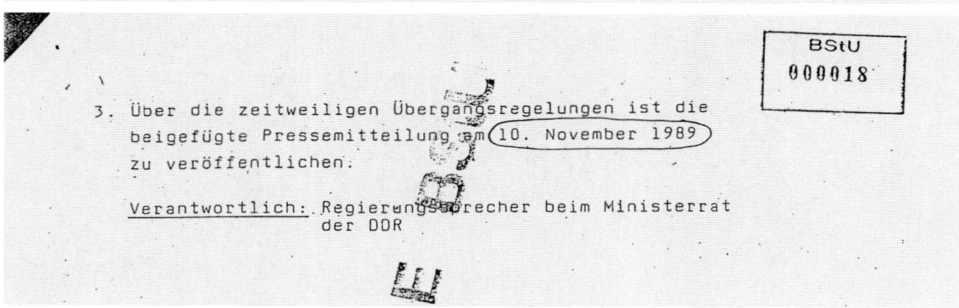

BStU
000018

3. Über die zeitweiligen Übergangsregelungen ist die beigefügte Pressemitteilung am 10. November 1989 zu veröffentlichen.

Verantwortlich: Regierungssprecher beim Ministerrat der DDR

Der von Schabowski verlesene »Zettel«, der am 9. November den Fall der Mauer einleitete.

auf – »der Volkspolizeikreisämter – in der DDR sind angewiesen, Visa zur ständigen Ausreise unverzüglich zu erteilen, ohne daß dabei noch geltende Voraussetzungen für eine ständige Ausreise vorliegen müssen.«

Raunen im Saal. Was soll das heißen? »Privatreisen«, »Reiseanlässe«, »kurzfristige Genehmigungen«? Unter den Journalisten herrscht Verwirrung. Auch Günter Schabowski auf dem Podium hat offenbar Mühe zu verstehen, was er da verlesen hat.

Frage: »Gilt das auch für West-Berlin?«

Schabowski zuckt mit den Schultern, wühlt in seinen Papieren: »Also (Pause) – doch, doch.« Dann liest er weiter vor: »Die ständige Ausreise kann über alle Grenzübergangsstellen der DDR zur BRD bzw. zu Berlin-West erfolgen.«

Frage: »Wann tritt das in Kraft?«

Wieder kramt Schabowski etwas ratlos in seinen Papieren: »Das tritt nach meiner Kenntnis ... ist das sofort, unverzüglich.«

Weitere Fragen wehrt er ab mit der Formel: »Ich habe nichts Gegenteiliges gehört.«[3]

Um 19.04 Uhr verbreitet die DDR-Nachrichtenagentur ADN den von Schabowski verlesenen Beschlußtext. Die »Tagesschau« bringt um 20.00 Uhr als Top-Meldung »DDR öffnet Grenze!« Viele Ost-Berliner erfahren in dieser Darstellung von den Aussagen Schabowskis. Was am 9. November 1989 in Berlin weiter geschieht, speist sich aus vielen Quellen: dem Hoffen und Drängen der Menschen, den Interpretationen und Spekulationen der Medien, der Verunsicherung der SED-Führung, der Ratlosigkeit eines Grenzregimes ohne Befehle. Es ist ein historischer Augenblick, in dem in rasender Geschwindigkeit Vermutungen zu Tatsachen, Mißverständnisse zu Informationen, in dem vor allem Erbitterung und Hoffnungen der Ost-Berliner zur Tat und Freiheitswünsche Wirklichkeit werden.

Ein junger Mann sitzt an diesem Abend mit Kollegen in einem Ost-Berliner Tanzcafé am Baumschulenweg. »Wir haben ein bißchen ... getrunken, und da kam die Kellnerin an den Tisch und sagte: ›Mensch, die Grenze is uff, das hab ich in den Nachrichten gehört.‹ Ich sage: ›Nu komm, hör uff.‹ Sagt die: ›Warte mal, ick hab den Schluß uffjenommen.‹ Da holt sie ihr Tonband, spielt das ab. Und auf einmal, die ganze Kneipe, ruckizucki an den ganzen Tischen: Zahlen, zahlen, zahlen.«[4]

Am Grenzübergang Bornholmer Straße haben sich um 20.30 Uhr schon mehrere hundert Menschen versammelt, aufgescheucht durch die Nachrichten in Radio und Fernsehen. Einige verlangen von den Grenzern Durchlaß, andere sind gekommen, um erstmal zu sehen, »was eigentlich los ist«. Von Minute zu Minute schwillt die Menge weiter an. Auch in der Invalidenstraße und der Sonnenallee strömen zu diesem Zeitpunkt immer mehr Ost-Berliner zu den Grenzübergängen. Ebenso wächst auf West-Berliner Seite an den Übergängen die Zahl derer, die sich die weitere Entwicklung mit eigenen Augen ansehen wollen.

Der Druck auf die Grenzsperren nimmt zu. Die Kommandeure und Grenzposten sind nervös und verunsichert. Keiner hat ihnen gesagt, wie sie sich zu verhalten haben. Gegen 21.00 Uhr fordert die Menge an der Bornholmer Staße lautstark die Öffnung des Schlagbaums; der Rückstau von Autos

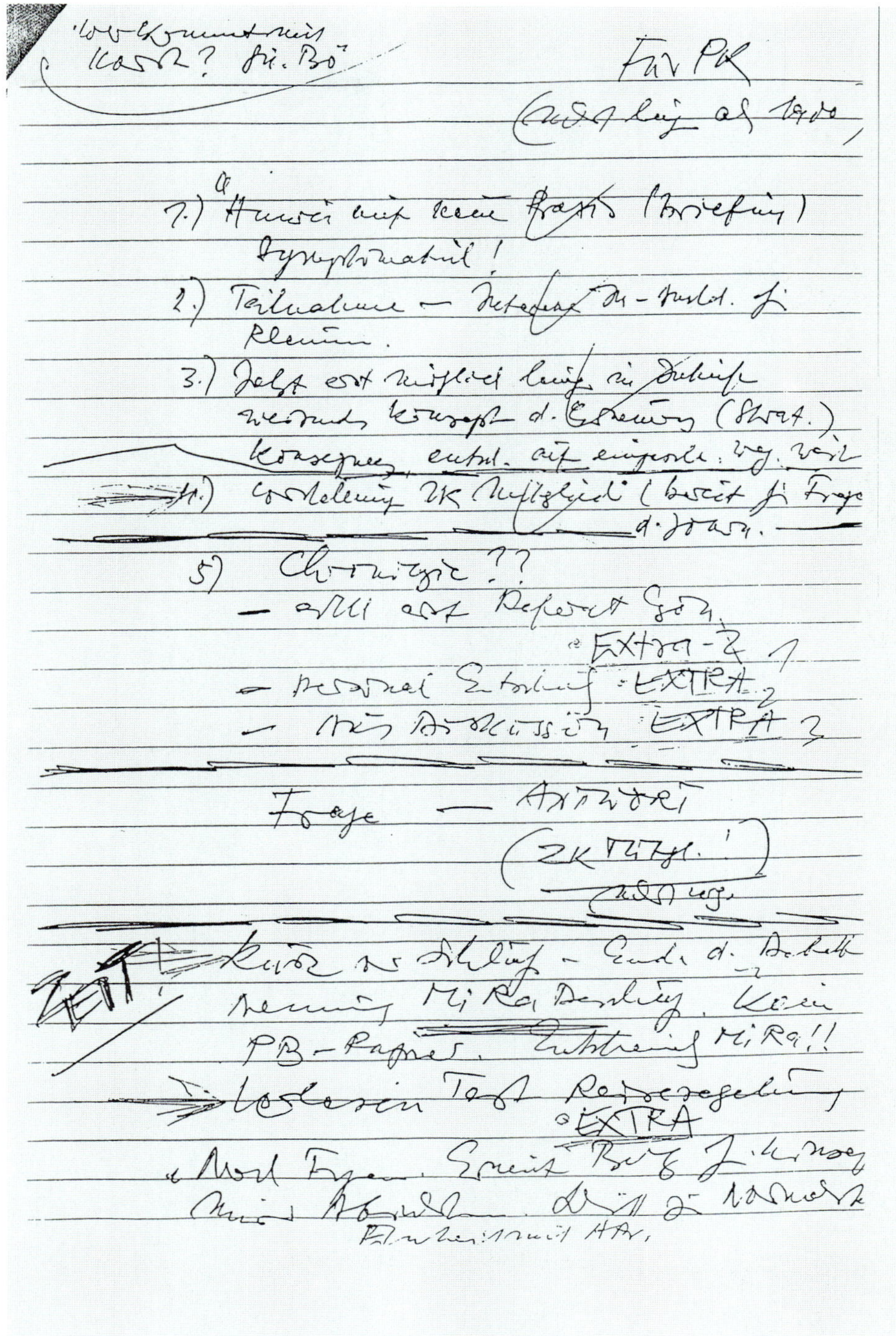

Notizen von Günter Schabowski zur Ablauf-Planung seiner Pressekonferenz am 9. November. Unten: »Verlesen Text Reiseregelung EXTRA Noch Fragen«.

Die Grenzen sind offen. Trabis und jubelnde Menschen an der Bornholmer Brücke.

reicht mittlerweile über einen Kilometer weit. Als die Lage immer gespannter wird, greift Oberstleutnant Jäger, an diesem Abend diensthabender Chef der Grenzübergangsstelle Bornholmer Straße, erneut zum Telefon, erläutert seinem Vorgesetzten, MfS-Oberst Ziegenhorn, die Situation und verlangt Instruktionen. Nach Rücksprache mit Generalleutnant Neiber, dem stellvertretenden Stasi-Chef, erteilt Ziegenhorn folgende Anweisung: Die »aufsässigsten« Personen sollten durchgelassen werden, nachdem in ihren Ausweis ein Stempel halb übers Paßbild gemacht worden ist. Die Betreffenden sollen nicht wieder zurückgelassen werden – heimliche Ausbürgerung. »Ventil-Lösung« nennen das die DDR-Grenzer.

Doch das Konzept geht nicht auf. Immer energischer fordert die wachsende Menge »Tor auf! Tor auf!« Um 22.30 Uhr ruft Jäger erneut seinen Vorgesetzten an: »Es ist nicht mehr zu halten. Wir müssen die GÜST aufmachen. Ich stelle die Kontrollen ein und lasse die Leute raus.«[5]

Tausende Menschen strömen nun über die Bornholmer Brücke nach West-Berlin. Auch in der Sonnenallee und der Invalidenstraße sind kurze Zeit später die Sperren unter dem Ansturm der Menschen gefallen.

Ein Mann trägt unterm Mantel nur einen Pyjama. »Wir wohn'n Bornholmer Straße, im Osten ... Ick wa schon inne Heia, die Alte jeht noch mit'm Hund runta, kommt ruff und sagt: Mensch, du, die jehn alle nach'n Westen! Ick nischt wie anjezogen und rüber.«[6]

Am Checkpoint Charlie, seit 28 Jahren immer wieder Schauplatz dramatischer Ereignisse und direkter Konfrontationen, haben sich im Laufe des Abends auf beiden Seiten mehrere hundert Menschen versammelt. Als der Druck auf die Grenzsperren von Ost und West immer größer wird, versucht es der GÜST-Kommandant mit einer defensiven Maßnahme. Gegen 23.00 Uhr läßt er alle verfügbaren Absperrungen und Rollgittertore schließen. Nun tönt es vielhundertfach von Westen: »Laßt uns rein!«, von Osten: »Laßt uns raus!« Kurz vor Mitternacht gibt der Kommandant dem Druck nach. Auch am Checkpoint Charlie öffnen sich die Absperrungen.

Um 00.02 Uhr stehen laut Lagebericht der Ost-Berliner Polizei sämtliche Grenzübergänge in der Stadt offen. Die Mauer ist gefallen.[7]

Die meisten Ost-Berliner sind vom Fall der Mauer und der neuerrungenen Freiheit schier überwältigt. Jubelnd, viele mit Tränen in den Augen, drängen sie durch die Sperranlagen und werden von West-Berlinern begeistert gefeiert. Wildfremde Menschen liegen sich in den Armen. Stoßstange an Stoßstange bewegen sich Trabis und Wartburgs im Strom der jubelnden Menge nach West-Berlin. Ihre Gefühle können die Menschen nur schwer in Worte fassen. »Wahnsinn!« ist das meistgehörte Wort in dieser Nacht. Ein Trabi-Fahrer kurbelt im Überschwang der Gefühle die Scheibe runter: »Ick fass' mir pausenlos an' Kopp. Ick fahr mit der Karre übern Kurfürstendamm.«[8] An den Grenzübergängen fließt der Sekt. Fast ganz Berlin ist auf den Beinen und feiert.

Bei den verantwortlichen Politikern in West-Berlin verbindet sich in dieser Nacht die Freude über die Öffnung der Grenze mit Besorgnis um die Entwicklung in den folgenden Stunden. Werden Grenztruppen und Armee der DDR weiter ruhig bleiben, wird West-Berlin den Ansturm der Menschen aus Ost-Berlin verkraften?

Der Regierende Bürgermeister Walter Momper fährt kurz nach Mitternacht zur Invalidenstraße. Dort drängen sich mittlerweile so viele Menschen und Autos, daß es kein Vor und Zurück mehr gibt. DDR-Grenzposten und West-Berliner Polizei haben völlig die Übersicht verloren. Über Polizeilautsprecher äußert Momper seine Freude über den Mauerfall und appelliert zugleich an die Menschen, ruhig und besonnen zu bleiben. Mit einiger Mühe gelingt es ihm, vom West-Berliner Polizeihäuschen aus mit den westlichen Stadtkommandanten telefonischen Kontakt zu bekommen. Nun erhält er auch die Erlaubnis für die West-Berliner Polizei, die weiße Grenzlinie zu überschreiten, um die Ströme von Menschen und Autos wirksam regeln zu können. Parallel dazu versucht der Chef der West-Berliner Senatskanzlei, Dieter Schröder, westliche Diplomaten und Militärs zu animieren, sich an der Grenze mit eigenen Augen ein Bild von den Geschehnissen zu machen – vergeblich. »Fast alle wollten lieber in ihren Betten bleiben.«[9] Nicht anders als 28 Jahre zuvor.

Am Brandenburger Tor, dem symbolträchtigsten Ort des geteilten Berlin, erklettern um 23.30 Uhr mehrere Personen von West-Berlin aus die dort etwa einen Meter breite Mauerkrone. Mit Wasserschläuchen werden sie von DDR-Grenzposten vertrieben. Doch kurz vor Mitternacht gibt es auch hier kein Halten mehr. Hunderte ausgelassene Menschen stehen dicht gedrängt auf der Mauer und feiern den Fall der Grenzen. Inzwischen kommen auch von Osten, Unter den Linden, mehrere hundert Personen auf die Sperranlagen zu und laufen durch das 28 Jahre lang hermetisch abgeriegelte Brandenburger Tor. Ein wahrhaft erhebendes Gefühl. »Es ist ein sinnliches Erlebnis wie eine Erstbesteigung. Mancher streichelt den kalten Stein.«[10]

Grenztruppen-Major Helmut H. erfährt in seiner Wohnung vom Mauer-Fall. »Ich hatte Urlaub gehabt am 9. November. Wir wohnten ja direkt an der Straße, die zum Grenzübergang Sonnenallee führte. Nachts war da plötzlich ein Lärm. Ich dachte, der Krieg ist ausgebrochen, wir haben alles vom Balkon aus gesehn, ich dachte, mich laust der Affe, Autos in Dreierreihen, Massen von Leuten, da liefen welche rum und verteilten Anträge auf Ausreise. Wir hatten am Abend die Pressekonferenz mit Schabowski gesehen, aber was der da erzählt hat, haben wir überhaupt nicht richtig verstanden.«[11]

Grenztruppen-Oberstleutnant Hans-Jürgen D. befindet sich an diesem Abend ganz in der Nähe des dramatischen Geschehens, er sitzt in der Oper. »Am 9. November hatte ich zum ersten Mal seit Wochen von meinem Chef die Erlaubnis, mich von zu Haus zu entfernen ... Dann habe ich den Abend mit meiner Frau in der Komischen Oper verbracht und mich gewundert, daß die Oper halbleer war, obwohl sie sonst immer ausverkauft war. ... Ich hatte vorher im Fernsehen Nachrichten gehört, und ich hatte diesen Schabowski gesehen, der ... einen Zettel hervorzog und irgendwas mitteilte, daß die Ausreise nun auch über unsere Grenzen möglich wäre, und das war für mich eigentlich nicht begreiflich.« Am Morgen des 10. November wird D. zum Brandenburger Tor befohlen. »Dort gab es kein Niemandsland wie anderswo, es war die dickste Stelle der Mauer, ... denn das war

Hauptabteilung VI Berlin, 09.11.89
PKE Fri.-Zi.-Str.

Rapport

für die Zeit vom 09.11.89, 07.00 Uhr bis 10.11.89, 07.00 Uhr

Frühdienst	07.00 Uhr	bis	15.00 Uhr	4.Zug	Mjr.	[redacted]
Spätdienst	15.00 Uhr	bis	23.00 Uhr	1.Zug	Mjr.	[redacted]
Nachtdienst	23.00 Uhr	bis	07.00 Uhr	2.Zug	Hptm.	[redacted]

Wet~~terlage~~: teilweise Niederschlag, 11 Grad

Erscheinungen und Vorkommnisse aus dem Reiseverkehr:

o7.5o Uhr DDR-Bürger mit PA fragt im Bereich 7 ob Ausreise mit PA möglich ist
Schulze Gerald
21.1o.55 Magdeburg 4 12242
Prenzlauer Berg Rainerstr. 34
Informatiker
Maßnahmen : - Gen. Bochmann mit Bürger i.Bereich 7 gesproch
auf Notwendigkeit Reisepaß verwiesen
Bürger bedankt sich für Auskunft

09.00 Uhr bis 12.00 Uhr Abfertigung Besatzerverkehr über KOM-Platz

10.45 Uhr Einreise Personengruppe/GB/57 Personen/Studenten/Stadtbesuch
OLZ-Olovius verst.

14.50 Uhr bis 15.40 Uhr Abgertigung Besatzerverkehr über KOM- Platz

21.33 Uhr OLZ/HA VI - Petruschke
- alle Mitarbeiter (außer weibliche) haben sich entsprechend Auftrag an der Dienststelle einzufinden
- Nachfrage, ob "entsprechend Auftrag" oder an die Güst ergab, daß alle an der Güst erscheinen sollen
- 21.45 Uhr waren alle in Betracht kommenden MA informiert

Die Nacht vom 9. auf den 10. November 1989 im »Rapport« der Grenzübergangsstelle Friedrichstraße.

eigentlich eine Panzersperre, es wäre kein Panzer dort durchgekommen. ... Es war schon sehr ergreifend für mich, dort oben zu stehn, wo sich Tausende von Menschen aus Ost und West konzentriert hatten. Zu diesem Zeitpunkt hat eine Staatsmacht nicht mehr existiert. Unsere Generale hatten die Waffen einsammeln lassen, das war sehr vernünftig, denn es gab keine Führung mehr von oben ... Von oben kam nichts mehr. ... Eins stand fest, unser Kommandeur hatte gesagt, sowie eine Masse kommt, gehn wir zurück, und dann geht alles auf, es wird niemand Widerstand leisten, damit kein Blut fließt.«[12]

Die Grenztruppen der DDR waren auf die sich überstürzenden Ereignisse am Abend des 9. November 1989 in keiner Weise vorbereitet. Für Kommandeure und Truppen kamen die von Schabowski verkündete Reiseregelung und die sich anschließende Entwicklung völlig überraschend. Auch Generalmajor Dieter Teichmann, als Chef des Stabes am 9. November oberster Befehlshaber der Grenztruppen – Grenztruppenchef Klaus-Dieter Baumgarten saß in der ZK-Sitzung –, erfuhr davon erst aus dem Fernsehen. Als in den folgenden Minuten und Stunden die in Pätz, dem Sitz des Kommando-Stabes, eintreffenden Lagemeldungen immer dramatischer klangen, gab er gegen 22.30 Uhr, nach eigenen Angaben ohne Absprache mit dem MfS, die Weisung zur Öffnung der Übergänge.

Baumgarten erhielt die Nachricht von der Zuspitzung an den Grenzübergängen am Abend des 9. November im Verteidigungsministerium in Strausberg, wohin er nach der ZK-Sitzung gefahren war. Von den Ereignissen völlig überrascht, war er zu keiner konkreten Weisung fähig. Die Führungsspitze von NVA und

Grenztruppen hatte am 9. November offenkundig keinerlei Überblick mehr über die Lage. Ohne Beschlüsse ging man um 1.00 Uhr auseinander. Der Chef des Stabes der Grenztruppen, Generalmajor Dieter Teichmann, beklagte sich später heftig über mangelnde Informationen: »Uns fehlte so jede Möglichkeit, notwendige Vorbereitungen an der Grenze zu treffen. ... Für mich war das zunächst unfaßbar, übers Fernsehen von der Grenzöffnung zu erfahren.«[13]

Die Möglichkeit eines gewaltsamen Einschreitens gegen die von Osten andrängenden Menschen schlossen die GÜST-Kommandanten jeweils in eigener Entscheidung aus. Allen war klar, was der diensthabende Offizier der Grenztruppen im Bereich Bornholmer Straße, Manfred Sens, so formulierte: »Wenn die Massen ins Rennen kommen und wir schießen, dann hängen wir da vorne am Fahnenmast.«[14] Die Besatzung der Grenzübergangsstellen bestand aus 15 Angehörigen der Paßkontrolleinheit (MfS), fünf Grenzsoldaten und 18 Zollkontrolleuren. An Waffen verfügten sie über jeweils eine Pistole pro Mann, insgesamt acht Maschinenpistolen mit 24 Magazinen à 40 Schuß Munition. Hinzu kam die Bewaffnung der Grenztruppen.

Nicht wenige Angehörige der Grenztruppen empfanden Wut und Enttäuschung. Und sie machten aus ihrem Herzen keine Mördergrube: »Die Ereignisse vom 9.11.1989 bzw. 10.11.1989 betrachten wir schlichtweg als Verrat und Hohn gegenüber den Leistungen der Schutz- und Sicherheitsorgane, insbesondere der Grenztruppen. Ohne uns in Kenntnis zu setzen, wurden Entscheidungen getroffen, die uns zwangen, alle militärischen und parteilichen Prinzipien aufzugeben«, heißt es in einer Protestresolution des Grenzregiments 36 vom 10. November 1989.[15] Tatsächlich fühlten sich die Kommandostellen von NVA und Grenztruppen von den anstehenden Änderungen der Reiseregelungen zunächst nicht direkt betroffen. Wer die Grenze passieren durfte und wann, das war Angelegenheit der Paßkontroll-Einheiten, die dem MfS unterstanden.

Viele Grenztruppen-Offiziere äußerten später ihre Enttäuschung darüber, wie schnell die politische Führung der DDR »von der Bildfläche verschwand«: »Dabei waren sie am 7. Oktober noch überzeugt, die Mauer steht noch hundert Jahre, obwohl an diesem 40. Jahrestag der DDR schon Losungen an den Häusern erschienen waren, daß die Menschen nicht mehr wollten ... Naja, und dann war plötzlich die Grenze offen, und die, für die wir sie jahrelang bewacht haben, waren in der Versenkung verschwunden.«[16]

Unverkennbar hatte aber auch, anders als der Tenor jener Protestresolution des Grenzregiments 36 vermuten läßt, die Moral bei vielen Angehörigen der Grenztruppen in den vorangegangenen Wochen und Monaten schwer gelitten. Immer mehr Grenzsoldaten und Offiziere sahen im »zuverlässigen Schutz der Grenze« kaum noch einen Sinn. In den Grenzregimentern wuchs der Diskussi-

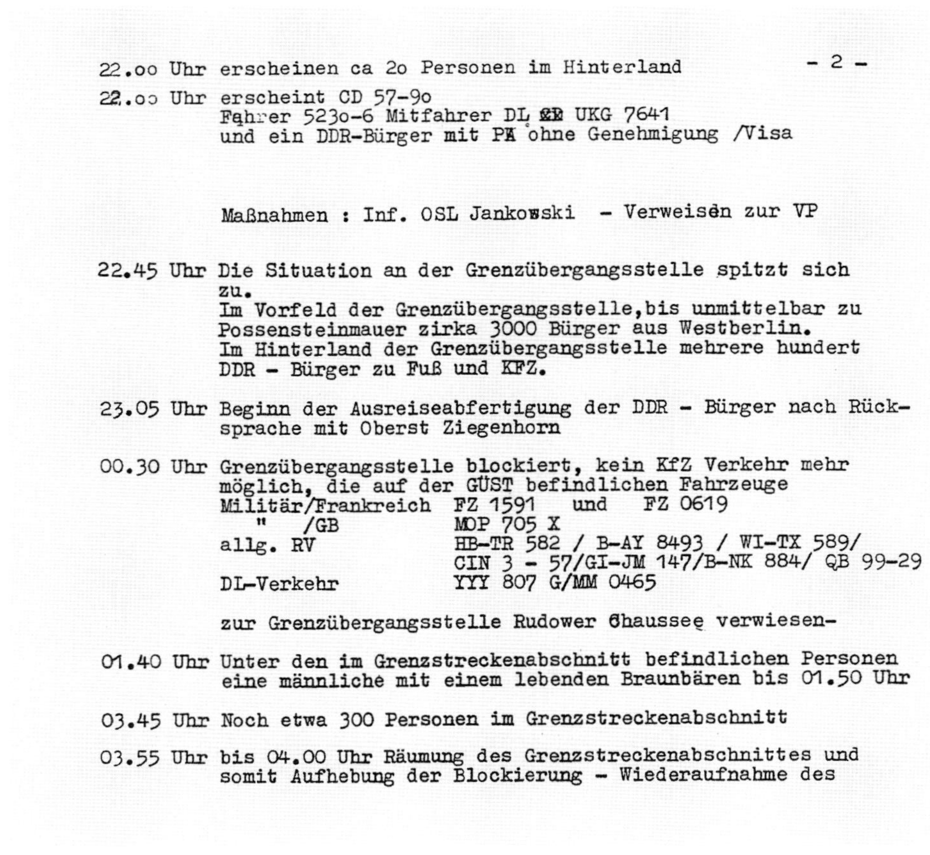

- 2 -

22.oo Uhr erscheinen ca 2o Personen im Hinterland

22.oo Uhr erscheint CD 57-9o
Fahrer 523o-6 Mitfahrer DL UKG 7641
und ein DDR-Bürger mit PA ohne Genehmigung /Visa

Maßnahmen : Inf. OSL Jankowski – Verweisen zur VP

22.45 Uhr Die Situation an der Grenzübergangsstelle spitzt sich zu.
Im Vorfeld der Grenzübergangsstelle, bis unmittelbar zu Possensteinmauer zirka 3000 Bürger aus Westberlin.
Im Hinterland der Grenzübergangsstelle mehrere hundert DDR – Bürger zu Fuß und KFZ.

23.05 Uhr Beginn der Ausreiseabfertigung der DDR – Bürger nach Rücksprache mit Oberst Ziegenhorn

00.30 Uhr Grenzübergangsstelle blockiert, kein KfZ Verkehr mehr möglich, die auf der GÜST befindlichen Fahrzeuge
Militär/Frankreich FZ 1591 und FZ 0619
" /GB MOP 705 X
allg. RV HB-TR 582 / B-AY 8493 / WI-TX 589/ CIN 3 – 57/GI-JM 147/B-NK 884/ QB 99-29
DL-Verkehr YYY 807 G/MM 0465

zur Grenzübergangsstelle Rudower Chaussee verwiesen-

01.40 Uhr Unter den im Grenzstreckenabschnitt befindlichen Personen eine männliche mit einem lebenden Braunbären bis 01.50 Uhr

03.45 Uhr Noch etwa 300 Personen im Grenzstreckenabschnitt

03.55 Uhr bis 04.00 Uhr Räumung des Grenzstreckenabschnittes und somit Aufhebung der Blockierung – Wiederaufnahme des

»Die Situation spitzt sich zu ...«: Darstellung der Ereignisse im »Rapport« der Hauptabteilung VI.

onsbedarf. Die Kommandoebene allerdings schwieg zu alldem.[17]

Am 10. November – die »Nacht der Nächte« war vorüber und ganz Berlin weiter in Hochstimmung – ordneten Parteichef Krenz und Verteidigungsminister Keßler militärische Vorsichtsmaßnahmen an. Es wurde eine »operative Führungsgruppe« gebildet, die laufend Informationen über die Situation an den offenen Grenzen sammeln, die »Lage des Gegners« einschätzen und »Vorschläge für gesamtstaatliche Führungsentscheidungen« vorbereiten sollte.[18] Weitgehend unklar blieb jedoch, wogegen diese Entscheidungen sich richten, was sie verhindern sollten. Erkennbar war das Bemühen der DDR-Führung, das unkontrollierte Auseinanderdriften der einzelnen Machtzentren (Partei, Staatsorgane, Armee, Grenztruppen, Staatssicherheit) zu verhindern und die Initiative wieder an sich zu reißen. Dazu gehörten auch Mobilmachungsmaßnahmen, denen allerdings keine weitergehenden Planungen, etwa die Grenze unter Militäreinsatz wieder dichtzumachen, zugrunde lagen. Im nachhinein bestritt u.a. der stellvertretende Verteidigungsminister Fritz Streletz mit Nachdruck, daß eine derartige Möglichkeit nach dem 9. November je in Betracht gezogen worden sei.[19] So wurde in den frühen Morgenstunden des 10. November etwa für die 1. Mot. (Motorisierte) Schützendivision in Potsdam (rund 10 000 Mann, drei Panzerregimenter, 1 Artillerie-Regiment, 1 Flak-Raketenregiment) und das in Lehnin stationierte Luftsturmregiment 40 (600 Mann) erhöhte Gefechtsbereitschaft befohlen. Letzteres war ein Elite-

Anlage zum Rapport — Berlin, den 09.11.89

Ankunft:	Abgang:	Personen Demo. u.a.m.	Sachverhalt/Handlung:	Meldung: DHO	OLZ
20.10		ca. 10 Pers. von "Café Adler"	- mit Tablett (Sekt, Kaffee) bis SP 1 - wollten anstoßen - verwiesen		
20.10	20.35 Uhr	"Theater"	- ca. 20 Pers. mit HILDEBRANDT - üblicher Ablauf		
20.55		5 Teams (Kam.) Pressefotogr. u. ca. 50 Schaulustige	- halten sich auf Tribüne und am "Sekt-Schild" auf		
21.00		D 101(Dirk)	- am Sekt.-Schild (ohne Handlungen)	Simon	Petruschke
22.05		60-70 Pers. 1 ml. Pers. Auskunftsers. nach Regelungen	- auf Terr. d. DDR - verwiesen auf WB-Gebiet - kamen dem nach	[illegible]	Hauer/OLZ
22.30		Zurückdrängen der Pers.-Ans. (120 Pers.) auf WB-Gebiet	- 23 Sich-Kräfte der GT bilden Sperrkette ca. 5-6 m hinter Grenzmark. - güV bei uns gewährleistet - auf WB- Gebiet teilw. Behinderungen	Simon	Petruschke
22.50		1 MTW /10 Pers. halten E/A Spur frei	ca. 120 Personen Richtung Kochstr. zurückbegeben.	Simon	Petruschke
22.52			Sicherungskräfte werden zurückgezogen.	Simon	Petruschke

»10 Personen – mit Tablett (Sekt, Kaffee) – wollen anstoßen – verwiesen ...«.

regiment, im Straßenkampf ausgebildet und mit leichten Geschützen, Granatwerfern und Panzerabwehrraketen ausgerüstet. Gegen Mittag des 10. November erging von Streletz mündlich folgender Befehl: »Die 1. MSD hat bei Notwendigkeit bereit zu sein, mit Teilen des Personalbestandes ohne Panzer, Artillerie und schwere Technik, als Mot.-Schützenkräfte die Grenztruppen bei der Aufrechterhaltung der Ordnung und Sicherheit an der Staatsgrenze der DDR zu West-Berlin zu unterstützen.«[20] Unklar blieb jedoch, was »Ordnung und Sicherheit« in der damaligen Situation konkret heißen und welche konkreten Ziele verfolgt werden sollten.

Im gesamten Grenzkommando Mitte (11 500 Mann) herrschte seit dem 10. November, 00.20 Uhr, also kurz nach dem Fall der Mauer, erhöhte Gefechtsbereitschaft. Es galt die NVA-Direktive, »Maßnahmen zur Verstärkung der Grenzsicherung und zur Erhöhung ihrer Bereitschaft zum Übergang zur gefechtsmäßigen Grenzsicherung sowie zur Erfüllung von Gefechts- und Mobilmachungsaufgaben« zu ergreifen.[21] Das beinhaltete die Ausgabe von Munition und Aktivierung von Waffen und Fahrzeugen.

Auch das Ministerium für Staatssicherheit wurde am 10. November in erhöhte Alarmbereitschaft versetzt. Ab sofort hatten alle verfügbaren MfS-Angehörigen »aufgrund der Lage ... bis auf Widerruf in den Diensteinheiten bzw. Einsatzobjekten zu verbleiben.«[22]

Mit dem Bestand der 1. MSD, des Luftsturmregiments 40, des Grenzkommandos Mitte und des zum MfS gehörenden Wachregiments »Feliks Dzierzynski« (11 400 Mann) standen insgesamt 30 000 Mann in Gefechtsbereitschaft.

Die Geschichte eines Zettels

Die SED-Führung wurde von den Ereignissen des 9. November förmlich überrollt. »Wer hat uns das nur eingebrockt?« fragte am Morgen des 10. November ein sichtlich niedergeschlagener SED-Chef Krenz in die Runde. Natürlich fühlte Günter Schabowski sich angesprochen, wenn auch niemand der Anwesenden ihm direkt Vorwürfe machte. In der Tat eine interessante Frage: Was hatte es eigentlich auf sich mit jenem ominösen Zettel, den Schabowski am 9. November stockend vorgelesen und damit das indirekte Signal zum Fall der Mauer gegeben hatte?

Welche Konsequenzen die Öffnung der Grenzen haben würde, darüber waren sich im übrigen fast alle Funktionsträger in der DDR mehr oder minder im klaren. Zwischen Generaloberst Karl-Heinz Wagner, Chef des Stabes des Innenministeriums, und MfS-Oberst Hans Joachim Krüger ist folgender Dialog überliefert, nachdem sie sich in der Nacht vom 9. auf den 10. November ein Bild von der Lage an der Grenze gemacht hatten:

»Krüger: ›Karl-Heinz, das sieht schlimm aus!‹
Wagner: ›Es sieht schlimm aus. Soll ich dir mal was sagen?‹
Krüger: ›Na, sag's!‹
Wagner: ›Der Sozialismus ist verloren. Sieh' in die Augen der Menschen: Wir haben kein Hinterland mehr!‹«[23]

Unstrittig ist, daß die DDR-Führung angesichts der explosiven Stimmungslage in der Bevölkerung und des wachsenden Drucks der Straße – der Leipziger »Montagsdemonstrationen« und der Massendemonstration in Ost-Berlin am 4. November – keine Alternative zur Liberalisierung der Reisebestimmungen, faktisch zur Öffnung der Grenze mehr gesehen hatte. Allerdings sollte dies unter genauer Kontrolle des Regimes, nach vorgegebenem Zeitplan und unter voller Wahrung der staatlichen Souveränität der DDR geschehen. Zusätzlich setzte die CSSR, die seit Wochen einen gewaltigen Flüchtlingsstrom zu bewältigen hatte, die SED-Führung unter Zugzwang. Der am 6. November veröffentlichte Entwurf für ein neues Reisegesetz war wegen seiner bürokratischen Beschränkungen auf wütende Ablehnung in der Bevölkerung gestoßen.[24]

Nach hektischen, streckenweise konfusen Diskussionen in den Führungsgremien von Partei und Staat war an das Ministerium für Staatssicherheit der Auftrag zur Vorbereitung eines neuen Reisegesetzes ergangen. Am 7. November legte Generalleutnant Gerhard Neiber, Stellvertreter des Stasi-Chefs Mielke, einen Entwurf vor, demzufolge »ständige Ausreisen« (d. h. Übersiedlung in die BRD, d. Verf.) nach Visaerteilung genehmigt werden sollten, »ohne daß dafür noch geltende Voraussetzungen ... vorliegen müssen«.

Am Morgen des 9. November dann setzten sich vier hohe Offiziere, zwei vom Ministerium für Staatssicherheit, zwei vom Innenministerium, zusammen, darunter die beiden Leiter der Hauptabteilungen Paß- und Meldewesen, Oberst Gerhard Lauter und Generalmajor Gotthard Hubrich, um ihrerseits ein neues Reisegesetz auszuarbeiten. Man kam überein, »Nägel mit Köpfen« zu machen, also Fragen der »ständigen Ausreise« und »Privatreisen« zu verkoppeln. Es sollte damit verhindert werden, daß Besuchsreisende durch höhere bürokratische Hürden wie längere Bearbeitungszeiten gegenüber »Übersiedlern« schlechtergestellt würden, was nach Einschätzung der vier Offiziere bei der Masse der DDR-Bürger zu weiterem Unmut geführt hätte. Der Besitz eines Passes, über den zu diesem Zeitpunkt nur rund 4 Millionen DDR-Bürger (bei einer Gesamtbevölkerung von rund 17 Millionen) verfügten, sollte zur Bedingung gemacht werden. So glaubte man, einem überstürzten Aufbruch der DDR-Bürger einen Riegel vorschieben zu können. Das Ministerium für Staatssicherheit versah den Entwurf mit einer Sperrfrist zur Veröffentlichung bis zum 10. November, 4.00 Uhr.

Unterdessen wurde die politische Lage immer gespannter. Am Vortag, dem 8. November, war das gesamte Politbüro zurückgetreten. Die alte Garde um Mielke, Hager, Axen, Stoph verlor ihre Macht. Honecker war bereits am 18. Oktober von Egon Krenz als Generalsekretär abgelöst worden. Leute wie Schabowski und Kleiber rückten nach vorn.

Bei der Vorlage des Entwurfs, in dem es nun, entgegen den ursprünglichen Vorgaben, um ständige Ausreisen *und* Besuchsreisen ging, im neuformierten

Improvisierter Grenzübergang am Brandenburger Tor. Noch im März 1990 werden hier die Pässe kontrolliert.

Politbüro war Schabowski nicht anwesend. Krenz drängte gegen 17.30 Uhr Schabowski, in seiner neuen Funktion als »Regierungssprecher« die neue Regelung sofort bekanntzugeben. Allerdings handelte es sich formal immer noch um einen »Vorschlag« und keinen »Beschluß« des Ministerrats, was Schabowski jedoch nicht klar war. Gegen 18.00 Uhr trat er vor die Presse, und die Dinge nahmen ihren Lauf.

Das Ende des Grenzregimes

Mit dem Fall der Mauer am 9. November 1989 hatte die Bevölkerung der DDR gewissermaßen »eigenhändig« das Grenzregime beendet. SED-Führung und Grenztruppen-Kommando blieb nichts anderes übrig, als in den folgenden Wochen und Monaten daraus die praktischen Konsequenzen zu ziehen.

Es fiel den Militärs nicht leicht, sich an die neuen Verhältnisse zu gewöhnen. So ist im Richtlinien-Befehl 101/89 des Verteidigungsministers vom 21. Dezember 1989 noch von »Grenzverletzern« die Rede. »... Personen, die die Staatsgrenze verletzt haben, ... sind festzunehmen.« Allerdings wurde der Schußwaffengebrauch außer in Fällen von Notwehr ausdrücklich untersagt. Im Grunde wußte die Militärführung sehr genau, was die Stunde geschlagen hatte. »Der Pionier- und signaltechnische Ausbau der Staatsgrenze ist einzustellen. ... Nicht mehr benötigte Grenzsicherungsanlagen bzw. solche, die dem Ansehen der DDR schaden, sind abzubauen.«[25]

Zugleich wurde der Schießbefehl endgültig aufgehoben. »Die Anwendung der Schußwaffe, mit Ausnahme der Abwehr von Angriffen auf das Leben der Angehörigen der Grenztruppen oder anderer Bürger der DDR, ist zuverlässig auszuschließen.« Des weiteren wurde angeordnet, den »Einsatz von Wachhunden ... schrittweise zu reduzieren und an der Staatsgrenze zu Berlin (West) vollständig einzustellen«[26].

Zu diesem Zeitpunkt hatte die Wirklichkeit derartige Befehle längst überholt. Viele Grenzsoldaten hatten bereits von sich aus das Grenzregime für beendet erklärt. »Ende November ist hier (am einst streng bewachten Nordbahnhof, d. Verf.) ein Major von den Grenztruppen reingeschnaubt gekommen, um seine Posten zu kontrollieren, doch von denen war keiner mehr da, die sind einfach losgezogen, statt unterirdisch eine Grenze zu bewachen, die oben längst offen war. Der Major hat dann rumgebrüllt ... und verlangt, daß weiterhin die Schlüsselordnung eingehalten werden muß. Es gäbe sonst totale Anarchie, meinte der. Er hat die Welt nicht mehr verstanden. Von dem Tag an haben wir, schon um es ihm zu zeigen, die Türen offengelassen, auch die rot-weiße, die meistbewachte, am Ende des Postenbereiches. Das war für uns selbst ein Akt der Befreiung.«[27]

Anfang Januar 1990 verfügte die DDR-Regierung unter Hans Modrow die schrittweise Reduzierung der Grenztruppen um 50 Prozent auf rund 25 000 Mann. Bis Mitte März 1990 wurden rund 1 000 Offiziere und 12 000 Soldaten aus den Grenztruppen entlassen. In dieser Umbruchs- bzw. Auflösungsphase wurden die DDR-Grenztruppen sogar mit einer neuen Grenztruppen-Zeitschrift bedacht. Sie trug den schönen Titel »Visa«, kam aber über eine erste Nummer nicht hinaus.

Im Hinblick auf die Währungs- und Sozialunion mit der Bundesrepublik, die am 1. Juli 1990 in Kraft trat, befahl der neue DDR-Minister für Abrüstung und Verteidigung, Rainer Eppelmann (CDU), am 26. Juni 1990 die Einstellung aller Grenzkontrollen an der innerdeutschen Grenze und in Berlin. Am 30. Juni mußte zum letzten Mal den Paß vorweisen, wer von West-Berlin aus in den Ostteil der Stadt oder ins Umland fahren wollte. Zwei Wochen vor dem völkerrechtlichen Beitritt der DDR zur Bundesrepublik Deutschland, am 21. September 1990, verfügte Minister Rainer Eppelmann die Auflösung der Grenztruppen. Ein Kapitel der deutschen Nachkriegsgeschichte war damit zu Ende gegangen.

Erste und einzige Nummer der neuen Grenztruppen-Zeitschrift vom Mai 1990.

Mauerschützen- und andere Prozesse

Auf den Gängen des Moabiter Landgerichts herrscht am 20. Januar 1992 hektisches Treiben. Fernsehteams, Journalisten, Zuschauer streiten sich um gute Plätze. Eine 45jährige Frau steht verloren in dem Gedränge: Karin Gueffroy, die Mutter von Chris Gueffroy, des letzten an der Mauer erschossenen Flüchtlings. An diesem Tag verkündet das Berliner Landgericht die Urteile im ersten »Mauerschützen-Prozeß«. Vier ehemalige Grenzsoldaten sind angeklagt, im Februar 1989 den 20jährigen Chris Gueffroy beschossen und tödlich verletzt zu haben. Der Hauptangeklagte Ingo H. wird wegen Totschlags zu dreieinhalb Jahren Haft ohne Bewährung verurteilt, ein Mitangeklagter erhält eine Bewährungsstrafe von 16 Monaten Haft. In einem Revisionsprozeß wird später auch die Gefängnisstrafe Ingo H. in eine Bewährungsstrafe umgewandelt. Die beiden anderen Mitangeklagten werden freigesprochen. Im Gerichtssaal wird es unruhig. Die meisten Zuschauer empfinden das Urteil als zu mild und äußern ihren Unmut.

An Mauer und innerdeutscher Grenze waren mehr als 800 Menschen ums Leben gekommen, über 850 verletzt worden.[1] 105 Menschen wurden nachweislich an der Berliner Mauer getötet. Hunderte erlitten Verletzungen, tausende wurden nach gescheiterten Fluchtversuchen zu hohen Haftstrafen verurteilt, an deren Folgen viele noch Jahrzehnte später leiden. Für all das gab es Verantwortliche. Doch wer war verantwortlich, hatte sich in welcher Weise schuldig gemacht? Die Geschichte der Mauer war mit dem 9. November 1989 noch lange nicht beendet.

Deutsche Gerichte standen nach 1990 vor der schwierigen Aufgabe, das persönliche Verschulden eines jeden einzelnen Angeklagten – des Grenzposten, der geschossen hatte, ebenso wie des Politbüro-Mitglieds, das an Grundsatzentscheidungen beteiligt war – individuell festzustellen und abzuurteilen. Waren die »Mauerschützen«, die auf Befehl gehandelt hatten, die »richtigen« Angeklagten? Was war mit den Entscheidungsträgern, den Machthabern und Befehlsgebern in Politik und Militär? Und es galt einen juristischen Grundsatz zu beachten: Keine Strafe ohne Gesetz. Nur was auch nach DDR-Gesetzen strafbar gewesen war, durfte Gegenstand eines Verfahrens sein.[2]

Wegen der Todesschüsse an der Mauer wurden bis Ende 1998 in Berlin 62 Prozesse geführt, darunter auch gegen diejenigen Grenzsoldaten, die an der Erschießung von Peter Fechter und von Günter Litfin, des ersten getöteten Flüchtlings, beteiligt waren. Als erste traf es die »Mauerschützen«. Die Anklagen lauteten auf »versuchten oder vollendeten Totschlag«. In den allermeisten Fällen wurden Bewährungsstrafen zwischen ein und zwei Jahren Haft verhängt, da in der Regel auf »minderschweren Fall von Totschlag« erkannt wurde. In Brandenburg gab es bis 1999 rund 20 Mauerschützen-Prozesse, von denen einer mit einer Haftstrafe von zehn Jahren wegen Mordes endete. Der Angeklagte erschoß 1965 einen Flüchtling, der sich bereits ergeben hatte. Lediglich vier frühere Grenzposten sind bis Anfang 1999 wegen Totschlags rechtskräftig zu einer Haftstrafe ohne Bewährung verurteilt worden. Insgesamt wurden nach 1990 mehr als 3 000 Ermittlungsverfahren wegen Gewaltdelikten an Mauer und innerdeutscher Grenze eingeleitet. Lediglich in circa 180 Fällen ist es bisher zur Anklageerhebung gekommen.

Im November 1992 begann der erste Prozeß gegen ehemalige DDR-Politiker. Der Staatsratsvorsitzende Erich Honekker, der frühere Stasi-Chef Erich Mielke, der frühere Ministerpräsident Willi Stoph, auch der frühere Verteidigungsminister Heinz Keßler und sein Stellvertreter Fritz Streletz, allesamt Mitglieder des Nationalen Verteidigungsrates der DDR, mußten sich in Berlin wegen der Todesschüsse an Mauer und innerdeutscher Grenze verantworten. Es wurde ein langer, mühseliger Prozeß. Gegen drei Angeklagte, Honecker, Stoph und Mielke, wurde das Verfahren vorzeitig aus gesundheitlichen Gründen eingestellt. Gegen Keßler, Streletz und Albrecht sprach das Landgericht im September 1993 die Urteile: Haftstrafen zwischen fünf und siebeneinhalb Jahren. Das Gericht sah die Angeklagten nicht nur als »Anstifter«, sondern aufgrund ihrer Machtposition als »mittelbare Täter«.

Den Beschuldigten hatte ihre Argumentationsstrategie, die Grenze der DDR sei militärisches Sperrgebiet gewesen und sie dürften darum nach DDR-Recht nicht verurteilt werden, nicht genützt. Der Bundesgerichtshof betonte 1996 in seiner Ablehnung des Revisionsantrags, daß dies nicht gelte, wenn die Staatsmacht die Strafbarkeit »schwersten kriminellen Unrechts ausschließt ... und so die in der Völkergemeinschaft allgemein anerkannten Menschenrechte in schwerwiegender Weise mißachtet.«[3]

Auch der langjährige Chef der DDR-Grenztruppen, Klaus-Dieter Baumgarten, und fünf hohe Grenztruppen-Kommandeure mußten sich vor Gericht verantworten. Im September 1996 wurde Baumgarten wegen mehrfachen Totschlags zu sechs Jahren Haft, seine Stellvertreter wegen Beihilfe zu drei Jahren und drei Monaten verurteilt.[4]

Gegen den Kommandeur eines Grenzregiments wurde im April 1998 wegen zweifachen Totschlags eine Bewährungsstrafe von zwei Jahren Haft verhängt. In seinem Kommando-Bereich war im November 1986 der Ost-Berliner Michael Bittner erschossen und dessen Tod von den DDR-Behörden auch vor seiner Mutter geheimgehalten worden. Ein weiterer Regimentskommandeur aus Berlin hatte sich der Strafverfolgung durch Flucht ins Ausland entzogen. Im April 1999 wurden vier ehemalige Vize-Kommandeure des Grenzkommandos Mitte wegen Beihilfe zum Totschlag zu Bewährungsstrafen verurteilt.

Auch die Mitglieder des letzten SED-Politbüros konnten ihrer juristischen Strafverfolgung nicht entgehen. Das Gericht sah die Politbüro-Mitglieder in direkter Verantwortung für die Todesschüsse an der Mauer. Wegen Totschlags in sechs Fällen (aus verfahrenstechnischen Gründen hatte die Anklage sich auf diese beschränkt) wurde Egon Krenz im August 1997 zu sechseinhalb Jahren, seine Mitangeklagten Günter Schabowski und Günther Kleiber zu je drei Jahren Haft verurteilt. Als einziger Angeklagter hatte sich Günter Schabowski im Verlauf des Verfahrens zu einer moralischen Mitschuld bekannt. Krenz und Kleiber beriefen sich dagegen u.a. auf den »Militär-Status« der Grenze und versuchten zudem, den größten Teil der Verantwortung auf die früheren Machthaber in der Sowjetunion abzuschieben. Über die Praxis des Grenzregimes sei letzlich stets in Moskau entschieden worden, argumentierten sie – vergebens. Gegen das Urteil legten sowohl Krenz als auch die Staatsanwaltschaft Berufung ein.

Aufsehen erregte auch ein Mauer-Prozeß anderer Art, der im Dezember 1998 vor dem Berliner Landgericht eröffnet wurde. Auch hier ging es um tödliche Schüsse an der Berliner Mauer; doch in diesem Fall trafen sie einen DDR-Grenzsoldaten. Der 61jährige Rudolf M. mußte sich nach 36 Jahren dafür verantworten, daß er bei einem Fluchthilfe-Unternehmen im Juni 1962 den DDR-Grenzposten Reinhold Huhn in der Nähe des Checkpoint Charlie erschossen hatte. M. hatte seinerzeit behauptet, nicht er habe Huhn erschossen, dieser sei vielmehr von »schießwütigen Vopos« tödlich getroffen worden. Im April 1999 wurde M. zu einem Jahr Haft auf Bewährung verurteilt.[5]

Abriß und Verwertung

Monte Carlo an einem strahlend blauen Tag im Juni 1990. Im mondänen Hotel »Metropole Palace«, nicht weit vom weltberühmten Casino, hat sich ein illustres, vor allem zahlungskräftiges Publikum aus aller Welt eingefunden und wartet auf den Beginn einer außergewöhnlichen Veranstaltung: Die Berliner Mauer kommt unter den Hammer. Insgesamt werden an diesem Abend in

Monatelang waren Mauerstücke ein begehrtes Souvenir für Touristen aus aller Welt.

Monaco 81 buntbemalte Segmente der Grenzmauer 75 versteigert, das Mindestgebot beträgt 50000 Franc. Es sind ausgesuchte Teile mit knallbunter Graffiti und frechen Sprüchen, meist von unbekannter Hand. Aber auch bekanntere »Mauerkünstler« sind vertreten, wie etwa Thierry Noir oder Kiddy Citny. Jeder Käufer erhält ein Zertifikat, das die Echtheit »seines« Mauerstücks bestätigt. Die Mauer wird zum Sammel- und Kultobjekt.

Gekommen sind die Reichen und Schönen. Ljiljiana Hennessy hat es ein Mauerstück mit dem roten Herzen von Thierry Noir angetan. Die betuchte italienische Verlegersgattin Jaguba Rizolli kann sich ein für 27000 DM ersteigertes Mauersegment – Herstellungspreis 359 DDR-Mark – in den Garten ihrer Villa stellen. Eben mal 1,3 Millionen Franc legt ein Züricher Geschäftsmann für elf Mauerstücke hin – ein guter Preis für bemalte Betonteile, die in den Frachtpapieren korrekt als »Bauschutt« deklariert sind. Insgesamt werden bei der Aktion in Monaco rund 1,8 Millionen DM erlöst, die nach Angaben des Veranstalters, einer sich seriös gebenden »Lelé Berlin Wall Verkaufs GmbH«, der Sanierung des Gesundheitswesens in der noch bestehenden DDR zugute kommen sollen.

Ab Januar 1990 gehen Mauersegmente in die ganze Welt, vor allem an Sammler oder Liebhaber, aber auch an Persönlichkeiten, die sich um die Überwindung der Mauer verdient gemacht haben. So erhalten die US-Präsidenten Ronald Reagan und George Bush ihr Mauerstück ebenso wie die John-F.-Kennedy-Bibliothek in Boston und die CIA, die es in ihrem Hauptquartier aufstellt. Auch die britische Bildhauerin Edwina Sandys erhält acht Segmente, quasi als Verbeugung vor ihrem Großvater, dem britischen Premierminister Winston Churchill, der 1946 als erster Politiker warnend von einem »Eisernen Vorhang«

Mit dem Abriß der Mauer öffnete sich für viele Anwohner in Ost und West der Blick.

zwischen Ost und West gesprochen hatte. »Die Mauer muß weg« war jahrzehntelang die Parole im Kampf gegen die Teilung Berlins. Mit dem 9. November 1989 war die Zeit gekommen, diese Forderung auch ganz konkret umzusetzen. Anfang 1990 beschlossen Ministerrat der DDR und der Magistrat von Ost-Berlin den Abriß der Mauer. Bis zum 30. November 1990 sollte das Bauwerk aus dem Berliner Stadtbild verschwunden sein. Mit dieser Aufgabe wurden die Angehörigen des Grenzkommandos Mitte betraut – ihre letzte Aufgabe und fraglos die verdienstvollste seit ihrer Aufstellung. Mit entsprechendem Eifer war man bei der Sache, wie der zuständige Kommandeur mit Schreiben vom 27. Juli 1990 dem Ost-Berliner Oberbürgermeister Tino Schwierzina mitteilte: »Ich möchte hiermit nochmals versichern, daß alle Angehörigen des Grenzkommandos Mitte ihre Kräfte einsetzen werden, um die gestellten Aufgaben zeitgerecht und mit hohem Niveau zu erfüllen.«[6]

Insgesamt waren in und um Berlin 106 Kilometer Beton-Mauer, rund 45 000 Segmente von jeweils 2,75 Tonnen Gewicht zu beseitigen; dazu 127,5 Kilometer Signal- und Sperrzäune und 302 Beobachtungstürme. Geleitet wurden die Arbeiten von einer »Koordinierungsstelle Mauerabriß« beim Bau-Magistrat in Ost-Berlin. Neben den verbliebenen Grenztruppen waren daran Ost- und West-Berliner Abbruchfirmen beteiligt. Tatkräftige Unterstützung leisteten Pioniere der britischen Garnison. Am 30. November 1999 wurde an der Weddinger Provinzstraße offziell das letzte Stück der innerstädtischen Mauer abgetragen. Insgesamt waren damit Mauer und Sperranlagen auf einer Länge von 32,4 Kilometer beseitigt.

Nach 29 Jahren ein ganz neues Gefühl: Berlin ohne Mauer.

Der größte Teil der Mauer wurde einem nützlichen Zweck zugeführt. Es wurde viel Beton und Geld bewegt, um die Mauer unter die Leute zu bringen. Zuerst verkauften Scharen von »Mauerspechten« ihre Bruchstücke an Berlin-Touristen und machten dabei über mehrere Monate ein passables Geschäft. Um die Vermarktung der Mauer im größeren Stil kümmerte sich ab Januar 1990 im Auftrag der Regierung Modrow die DDR-Außenhandelsfirma »Limex«.[7]

Die meisten Betonsegmente wurden zerschräddert, für 20 DM pro Tonne verkauft und vor allem beim Straßenbau in Ostdeutschland verwendet. Der DDR-Volksmund hatte also recht behalten.

In den achtziger Jahren, als die DDR-Bevölkerung schmerzlich eine bessere Straßenverbindung zur Ostsee vermißte, erzählte man sich folgenden Witz: »Wir haben ja schon eine Autobahn nach Rostock. Die ist zum Trocknen hochkant in Berlin aufgestellt.«

Streit um die Erinnerung

Ratlos stehen Berlin-Besucher am Potsdamer Platz oder in der Kochstraße: Wo war sie eigentlich, die Mauer?

Der Abbau von Mauer und Sperranlagen war ein Akt der äußeren und inneren Befreiung. Wo immer in den ersten Tagen und Wochen nach dem 9. November ein weiteres Stück Mauer abgetragen wurde, waren jubelnde Menschen zur Stelle.

Abriß von Mauersegmenten im November 1989.

DAS VERSCHWINDEN DER MAUER

Doch bald meldete sich auch Widerspruch gegen die Gründlichkeit, mit der die Mauer aus dem Straßenbild Berlins entfernt wurde. Ein heftiger Streit entbrannte, wie die Mauer im Bewußtsein der Menschen erhalten werden könne, als Gedenkstätte für die Opfer und Mahnmal für künftige Generationen. Berufene und weniger Berufene meldeten sich zu Wort, an Vorschlägen mangelte es nicht, eher an durchdachten Konzepten und manchmal vielleicht am politischen Willen.

Es gibt Versuche, die Erinnerung wachzuhalten. An der Bernauer Straße entstand nach Entwürfen des Architekten Hans Kollhoff eine vom Senat initiierte Mauergedenkstätte. Das Haus am Checkpoint Charlie hat am ehemaligen Kontrollpunkt, wo sich im Oktober 1961 amerikanische und sowjetische Panzer gegenüberstanden, einige Baulichkeiten, darunter ein Beobachtungsturm, erhalten. Es gibt das Projekt, den Verlauf der Grenzmauer mittels einer Linie aus Pflastersteinen durch die Stadt zu kennzeichnen.

Nur an wenigen Stellen Berlins blieben kürzere Mauerstücke erhalten: an der Niederkirchner Straße, an der Mühlenstraße in Friedrichshain (»East-Side-Gallery«) und an der Bernauer Straße. Trotz zahlreicher Proteste wurde im April 1999 auf Betreiben des Senats am Potsdamer Platz ein Stück »Hinterland-Mauer« abgetragen, für das ein Privatmann vergebens angeblich erworbene »Verfügungsrechte« beansprucht hatte.

Man tut sich schwer in Berlin mit der Erinnerung.

Erinnern – aber wie? Protest gegen den Abriß von Resten der Hinterlandmauer am Potsdamer Platz im April 1999.

KEINE
GEWALT
89 - 99
URLAUB
FÜR ALLE
SOLDATEN

SCHLUSSBEMERKUNG

Mehr als 28 Jahre lang teilte die Mauer Berlin. Sie trennte Familien, Freundschaften, Liebesbeziehungen. Für die Menschen in Ost-Berlin und der DDR bedeutete sie, von einem Teil der Welt abgeschnitten, in politischen und persönlichen Entfaltungsmöglichkeiten eingeschränkt zu sein. Sie waren genötigt, sich mit diesem Zustand zu arrangieren. Das gelang einigen leichter, anderen fiel es schwerer. Vielen gelang es nie. Mehr als 200 Menschen bezahlten den Versuch, die Grenzsperren zu überwinden, mit dem Leben.

Die Mauer bildete die Nahtstelle zwischen zwei politischen Systemen, die sich hochgerüstet belauerten. Sie war auch die zu Beton erstarrte Frontlinie des Kalten Krieges.

Westliche Politiker standen 1961 vor der Frage, wie reagieren. Sollte man die Konfrontation aufrechterhalten, vielleicht sogar verschärfen, um die Machthaber in Ost-Berlin und in Moskau zum Nachgeben zu zwingen? Der West-Berliner Senat entschied sich anders. Die Situation sollte für die Menschen erträglicher, die Mauer in einer »Politik der kleinen Schritte« durchlässiger gemacht werden. Dafür mußten Brandt und seine Mitstreiter zunächst gehörige Kritik von konservativer Seite einstecken. Doch gab es eine realistische Alternative?

1965 schrieb Wolf Biermann, kein Parteigänger der SED:

»Die Falle aus Beton und Draht
Ist lang und eine Sünde
Ich hab in sie mit reingebaut
Zorn, Träume und viel Gründe.«

Gründe? Im Sommer 1961 hatte der Flüchtlingsstrom in den Westen ein dramatisches Ausmaß angenommen. Vor allem junge Leute kehrten der DDR den Rücken. Der Westen lockte mit höherem Lebensstandard und politischen Freiheiten. Die DDR-Führung mußte etwas unternehmen, um den Bestand des »ersten deutschen Arbeiter- und Bauernstaates« zu sichern. Es gab nicht wenige Menschen in der DDR – und auch im Westen –, die anfangs meinten, dies rechtfertige sogar den Bau einer Mauer. Aber selbst Wohlmeinende, die etwa dem sozialen Anspruch der Regierung der DDR mit Sympathie begegneten, befanden bald: Mit einem Staat, der seine Bürger einsperrt, kann etwas nicht in Ordnung sein.

Die politische Führung um Ulbricht und Honecker sah das anders. In ihrer Weltsicht diente die Mauer dem »Fortschritt«, indem sie die DDR vor den aggressiven Einflüssen des Imperialismus schützte. Somit war die Mauer auch ein ideologisches Bauwerk, Teil eines »Heilsplans«, der in historischer Gesetzmäßigkeit zum Sieg des Sozialismus führen sollte. Eine Dialektik der besonderen Art: Eingemauert für Freiheit und Gleichheit arbeiten, unter »Führung der Partei«. Die Leiden des Einzelnen zählten dabei nicht, wie es übliche Praxis ist unter der Fahne ideologischer Heilslehren. Stets wenn es angeblich um das »große Ganze«, um eine historische Mission geht, geraten Einzelschicksale unter die Räder der Politik.

In Wirklichkeit war die Mauer doch auch ein Instrument der kruden Herrschaftssicherung. Ideologische Rechtfertigungen dienten nicht zuletzt der Verschleierung von Machtstreben. Und wieviel Idealismus, wieviele politische Träume mögen an Mauer und dem Herrschaftssystem, für das sie stand, früher oder später gescheitert sein.

Bezeichnenderweise überlebte die DDR den Fall der Mauer nur um einige Monate. Dies scheint jenen recht zu geben, die die Mauer schon immer als den »Wesenskern« der DDR betrachteten und das System mit seiner scharf bewachten Grenze gleichsetzten.

In gewisser Weise leistete die SED-Führung dieser Interpretation sogar Vorschub, indem sie die Grenze als ein »gesellschaftliches System« propagierte. Möglichst viele Bürger – Anwohner, »Freiwillige Helfer«, Betriebsbelegschaften etc. – sollten in die Grenzsicherung einbezogen werden. In offiziellen Verlautbarungen hoben die DDR-Grenztruppen immer wieder ihre »Verbundenheit mit der Bevölkerung« hervor.

In den siebziger Jahren brachten Viermächteabkommen, Transitabkommen und Grundlagenvertrag eine Entspannung der Lage in und um Berlin. Vor allem für West-Berliner ergaben sich spürbare Erleichterungen: Besuchsreisen nach Ost-Berlin, keine Schikanen mehr beim Transit durch die DDR. Im Westteil der Stadt fiel es zunehmend leichter, sich mit der Teilung zu arrangieren, so leicht, daß bald geradezu eine gewisse »Mauer-Ignoranz« aufkam. Der Stadthistoriker Dieter Hoffmann-Axthelm schrieb 1987, das Maximum an Aufmerksamkeit sei es mittlerweile, die Mauer überhaupt noch zu bemerken.

Auch ein anderes Motiv klang vor allem im Westen immer wieder an: Die Mauer wurde gesehen als mehr oder minder direkte Folge der nationalsozialistischen Herrschaft, gewissermaßen als eine Sühne für die NS-Verbrechen. Dabei geriet allerdings in westlicher Nonchalance häufig aus dem Blick, daß die Menschen in Ost-Berlin doch etwas stärker »sühnten« als die im Westen. Indes, die Geschichte der Mauer begann tatsächlich nicht erst am 13. August 1961, und die deutsche Nachkriegsgeschichte mit Kaltem Krieg und Teilung nicht am 8. Mai 1945. Daran mag Wolf Biermann gedacht haben, als er von eingemauerten »Gründen« sprach.

Daß aber auch US-Präsident Kennedy mit seiner Interpretation vom Juni 1963 nicht falsch gelegen hatte, zeigte die spätere Entwicklung: Für ihn war die Mauer einfach die »stärkste Demonstration für das Versagen des kommunistischen Systems«.

Als politische Trennlinie bildete die Berliner Mauer auch eine Art Zeitgrenze. Diesem Zustand der »stillgestellten bzw. verlangsamten Zeit«, spürbar etwa in den ostdeutschen Städten, konnten in den siebziger und achtziger Jahren westliche Besucher auch etwas Positives abgewinnen. Doch er führte zur ökonomischen und gesellschaftlichen Erosion der DDR. Und gerade diesen »verordneten Stillstand« hat Michail Gorbatschow gemeint, als er im Oktober 1989 sagte: »Wer zu spät kommt, den bestraft das Leben.« Da waren es gerade noch vier Wochen bis zum Fall der Mauer, die einen gesellschaftlichen Beschleunigungsprozeß enormen Ausmaßes zur Folge hatte. Fast könnte man sagen, daß die atemberaubende Ereignisfolge am Abend des 9. November 1989 diesen Beschleunigungsprozeß im kleinen bereits vorweggenommen hat.

Aus dem Stadtbild ist die Berliner Mauer nahezu verschwunden. Aus den Augen, aus dem Sinn? Das wäre fatal. Dazu war sie zu bedrängend in ihrer absurden Monstrosität. Dazu hat sie zu viele Wunden geschlagen. Die Mauer bleibt präsent in den Biographien.

CHRONOLOGIE

1944 **12. September**
Im Londoner Protokoll beschließen die USA, Großbritannien und die UdSSR die Aufteilung Deutschlands und Berlins in drei (später vier) Besatzungszonen bzw. Sektoren.

1945 **8. Mai**
Bedingungslose Kapitulation des nationalsozialistischen Deutschland

1946 **4. Dezember**
Die Sowjetische Militäradministration (SMAD) verfügt die Sicherung der Demarkationslinien der Sowjetischen Besatzungszone.

1952 **26. Mai**
Die DDR sperrt die Demarkationslinien zur Bundesrepublik und West-Berlin.

1958 **27. November**
Chruschtschow-Ultimatum:
Die Sowjetunion verlangt für West-Berlin den Status einer »freien Stadt«.

1961 **15. Juni**
Ulbricht erklärt vor der Presse in Ost-Berlin: »Niemand hat die Absicht, eine Mauer zu errichten.«

1961 **13. August**
Sperrung der Sektorengrenzen zu West-Berlin

1961 **15. August**
Errichtung der ersten Mauerstücke

1961 **19. August**
1500 US-Soldaten werden nach West-Berlin verlegt.

1961 **23. August**
Von 12 verbliebenen Übergängen in Berlin werden fünf weitere geschlossen. West-Berlinern ist das Betreten von Ost-Berlin untersagt.

1961 **24. August**
Ein 24jähriger Mann wird von Grenzposten am Humboldt-Hafen erschossen. Er ist der erste getötete Flüchtling an der Berliner Mauer.

1961 **12. September**
Bildung der »Grenztruppen der DDR« als Teil der NVA.

1961 **27. Oktober**
Konfrontation zwischen US-amerikanischen und sowjetischen Panzern am Checkpoint Charlie

1962
Einrichtung von ersten Hundelaufanlagen

1962 **18. Juni**
Der DDR-Grenzsoldat Reinhold Huhn wird von einem westdeutschen Fluchthelfer erschossen.

1962 **19. Juni**
Grenztruppen beginnen mit der Errichtung einer zweiten Sperrmauer.

1962 **17. August**
Peter Fechter wird bei einem Fluchtversuch angeschossen und verblutet im Grenzstreifen.

1963 **21. Juni**
Deklarierung eines Ost-Berliner »Grenzgebiets« an der Mauer, das nur mit Sondergenehmigung betreten werden darf

1963 **26. Juni**
Besuch von US-Präsident John F. Kennedy in West-Berlin

1963 **19. Dezember**
Das erste Passierscheinabkommen tritt in Kraft; Dauer bis 5. Januar 1964.

1964 **Dezember**
Zweite Passierscheinregelung

1965 **18. Dezember**
Dritte Passierscheinregelung; Dauer bis 2. Januar 1966

1966
Aufstellung der ersten Beobachtungstürme (BT9 bzw. 11)

1966 **7. April (bis 20.) und 23. Mai (bis 5. Juni)** Vierte Passierscheinregelung

1966 **Oktober**
Vereinbarung über die Einrichtung einer Passierscheinstelle für dringende Familienangelegenheiten

1966 **Dezember**
Scheitern der Verhandlungen über weitere Passierscheinregelungen

1968
Errichtung der Mauer der »3. Generation« (Betonplatten mit aufgesetztem Rohr)

1971
Beginn der Installierung des »Grenzzauns« aus engem Stacheldraht

1971 **31. Januar**
Nach 19jähriger Unterbrechung begrenzte Wiederaufnahme der Telefonverbindung zwischen beiden Teilen Berlins

1971 **Februar**
Umstrukturierung der Grenztruppen; Schaffung der Grenzkommandos Nord, Mitte, Süd und der Grenzbrigade Küste

1971 **3. Mai**
Honecker löst Ulbricht als SED-Parteichef ab.

1971 **3. September**
Paraphierung des Viermächteabkommens über Berlin

1971 17. Dezember
Unterzeichnung des Transitabkommens zwischen der Bundesrepublik und der DDR

1971 20. Dezember
Unterzeichnung einer Vereinbarung zwischen dem Senat und der Regierung der DDR über Erleichterungen und Verbesserungen des Reise- und Besuchsverkehrs

1972 3. Juni
Das Viermächteabkommen tritt in Kraft.

1972 21. Dezember
Unterzeichnung des Grundlagenvertrags zwischen der Bundesrepublik und der DDR

1974 1. Januar
Grenztruppen der DDR werden formell aus dem Verband der Nationalen Volksarmee herausgelöst.

1974
»Hinterlandmauer« und hinterer »Grenzsignalzaun 74« werden errichtet.

1975
Aufstellung der ersten Beobachtungstürme BT 9 bzw. 11 in eckiger Bauweise

1975 29. Oktober
Übereinkunft zwischen Senat und Ost-Berlin über Rettungsmaßnahmen bei Unglücksfällen an der Sektorengrenze. Zuvor waren zwei West-Berliner Kinder in der Spree ertrunken. Grenzposten hatten Hilfeleistungen von Westen unterbunden, selbst zu spät Hilfsmaßnahmen eingeleitet.

1976
Errichtung erster Teile der »Grenzmauer 75« (Mauer der »4. Generation«)

1977 7. Oktober
Auf dem Ost-Berliner Alexanderplatz kommt es zu schweren Zusammenstößen zwischen Jugendlichen und der Volkspolizei. Drei Jugendliche kommen dabei ums Leben. Die Menge fordert: »Die Mauer muß weg!«

1980 13. Oktober
Erhöhung des Mindestumtauschs bei Besuchen in Ost-Berlin auf 25 DM. Drastischer Rückgang der Besucherzahlen.

1981 20. November
Öffnung des Teltow-Kanals für Binnenschiffe

1982 25. März
Die DDR-Volkskammer billigt neues Grenzgesetz.

1983 1. Juli
Der Nationale Verteidigungsrat der DDR faßt einen Grundsatzbeschluß zum weiteren »pioniertechnischen« Ausbau der Grenzanlagen.

1984
Aufstellung eines Grenzsignal- und Sperrzauns an der »Hinterland-Grenze«

1987 8. Juni
Während eines Rockkonzerts am Reichstag kommt es in Höhe des Brandenburger Tors zu Zusammenstößen zwischen Jugendlichen und Volkspolizisten.

1989 19. Januar
Honecker erklärt in Ost-Berlin, die Mauer werde »noch in 50 oder 100 Jahren bestehen« bleiben, wenn sich nicht die Bedingungen geändert hätten, die zu ihrer Errichtung führten.

1989 5. Februar
Der 20jährige Chris Gueffroy wird bei einem Fluchtversuch erschossen. Er ist das letzte Todesopfer an der Mauer.

1989 8. April
Am Grenzübergang Chausseestraße wird der Fluchtversuch zweier Jugendlicher durch einen Warnschuß gestoppt. Es sind die letzten bekanntgewordenen Schüsse, die an der Mauer fallen.

1989 4. November
Großdemonstration in Ost-Berlin gegen die SED-Regierung

1989 9. November
Öffnung der Mauer

1990 30. Juni
Einstellung aller Grenzkontrollen

1990 21. September
Auflösung der Grenztruppen der DDR

Anmerkungen

Die Grenze wird dichtgemacht

1 Neues Deutschland, 13.8.1961
2 Tusa, Division, 1996, S.272
3 Petschull, Mauer, 1990, S.51
4 Zit.n. Petschull, Mauer, 1990, S.52
5 Befehl 01/61, 12.8.1961, zit.n. Riemer, Das zweigeteilte Deutschland, 1995, S.119
6 Walter Ulbricht an den Vorsitzenden der Bezirkseinsatzleitung Berlin, Paul Verner, 13.8.1961, (Mauer-Archiv)
7 Kwizinskij, Sturm, 1993, S.184
8 Befehl 01/61, 12.8.1961, zit.n. Riemer, Das zweigeteilte Deutschland, 1995, S.119
9 Zit.n. Ebd., S.120
10 Kwizinskij, Sturm, 1993, S.183
11 Schreiben Streletz an Honecker vom 22.2.1980, (Mauer-Archiv)
12 Wyden, Mauer, 1995, S.65
13 Tusa, Division, 1996, S.277f
14 Ebd., S.279f
15 Zit.n. Petschull, Mauer, 1990, S.56
16 Zit.n. Beschloss, Powergame, 1991, S.281
17 Wetzlaugk, Alliierte, 1988, S.75
18 Zit.n. Wyden, Mauer, 1995, S.95
19 Brandt, Erinnerungen, 1994, S.9
20 Ebd., S.10
21 Bahr, Schock, 1995, S.145
22 Dokumente zur Deutschlandpolitik, IV. Reihe, Bd.7, 1976, S.48f
23 Vgl. Prowe, Der Brief Kennedys an Brandt vom 18. August 1961, in: VjfZ, 1985, H.2, S.377
24 Mitverfasser der Rede war Egon Bahr. Dieser hatte am Vormittag des 16. August einen heftigen Zusammenstoß mit einem Vertreter der US-Mission. Nachdem die Zeitung »Der Abend« mit der Schlagzeile aufgemacht hatte »Waren die Alliierten über Pläne zum Mauerbau informiert?« wuchs das Mißtrauen der Bevölkerung gegenüber den Westmächten. »Noch nie zuvor habe ich einen der ›Halbgötter‹ so angefaucht, Al Hemsing, einen Partner bei den Alliierten: ›Entweder habe ich in den nächsten 30 Minuten ein knallhartes Dementi auf dem Tisch, oder wir verlegen die Kundgebung vom Schöneberger Rathaus vor das amerikanische Hauptquartier.‹ Ich bekam das Dementi in weniger als 20 Minuten.« Bahr, Schock, 1995, S.146
25 Dokumente zur Deutschlandpolitik, IV. Reihe, Bd.7, 1976, S.52ff
26 Edward R. Murrow, zit.n. Beschloss, Powergame, 1991, S.279
27 Neues Deutschland, 17.8.1961
28 Neues Deutschland, 20.8.1961
29 Schlesinger, Ende der Jugend, 1977, S.161f.
30 Neues Deutschland, 14.8.1961
31 Berliner Zeitung, 15.8.1961
32 Informationsberichte, SAPMO-BArch Dy 30/ IV 2/15/987, Bl.1
33 Informationsberichte, 13.8.1961, 8.45 SAPMO-BArch, Dy 30/ IV 2/15/987
34 Informationsberichte, 13.8.1961, 10.00 SAPMO-BArch, Dy 30/IV 2/15/987
35 Informationsberichte, 13.8.1961, 12.55, SAPMO-BArch, Dy 30/ IV/2/15/ 987
36 Informationsberichte, 16.8.1961, SAPMO-BArch Dy 30/IV/2/15/987
37 Informationsberichte 13.8.1961, SAPMO-BArch Dy 30/IV/2/15/987
38 Zwischenbericht für die Zeit vom 13.-26.8.1961 vom 28.8.1961, SAPMO-BArch Dy 30/IV/2/15/987
39 Informationsberichte, 15.8.1961, (Mauer-Archiv)
40 Informatiosberichte, 16.8.1961, (Mauer-Archiv)
41 Informationsberichte, 19.8.1961,(Mauer-Archiv)
42 Informationsbericht an Ulbricht, 2.9.1961, (Mauer-Archiv)
43 Salzgitterreport, 1991, S.279
44 Bericht der SED-Kreisleitung Berlin-Mitte, 25.9.1961, (Mauer-Archiv)
45 Ebd.
46 Zit.n. Petschull, Mauer, 1990, S.152
47 Informationsberichte, 19.8.1961, (Mauer-Archiv)
48 SAPMO-BArch Dy 30/J IV 2/2/2/ 787 Bl.11
49 Transportpolizei/Abschnitt Berlin/ Abschnittsleiter, 24.8.1961, (Mauer-Archiv)
50 Lage-Bericht an Ulbricht vom 1.9.1961, (Mauer-Archiv)
51 Zit.n. Koop, Gegner, 1996, S.178
52 Zit.n. Ebd., S.179
53 Protokoll der Politbürositzung vom 22.8.1961, Anlage 1 Bl.2, SAPMO-BArch Dy 30 J IV 2/2/784
54 Statistische Aufstellung Grenzdurchbrüche/ Monat Oktober (Mauer-Archiv)
55 Ministerium des Innern/Bereitschaftspolizei/ 1.Grenzbrigade (B), Bericht vom 18.10.1961, (Mauer-Archiv)
56 SAPMO-BArch NY 4 217/56, Bl.160f
57 Junge Welt, zit.n. Der Spiegel 11/1962, S.41
58 Berliner Zeitung, 23.5.1997
59 Steinborn/ Krüger, Berliner Polizei, 1993, S.146; Ribbe (Hg.), Geschichte Berlins, Bd.2, 1987, S.1099
60 Tusa, Division, 1996, S.346. Nach dem Fall der Mauer wurden die beiden früheren Grenzsoldaten, die auf Peter Fechter geschossen hatten, im März 1997 nach Jugendstrafrecht (wegen des Alters der Angeklagten zur Tatzeit) zu 20 bzw. 21 Monaten Haft auf Bewährung verurteilt.
61 Wyden, Mauer, 1995, S.329; Als der damalige Innensenator Heinrich Albertz von den Schüssen an der Mauer und den Schreien des Opfers – und von der Zurückhaltung der Amerikaner – erfuhr, stürzte er sofort aus seinem Büro. Er war entschlossen, mit einer Rot-Kreuz-Fahne über die Mauer zu klettern und Peter Fechter zu helfen. Doch er kam zu spät. (Schuster, Heinrich Albertz, 1997, S.81)
62 Tusa, Division, 1996, S.346; Schuster, Heinrich Albertz, 1997, S.82; Bahr, Zu meiner Zeit, 1996, S.138

Frontstadt im Kalten Krieg

1 Zit.n. Lemke, Berlin-Krise, 1995, S.47
2 Archiv der Gegenwart 1946/47, S.669f
3 Über die Ursachen des Ost-West-Konfliktes, der die Welt mehrmals an den Rand eines dritten Weltkriegs, womöglich eines atomaren Infernos brachte, ist viel geschrieben, heftig gestritten und munter spekuliert worden. An Schuldzuweisungen – vor allem an die Adresse Moskaus – hat es nicht gefehlt. Dass auch die USA und ihre westlichen Verbündeten mitunter auch ganz eigennützige Ziele verfolgten, etwa im Rahmen einer »open-door«-Politik (Offenhalten der Märkte), und hinter hehren Bekenntnissen zu Freiheit und Demokratie oft handfeste politische und wirtschaftliche Interessen standen, ist mittlerweile unbestritten. Indes, bei aller Notwendigkeit zu differenzieren – der übergroße Anteil des sowjetischen Machtsicherungs- und Expansionsstrebens an Ausbruch und Verschärfung des Kalten Krieges läßt sich auch im Lichte neuer Quellen nicht bestreiten. (Vgl. dazu Schöllgen, Gregor, Geschichte der Weltpolitik von Hitler bis Gorbatschow 1941–1991, München 1996; Danbabin, J.P.D., The Cold War: The Great Powers and their Allies, London 1994; Gaddis, John Lewis, We now know. Rethinking Cold War History, Oxford 1997 sowie ältere Überblicksdarstellungen; Nolte, Ernst, Deutschland und der Kalte Krieg, München 21985; Loth, Wilfried, Die Teilung der Welt 1941-1955. Geschichte des Kalten Krieges, München 71989;)
4 Vgl. Wolff, Michael W., Währungsreform in Berlin, 1991
5 Stiftung Luftbrückendank (Hg.,) Blockade, 1988, S.27; zu den »Löchern« in der Blockade vgl. Koop, Kein Kampf um Berlin, 1998)
6 Bau der Mauer durch Berlin, 1964, S.15
7 Ebd., S.16
8 Zit.n. Ritter/Lapp, Grenze, 1997 S.22
9 Prell, Grenzüberschreitung, 1987, S.22
10 Teller, Kalter Krieg, 1979, S.200
11 Keiderling, Berlin, 1968, S.466ff
12 Zit.n. Lemke, Berlin-Krise, 1995, S.49
13 Zit.n. Podewin, Ulbricht, 1995, S.334
14 SAPMO-BArch Dy 30/J/IV/2/202/129, Bl.9-14
15 Verrechnungseinheit für den DDR-Außenhandel; die genannte Summe entsprach in etwa 2 Milliarden DDR-Mark
16 Mitter/Wolle, Untergang, 1993, S.336f
17 Dokumente zur Berlin-Frage 1944–1966, 1987, S.301ff; Lemke, Berlin-Krise, 1995, S.101
18 Dokumente zur Berlinfrage, 1944–1966, 1987, S.313, 315
19 Ebd., S.318
20 Wetzlaugk, Berlin und die deutsche Frage, 1985, S.151
21 Archiv der Gegenwart, 1958, S.7467
22 Ulbricht an Chruschtschow, Juli 1959, SAPMO-BArch Dy 30 J/IV/2/202/127, Bl.3-5
23 SAPMO-BArch Dy 30J/IV/2/202/127
24 Lemke, Berlin-Krise, 1995, S.162
25 Wyden, Mauer, 1995, S.39f
26 Dokumente zur Deutschlandpolitik, IV. Reihe, Band 6, S.934 Eine Aussage, die angesichts der späteren Ereignisse als blanker Zynismus erscheint. Vor dem Hintergrund der Ost-Berliner Maximal-Position («Freie Stadt« und DDR-Kontrolle über die Zugangswege) jedoch mochte die Abriegelung West-Berlins auch zu jenem Zeitpunkt noch eine von mehreren Optionen sein, wenn auch die bei weitem wahrscheinlichste.
27 Vgl. seine Ausführungen auf einer Pressekonferenz am 28.6.1961; zit. bei Beschloss, Powergame, 1991, S.242
28 Zit.n. FRUS, Volume XIV, Berlin Crisis 1961–1962, Washington 1993, S.98 (Übersetzung T.F.)
29 Vgl. Nachweise bei Biermann, Kennedy und der Kalte Krieg, 1997, S.120, Anm. 88
30 Zit.n. Wyden, Mauer, 1995, S.28
31 Zit.n. Beschloss, Powergame, 1991, S. 262; Text der Rede in: Public Papers of the President of the United States: John F. Kennedy, 1961, p.533-540
32 Kwizinskij, Sturm, 1993, S.179
33 Ebd., S.180
34 Beschloss, Powergame, 1991, S.270
35 Bailey u.a., Unsichtbare Front, 1997, S.479, Lemke, Berlin-Krise, 1995, S.166
36 Bailey u.a., Unsichtbare Front, 1997, S.483; Beschloss, Powergame, 1991, S.271f. Chruschtschow unterrichtete laut Penkowski die sowjetische Militärführung am 9. August 1961 über den geplanten Mauerbau: »Wir machen Berlin dicht. ... wir werden Stacheldraht ausrollen, und die Westmächte werden dastehen wie dumme Schafe. Und während die noch so dastehen, bauen wir eine Mauer.« Zit.n. Wyden, Mauer, 1995, S.13
37 Petschull, Mauer, 1990, S.72
38 Brandt, Erinnerungen, 1994, S.62
39 Zit.n. Beschloss, Powergame, 1991, S.267
40 Bailey u.a., Unsichtbare Front, 1997, S.482
41 Tusa, Division, 1996, S.334
42 Ebd.
43 Bering, Outpost Berlin, 1995, S.167
44 Die DDR-Presse machte daraus eine »Heldentat im Kampf gegen den Imperialismus«.
45 Wyden, Mauer, 1995, S.120
46 Kroll, Lebenserinnerungen, 1967 S.510

Im Schatten der Mauer

1 Zit. n. Scholze/Blask, Grenzgebiet, 1992, S. 79
2 Informationsbericht der Bezirkseinsatzleitung an den Vorsitzenden des NVR, 14. 8. 1961 (Mauer-Archiv)
3 Berliner Zeitung, 15. 8. 1961
4 Neues Deutschland, 14. 8. 1961
5 Zit. n. Scholze/Blask, Grenzgebiet, 1992, S. 82
6 Wolle, heile Welt der Diktatur, 1998, S. 28
7 Ebd.
8 de Bruyn, Vierzig Jahre, 1996, S. 109f
9 Zit. n. Knobloch u. a., Geisterbahnhöfe, 1994, S. 41
10 Zit. n. Behrens/ Noth, Stadtbahnbilder, 1981, S. 112
11 Johnson, Boykott der Berliner Stadtbahn, in: Ders., Berliner Sachen, 1975, S. S. 27ff
12 Meyer-Kronthaler/Kramer, Berliner S-Bahnhöfe, 1998, S. 350
13 Befehl 101/69, Vgl. Koop, Gegner, 1996, S. 260f
14 Zit. n. Scholze/Blask, Grenzgebiet, 1992, S. 180
15 Befehl 101/71; 30. 9. 1971, Bl. 7 (?)) ##
16 Untersuchungsbericht zum Grenzdurchbruch in der Bewegungsrichtung DDR – Berlin (West) am 26. 1. 1989; BA-MA GTÜ AZN 16653 , Bl. 7
17 Nationale Volksarmee, 1. Grenzbrigade, Grenzregiment 33; Sozial-ökonomische Struktur ..., 13. 7. 64, Bl. 4 (Mauer-Archiv)
18 Ebd.
19 Ebd. Bl. 17
20 NVA, Stadtkommandantur Berlin, 23. 7. 1965, Zusammenfassung der finanziellen Mittel ... (Mauer-Archiv)
21 Rundschreiben an SED-Kreisleitungen, 28. 10. 1971, S. 2, (Mauer-Archiv)
22 Ebd., Anlage 1, S. 1
23 Ebd., S. 3
24 Zit. n. Scholze/Blask, Grenzgebiet, 1992, S. 183
25 Zit. n. ebd, S. 199
26 Zit. n. Berliner Morgenpost, 8. 3. 1964

Fluchtaktionen

1 Stern, 45/1962 , S. 10 ff
2 Wyden, Mauer, 1995, S. 133 f
3 Nach dem Fall der Mauer wurde das Verfahren gegen Rudolf M. wiederaufgenommen. Als erster Westdeutscher mußte er sich ab Dezember 1998 wegen der Tötung eines DDR-Grenzsoldaten vor Gericht verantworten. Im April 1999 wurde er wegen Totschlags zu einer Haftstrafe von einem Jahr auf Bewährung verurteilt.
4 Wyden, Mauer, 1995, S. 130
5 Hildebrandt, Es geschah an der Mauer, 1992, S. 66f
6 Stern, 40/1962, S. 155
7 Vgl. »Fotodokumentation über eine verhinderte Personenschleusung mittels LKW vom Typ VW« (1969), LAB, C Rep. 736, Nr. 78
8 Text-Zeichnungs-Dokumentation der Grenzbrigade »13. August«, 1966, LAB, C Rep. 736, Nr. 70
9 Vgl. Berichte über Fluchthelfergruppen in den Beständen des »Informationszentrums der NVA«, LAB, C Rep. 736, Nr. 68
10 »Einschätzung über Angriffsrichtung und Methoden des organisierten Menschenhandels«, 1967, LAB, C Rep. 736, Nr. 68,
11 Zit. n. Kuhlmann, Züge, S. 17ff
12 Der Tagesspiegel, 8. 6. 1962
13 Sikorski/Laabs, Checkpoint Charlie, 1997, S. 66f; Hildebrandt, Es geschah an der Mauer, 1992, S. 65
14 Zit. n. Blees, Glienicker Brücke, 1996, S. 104f
15 Hildebrandt, Es geschah an der Mauer, 1992, S. 40
16 Sikorski/Laabs, Checkpoint Charlie, 1997, S. 77
17 Lapp, Grenztruppen, 1998, S. 233
18 Sikorski/ Laabs, Checkpoint Charlie, 1997, S. 78
19 Lapp, Grenztruppen, 1998, S. 232
20 Befehl 101/62, BA-MA VA-01/5003
21 Befehl 101/61 BA-MA VA-01/5003
22 Befehl 101/62, BA-MA VA-01/ 5003
23 Handbuch für Grenzsoldaten, 1965, S. 41
24 Zit. n. Karau, Grenzerprotokolle, 1992, S. 25
25 Gesetz über die Staatsgrenze der DDR (Grenzgesetz) vom 25. März 1982, Gesetzblatt der Deutschen Demokratischen Republik, Teil I, Nr. 11, S. 197ff
26 Dokumentation des Stadtkommandanten zur Grenzsicherung aus Anlaß des 20. Jahrestags der Gründung der DDR, LAB C Rep. 736, Nr. 69
27 Ebd.
28 Oberst Frank Dietz, zit. n. Koop, Ausgegrenzt, 1993, S. 118
29 Vorlage des Stadtkommandanten Poppe für den Verteidigungsminister, Februar 1965, Bl. 5 (Mauer-Archiv)
30 Ebd., Bl. 2ff
31 Ebd. Anlage 3
32 Ebd. Bl. 8
33 Ebd., Bl. 5
34 Helmut H., zit. n. Karau, Grenzerprotokolle, 1992, S. 33
35 Oberst Klaus-Dieter Braun, zit. n. Koop, Ausgegrenzt, 1993, S. 140/142
36 Vgl. Marie-Luise Scherer, Die Hundegrenze, in: Der Spiegel, 6/1994, S. 94ff

Kalter Krieg um die Mauer

1 Ribbe (Hg.), Geschichte Berlins, Bd. 2, 1987, S. 1099
2 Der Spiegel, 4/1962, S. 41
3 Dokumente zur Berlin-Frage 1944–1966, 1987, S. 550f
4 Protokoll der Verhandlungen des VI. Parteitags der SED, 1963, S. 301
5 Gästebuch des »Informationszentrums der NVA..., LAB Rep. C 736, Nr. 55

Die Mauer wird durchlässig

1 Zit. n. Schuster, Heinrich Albertz, 1997, S. 77
2 Abusch an Brandt, abgedruckt in: Neues Deutschland, 15. 12. 1963
3 Mitteilung des Senats vom 10. 12. 1963, abgedruckt ebd.
4 Neues Deutschland, 15. 12. 1963
5 Wetzlaugk, Berlin und die deutsche Frage, 1985, S. 178; Ribbe (Hg.), Geschichte Berlins, Bd. 2, 1987, S. 1104; Prell, Grenzüberschreitung, 1987, S. 46f
6 Der Tagesspiegel, 22. 12. 1963
7 Der Tagesspiegel, 25. 12. 1963
8 Der Tagesspiegel, 22. 12. 1963
9 Neues Deutschland, 5. 1. 1964
10 Prell, Grenzüberschreitung, 1987, S. 48
11 SAPMO-BArch Ny 4/217/56, Bl. 150
12 Instruktionen für »Aktion Gast« des MfS, Sept. 1964, Bl. 5 (Mauer-Archiv) Die Rolle der Stasi ist auch daraus ersichtlich, dass die mit der Vorbeitung und Realisierung der Besuchsregelung von DDR-Seite befaßten Personen für die Zeit ihres Einsatzes in der Kaserne des Wachregiments in Berlin-Adlershof untergebracht waren.
13 Kolbe, Renegatentermine, Frankfurt/M. 1998
14 Der Spiegel, 8/1962, S. 8
15 de Bruyn, Vierzig Jahre, 1996, S. 124f
16 Biermann, Wolf, Deutschland. Ein Wintermärchen, 1972, S. 5
17 Punkt 3, Zeitschrift der Berliner S-Bahn, 8. 12. 1998, S. 4 f
18 Kuhlmann, Züge, 1998, S. 100 ff
19 Zit. n. Knobloch u.a., Geisterbahnhöfe, 1994, S. 94
20 Kuhlmann, Züge, 1998, S. 111ff
21 de Bruyn, Vierzig Jahre, 1996, S. 109
22 Brücke, Günter, Die Überwachung war nahezu total, in: Knobloch u.a., Geisterbahnhöfe, 1994, S. 77ff
23 Helmut H., Major der Grenztruppen, Zit. n. Karau, Grenzerprotokolle, 1992, S. 33
24 Meyer-Kronthaler/Kramer, Berlins S-Bahnhöfe, 1998, S. 85
25 Günter Brücke, zit. n. Knobloch u. a., Geisterbahnhöfe, 1994, S. 80
26 Wolf, Christa, Was bleibt, 1990, S. 34
27 Kuhlmann, Züge, 1998, S. 101
28 Blees, Glienicker Brücke, 1996, S. 75
29 Ebd., S. 91 ff
30 Prell, Grenzüberschreitung, 1987, S. 111
31 Ebd., S. 119
32 «Material für politische Massenarbeit, 9. 3. 1972; Bl. 12, (Mauer-Archiv)

Aufrüstung an der Grenze

1 Zit. n. Rathje, Ausbau, 1996, S. 10
2 Zit. n. Ebd., S. 23
3 Befehl 101/79, Bl. 20, Vgl. Koop, Gegner, 1996, S. 306
4 «Konzeption ... für den weiteren pionier- und signaltechnischen Ausbau der Statsgrenze der DDR, 5. 8. 1982, Bl. 10, (Mauer-Archiv)
5 Vorschlag über Maßnahmen zur Erhöhung der Wirksamkeit der Grenzsicherungsanlagen, 24. 03. 1983, Bl. 2/7 (Mauer-Archiv)
6 Zit. n. Sikorski/Laabs, Checkpoint Charlie, 1997, S. 46f
7 Frühere SED-Funktionäre und Grenztruppen-Kommandeure bemühen sich immer wieder, sei es vor Gericht oder in Publikationen, durch Begriffinterpretationen die Aussagen entsprechender Befehle zu relativieren. So wird unter Hinweis auf den Sprachgebrauch im sowjetischen Militär etwa bestritten, daß der Ausdruck »Vernichten« mit dem »Töten von Menschen gleichzusetzen« sei. (Bösel u.a., Die Rolle und Bedeutung des Befehls..., in: Vom Mauerbau zum Mauerfall, 1998, S. 33)
Die Tatsache, daß an Mauer und innerdeutscher Grenze bei Fluchtversuchen mehr als 800 Menschen ums Leben kamen, wird auch von diesen Relativierern nicht bestritten.
8 Befehl 101/69, Vgl., Koop, Gegner, 1996, S. 261
9 Wenzel, Kriegsbereit, 1995, S. 71f
10 Sikorski/Laabs, Checkpoint Charlie, 1997, S. 110ff
11 Lapp, Genztruppen, 1998, S. 233
12 Schultke, Dietmar, Das Grenzregime der DDR, in: Das Parlament, 50/1997, S. 50
13 Ebd., S. 45
14 Lapp, Grenztruppen, 1998, S. 246
15 Zit. n. Scholze/Blask, Grenzgebiet, 1992, S. 148
16 Chronik Grenzkommando Mitte, »Karl Eduard Schnitzler – Gast im Grenzregiment 42, ca. 1970, (Mauer-Archiv)
17 Grenzkommando Mitte, Protokoll der Dienstbesprechung des Kommandeurs des GK Mitte mit den Stellvertretern am 2. 2. 1988, BA-MA GTÜ AZN 16630, Bl. 4
18 »Argumente und Hinweise«, 1971, Bl. 3 (Mauer-Archiv)
19 Zit. n. Rathje, Ausbau, 1996, S. 49
20 Zit. n. Koop, Ausgegrenzt, 1993, S. 65
21 Chef der Grenztruppen, Ausführungen vom 5. 9. 1986, BA-MA GTÜ AZN 17155, Bl. 20
22 Befehl 45/80, zit. n. Rathje, Ausbau, 1996, S. 63
23 Befehl 101/76, Bl. 5/6, Vgl. Koop, Gegner, 1996, S. 283
24 »Material für die politische Massenarbeit«, 9. 3. 1972, Bl. 11, (Mauer-Archiv)
25 Schreiben des Grenzkommandos Mitte aus Anlaß des VIII. Parteitags der SED, Juni 1971, Bl. 1, (Mauer-Archiv)
26 Politische Verwaltung der Grenztruppen der DDR (Hg.), Staatsgrenze, 1982, S. 43
27 Ebd. S. 37f
28 Koop, Ausgegrenzt, 1993, S. 62
29 Handbuch für politische Arbeit, 1978, S. 343
30 Hertle, Chronik, 1996, S. 40
31 Eine besondere Tragik dieses Falles lag darin, daß, wie spätere Ermittlungen ergaben, Göring als einziger von

den beteiligten DDR-Grenzsoldaten nicht geschossen hatte.
32 Im April 1999 wurde Rudolf M. vom Berliner Landgericht wegen Totschlags zu einer Haftstrafe von einem Jahr auf Bewährung verurteilt.
33 Karau, Grenzerprotokolle, 1992, S.49
34 Preißler, in: Liebig, Wo sie gefallen sind, stehen wir, 1983, S.4
35 Übersicht Versuchte und erfolgte Grenzdurchbrüche über die Grenzsicherungsanlagen (01.12.74–30.11.79) (Mauer-Archiv)
36 LAB, C Rep. 736, Nr.70
37 Dokumentation des Stadtkommandanetn zur Grenzsicherung aus Anlaß des 20. Jahrestags der Gründung der DDR, Oktober 1969, LAB C Rep.736, Nr.69
38 Oberst Frank Dietz, zit.n. Koop, Ausgegrenzt, 1993, S.114f
39 Befehl 01/69, Vgl., Koop, Gegner, 1996, S.261
40 Meldung über einen Grenzdurchbruch an der Staatsgrenze der DDR zu Westberlin..., 31.12.1981, BA-MA GTÜ AZN 13269
41 Befehl 101/62 BA-MA VA-01/ 5003
42 Zur Geschichte des Grenzregiments »Clara Zetkin«, ca. 1986, (Mauer-Archiv)
43 Chronik des Grenzregiments 34 »Hanno Günter« (Groß-Glienicke), ca. 1986,(Mauer-Archiv)
44 Chronik des Grenzregiments-34 »Hanno Günter« vom 1.12.86 bis 30.11.87, BA-MA GTÜ AZN 18080
45 Dokumentation des Stadtkommandanten zur Grenzsicherung aus Anlaß des 20. Jahrestags der Gründung der DDR, LAB, C Rep. 736, Nr.69
46 Handbuch für Grenzsoldaten, 1965, S.55
47 Diedrich, Grenzpolizei, 1998, S.208
48 Lapp, Grenztruppen, 1998, S.240
49 Zit.n. Scholze/Blask, Grenzgebiet, 1992, S.201
50 »Gefechtsbeispiel zum versuchten Grenzdurchbruch DDR-West mit Festnahme am 13.8.1964« (Mauer-Archiv)
51 Lapp, Grenztruppen, 1998, S.240
52 Hanisch, Mitwirkung der Grenzbevölkerung, in: Vom Mauerbau zum Mauerfall, H.5, 1998, S.39
53 Koop, Ausgegrenzt, 1993, S.46
54 Geschke, u.a., Sicherung der Staatsgrenze, in: Vom Mauerbau zum Mauerfall, H.5, 1998, S.52

Hundert Jahre Mauer?
1 de Bruyn, Vierzig Jahre, 1996, S.110
2 Wyden, Mauer, 1995, S.178f
3 «Untersuchungsbericht zur Fahnenflucht des Sch., Mathias..., am 10.11.1986«, BA-MA GTÜ AZN 14514
4 «Untersuchungsbericht zum Grenzdurchbruch DDR/ Berlin (West), ... vom 31.3.1983...« BA-MA GTÜ AZN 13266
5 Zit.n. Scholze/Blask, Grenzgebiet, 1992, S.206
6 Kommandeur des Grenzkommandos Mitte, 23.8.1988, BA-MA GTÜ AZN 16629
7 Außerordentliche Dienstbesprechung mit Kommandeuren der Truppenteile, 23.8.1988, BA-MA GTÜ AZN 16629
8 Ebd.
9 Untersuchungsbericht über schweren Grenzdurchbruch mit LKW am 14.2.1989, BA-MA GTÜ AZN 16653
10 Wyden, Mauer, 1995, S.281f
11 Sikorski/ Laabs, Checkpoint Charlie, 1997, S.80
12 Der Tagesspiegel, 2.7.1988
13 Dokumentationsbericht des GR-35, 19.5.1975 (Mauer-Archiv)
14 Entgegen der Behauptung der DDR wurden an der Berliner Mauer auch einige Kinder durch Schüsse getötet; unter den Opfern warren auch zwei Jungen, 13 bzw. 10 Jahre alt, die im März 1966 in einer Kleingarten-Anlage im Bezirk Treptow von Grenzposten erschossen wurden, obwohl Schüsse auf Kinder auch bei den Grenztruppen ausdrücklich untersagt waren. Die DDR versuchte, die Schüsse auf Kinder zu vertuschen. Vgl. Berliner Morgenpost, 11.8.1996
15 Wetzel, Zehlendorf, 1988, S.175f
16 Berliner Morgenpost, 9.5.1994
16 Der Spiegel, 43/1977, S.62
16 Vgl. Gaus, Deutschland im Juni, 1988
19 Befehl 05/87 des Chefs der Grenztruppen, zit.n. Rathje, Ausbau, 1996, S.40
20 Zit.n. ebd.
21 Zit.n. ebd.
22 Anordnung 05/89 des Chefs der Grenztruppen, 10.6.1989, zit.n. Rathje, Ausbau, 1996, S.84
23 Schreiben von Oberstleutnant Ganßauge, Okt. 1981, LAB, C Rep. 736, Nr.12
24 Baustellenordnung, Juli 1984, LAB, C Rep. 736, Nr.12
25 Zit.n. Karau, Grenzerprotokolle, 1992, S.50
26 Archiv der Gegenwart, 1987, S.31137
27 Karau, Grenzerprotokolle, 1992, S.50
28 Frankfurter Allgemeine Zeitung, 20.1.1989
29 Kommando der Grenztruppen, »Thesen zum Thema Tendenzen der Entwicklung neuer Grenzsicherungsanlagen ..., BA-MA GTÜ AZN 17791
30 Vorschlag des Stellvertreters des Chefs und Chefs Technik und Bewaffnung zum weiteren pionier- und signaltechnischen Ausbau der Staatsgrenze der DDR zur BRD und zu Berlin (West) in den Jahren 1991-1995/ 2000, zit.n. Rathje, Ausbau, 1996, S.143
31 67. Sitzung des Nationalen Verteidigungsrates, zit.n. Rathje, Ausbau, Ausbau, S.96
32 «Langfristige Konzeption über die Grundforderungen der Grenztruppen der DDR zur Entwicklung von Grenzsicherungstechnik für den Zeitraum 1990-2000«, BA-MA GTÜ AZN 17791
33 Ebd.
34 Schreiben des Chefs Pionierwesen des Ministeriums für Nationale Verteidigung an den Stellvertreter des Chefs Technik und Beaaffnung und Chef Grenzsicherungsanlagen, 24. Juni 1988, zit.n. Rathje, Ausbau, 1996, S.114
35 Zentralinstitut für Physik der Erde, Forschungsbericht »Seismische Meldungsgebersysteme«, 31.1.1985, Bl.28, BA-MA GTÜ AZN 17779
36 Schreiben des Chefs Planungswesen..., 24. Juni 1988, zit.n. Rathje, Ausbau, 1996, S.115
37 BA-MA GTÜ AZN 17791
38 BA-MA GTÜ AZN 17791
39 BA-MA GTÜ AZN 17791
40 BA-MA GTÜ AZN 17791
41 Studie des Militärtechnischen Instituts »Anton Ackermann« vom 10.1.1989, zit.n. Rathje, Ausbau, 1996, S.125
42 BA-MA GTÜ AZN 17791
43 Ebd.

Der Fall der Mauer
1 Ash, Im Namen Europas, 1993, S.542f
2 Befehl 101/89, 12.9.1989, Bl.5 BA-MA GTÜ AZN 17239
3 Zit.n. Hertle, Chronik, 1996, S.145f
4 Zit.n. ebd., S.156
5 Hertle, Fall der Mauer, 1996, S.187
6 Der Spiegel, 46/1989, S.28
7 Im nachhinein vesuchte Egon Krenz es so darzustellen, als habe er direkt die »Öffnung der Grenzübergangsstellen« befohlen. Allerdings ist bei keiner Grenzübergangsstelle ein derartiger Befehl eingegangen. Die Öffnung der Grenzen ohne jegliche Kontrollen war eine Entscheidung der jeweiligen Grenzstellen-Kommandeure, eigentich aber das Werk der andrängenden Menschen.
8 Der Spiegel, 46/1989, S.28
9 Zit.n. Hertle, Fall der Mauer, 1996, S.194.
10 Petschull, Mauer, 1990, S.210f
11 Zit.n. Karau, Grenzerprotokolle, 1992, S.33f
12 Zit.n. Ebd., S.19ff
13 Neue Berliner Illustrierte 8/ 1990, S.4
14 Zit.n. Hertle, Chronik, 1996, S.163
15 Zit.n. Hertle, Fall der Mauer, 1996, S.230
16 Zit.n. Karau, Grenzerprotokolle, 1992, S.21
17 MfS-Berichte von Anfang November 1989, Vgl. Hertle, Fall der Mauer, 1996, S.235
18 Befehl Nr.12/89 des Vorsitzenden des NVR, zit.n. Hertle, Nach dem Fall der Mauer, 1994, S.4
19 Vgl. Hertle, Der Fall der Mauer aus der Sicht der NVA und der Grenztruppen, 1995, S.8; Darstellung von Streletz, ebd., S.11ff)
20 Hertle, Fall der Mauer, 1996, S.256
21 Direktive Nr.4/85 vom 28.8.1985, zit.n. Hertle, Fall der Mauer, 1996, S.259
22 Mielke-Befehl vom 10.November 1989, zit.n. Hertle, Fall der Mauer, 1996, S.260
23 Zit.n. Hertle, Fall der Mauer S.230
24 Bahrmann, / Links, Chronik der Wende, 1994, S.83
25 Befehl 101/89 in der Fassung vom 21.12.1989, BA-MA GTÜ AZN 17239, Bl.5
26 Ebd. Bl.4
27 Zit.n. Knobloch u.a., Geisterbahnhöfe, S.94

Das Verschwinden der Mauer
1 Lapp/ Ritter, Grenze, 1997, S.168
2 Vgl. Winters, Unrecht als Gesetz, in: Helga Grabitz u.a. (Hg.), Die Normalität des Verbrechens, 1994, S.42-67, S.60ff
3 Vgl. Roman Grafe, Süddeutsche Zeitung, 3./4.5.1997
4 ebd.
5 Der Tagesspiegel, 23.4.1999
6 Schreiben des Kommandeurs des GK Mitte vom 27.7.1990, Bl.2, (Mauer-Archiv)
7 Hertle, Chronik, 1996, S.278

Literatur

Aanderud, Kai-Axel, Die eingemauerte Stadt. Die Geschichte der Berliner Mauer, Recklinghausen 1991

Albertz, Heinrich, War die Mauer zu verhindern?, in: Der Spiegel, 24.10.1986

Andert, Reinhold/Herzberg Wolfgang, Der Sturz. Honecker im Kreuzverhör, Berlin 1991

Arenth, Joachim, Der Westen tut nichts! Transatlantische Kooperation während der zweiten Berlin-Krise (1958-1962) im Spiegel neuer amerikanischer Quellen, Frankfurt/M. 1993

Ash, Timothy Garton, Im Namen Europas, München 1993

Bahr, Egon, Der Schock des Mauerbaus aus der Sicht des Berliner Senats, in: Thoß, Bruno (Hg.), Vom Kalten Krieg zur deutschen Einheit. Analysen und Zeitzeugenberichte zur deutschen Militärgeschichte 1945 bis 1995, München 1995, S. 145-148

– Ders., Zu meiner Zeit, München 1996

Bahrmann, Hannes/Links, Christoph, Chronik der Wende. Die DDR zwischen 7. Oktober und 18. Dezember 1989, Berlin 1994

– Dies., Chronik der Wende 2. Stationen der Einheit. Die letzten Monate der DDR, Berlin 1995

Bailey, George/Kondraschow, Sergej A./Murphy, David E., Die unsichtbare Front. Der Krieg der Geheimdienste im geteilten Berlin, Berlin 1997

Der Bau der Mauer durch Berlin. Die Flucht aus der Sowjetzone und die Sperrmaßnahmen des kommunistischen Regimes vom 13. August 1961 in Berlin, hrsg. vom Bundesministerium für gesamtdeutsche Fragen, Bonn[2] 1964

Behrens, Alfred/Volker Noth, Berliner Stadtbahnbilder, Berlin 1981

Bender, Peter, Wenn es West-Berlin nicht gäbe, Berlin 1987

– Ders., Die »neue Ostpolitik« und ihre Folgen, München[3] 1995

Bering, Henrik, Outpost Berlin. The History of the American Military Forces in Berlin 1945-1994, Chicago 1995

Beschloss, Michael, Powergame. Kennedy und Chruschtschow. Die Krisenjahre 1960-1963, Düsseldorf 1991

Blees, Thomas, Glienicker Brücke. Ausufernde Geschichten, Berlin 1996

Biermann, Harald, John F. Kennedy und der Kalte Krieg. Die Außenpolitik der USA und die Grenzen der Glaubwürdigkeit, Paderborn 1997

Biermann, Wolf, Deutschland. Ein Wintermärchen, Köln 1972

Bösel, Karl-Heinz u.a., Die Rolle und Bedeutung des Befehls und der Befehlsausführung in der Nationalen Volksarmee und den Grenztruppen der DDR, in: Vom Mauerbau zum Mauerfall – Rechtliche Aspekte des DDR-Grenzregimes, H. 5, Potsdam 1998, S. 30-35

Boris, Peter, Grenzsoldaten der DDR. Mordopfer westlicher Banden? Behauptungen und Feststellungen, in: Deutschland-Archiv, 21/1989, H. 8, S. 925-931

Brandt, Willy, Begegnungen und Einsichten. Die Jahre 1960-1975, Hamburg 1976

– Ders., Erinnerungen, Berlin[3] 1989

Brühl, Reinhard u.a., Armee für Frieden und Sozialismus. Geschichte der Nationalen Volksarmee der DDR, Berlin[2] 1987

Brühl, Reinhard, Der Fahneneid – historischer Vorspann und über Eidestreue, in: Vom Mauerbau zum Mauerfall – Rechtliche Aspekte des DDR-Grenzregimes, H. 5, Potsdam 1998, S. 24-29

de Bruyn, Günter, Vierzig Jahre. Ein Lebensbericht, Frankfurt/M.[2] 1996

Catudal, Honoré M., Kennedy and the Berlin Wall Crisis. A Case Study in U.S. Decision Making, Berlin 1980

Diedrich, Torsten, Die militärische Grenzsicherung an der innerdeutschen Demarkationslinie und der Mauerbau 1961, in: Thoß, Bruno (Hg.), Vom Kalten Krieg zur deutschen Einheit, München 1995, S. 127-143

– Ders, Die Grenzpolizei der SBZ/DDR (1946-1961), in: Ders. u.a. (Hg.), Im Dienste der Partei. Handbuch der bewaffneten Organe der DDR, Berlin 1998, S. 201-223

Diedrich, Torsten/Ehlert, Hans/Wenzke, Rüdiger (Hg.), Im Dienste der Partei. Handbuch der bewaffneten Organe der DDR, Berlin 1998

Documents on Germany, 1944-1970, Committee on Foreign Relations United State Senate, Washington 1971

Dokumente zur Berlin-Frage 1944-1962, hrsg. vom Forschungsinstitut der Deutschen Gesellschaft für Auswärtige Politik e.V., München 1962

Dokumente zur Berlinfrage 1944-1966, hrsg. vom Forschungsinstitut der Deutschen Gesellschaft für Auswärtige Politik e.V., München 1987

Dokumente zur Berlinfrage 1967-1986, hrsg. von Hans Heinrich Mahnke, München 1987

Dokumente zur Deutschlandpolitik, hrsg. vom Bundesministerium für innerdeutsche Beziehungen, IV. Reihe, Bd. 7, erster Halbband, Frankfurt/M. 1976

Filmer, Werner/Schwan, Heribert, Opfer der Mauer. Die geheimen Protokolle des Todes, München 1991

Fischer, Wolfgang Georg/von der Schulenburg, Fritz, Die Mauer, Berlin 1980

Die Flucht aus der Sowjetzone und die Sperrmaßnahmen des kommunistischen Regimes vom 13. August 1961 in Berlin, hrsg. vom Bundesministerium für Gesamtdeutsche Fragen, Bonn[2] 1961

Frotscher, Kurt, Aus dem Grenzalltag, Schkeuditz 1998

Foreign Relations of the United States, 1961-1963, Volume XIV, Berlin Crisis 1961-1962, Washington 1993

Gaus, Günter, Deutschland im Juni, Köln 1988

Gerig, Uwe, Morde an der Mauer, Böblingen 1989

Geschke, Heinz u.a., Die Sicherung der Staatsgrenze der DDR als gesamtgesellschaftliches System, in: Vom Mauerbau zum Mauerfall – Rechtliche Aspekte des DDR-Grenzregimes, H. 5, Potsdam 1998, S. 41-113

Halter, Hans, Es gibt kein Entrinnen. Die radioaktiven Grenzkontrollen der DDR,in: Der Spiegel 51/1994, S. 176-180

Handbuch für politische Arbeit in Truppenteilen und Einheiten der Nationalen Volksarmee und der Grenztruppen der DDR, Berlin 1978

Handbuch für Grenzsoldaten, Berlin 1965

Hanisch, Winfried, Über die Mitwirkung der Grenzbevölkerung an der Sicherung der Staatsgrenze der DDR, in: Vom Mauerbau zum Mauerfall – Rechtliche Aspekte des DDR-Grenzregimes H. 5, Potsdam 1998, S. 36-40

Harrison, Hope M., Ulbricht and the Concrete »Rose«: New Archival Evidence on the Dynamics of Soviet – East German Relations and the Berlin Crisis, 1958-1961, Washington 1993 (Cold War International History Project, Woodrow Wilson International Center for Scholars, Working Paper No. 5)

Herbst, Andreas/Ranke, Winfried/Winkler, Jürgen, So funktionierte die DDR, Lexikon der Organisationen und Institutionen/Lexikon der Funktionäre, 3 Bde, Reinbek 1994

Hertle, Hans-Hermann, Chronik des Mauerfalls, Berlin 1996

– Ders., Der Fall der Mauer. Die unbeabsichtigte Selbstauflösung des SED-Staates, Opladen 1996

– Ders., Nach dem Fall der Mauer. Der Weg zur friedlichen Lösung: Anfang und Ende der Vorbereitung eines militärischen Einsatzes, Berlin 1994 (Berliner Arbeitshefte und Berichte zur sozialwissenschaftlichen Forschung Nr. 94)

– Ders., Der Fall der Mauer aus der Sicht der NVA und der Grenztruppen der DDR. Gespräch mit den Generälen Klaus-Dieter Baumgarten, Joachim Goldbach und Fritz Streletz, Berlin 1995 (Berliner Arbeitshefte und Berichte zur sozialwissenschaftlichen Forschung, Nr. 99)

– Ders./Maximytschew, Igor F., Der Fall der Mauer – Vorgeschichte und Hintergründe. Eine russisch-deutsche Trilogie. Berlin 1994 (Berliner Arbeitshefte und Berichte zur sozialwissenschaftlichen Forschung Nr. 93 und Nr. 94)

– Ders./Stephan, Gerd-Rüdiger (Hg.), Das Ende der SED. Die letzten Tage des Zentralkomitees, Berlin 1997

Hildebrandt, Rainer, Die Mauer spricht, Berlin[6] 1990

– Ders., Es geschah an der Mauer, Berlin[18] 1992

Holzweißig, Gunter, Militärwesen in der DDR, Berlin 1985

Johnson, Uwe, Boykott der Berliner Stadtbahn (1964), in: Ders., Berliner Sachen, Frankfurt/M. 1975, S. 22-37

Karau, Gisela, Grenzerprotokolle. Gespräche mit ehemaligen DDR-Offizieren, Frankfurt/M. 1992

Keiderling, Gerhard/Stulz, Percy, Berlin 1945-1968, Berlin 1968

Kolbe, Uwe, BRenegatentermine, Frankfurt/M. 1998

Koop, Volker, »Den Gegner vernichten«. Die Grenzsicherung der DDR, Bonn 1996

– Ders., Ausgegrenzt. Der Fall der DDR-Grenztruppen, Berlin 1993

– Ders., Armee oder Freizeitclub? Die Kampfgruppen der Arbeiterklasse in der DDR, Bonn 1997

Krönig, Peter, »Schaut auf diese Stadt!« Berlin und die Luftbrücke, Berlin 1998

Kroll, Hans, Lebenserinnerungen eines Botschafters, Köln 1967

Kuhlmann, Bernd, Züge durch Mauer und Stacheldraht. Sechs Kapitel zur Geschichte des Eisenbahnverkehrs über die Grenzen zwischen Deutschland Ost und Deutschland West, Berlin 1998

Kwizinskij, Julij, Vor dem Sturm, Berliner Zeitung, 22.3.1993

– Ders., Vor dem Sturm, Berlin 1993

Lapp, Peter Joachim, Frontdienst im Frieden – Die Grenztruppen der DDR, Koblenz 1987

– Ders., Die Grenztruppen der DDR (1961-1989), in: Diedrich, Torsten u.a. (Hg.), Im Dienste der Partei. Handbuch der bewaffneten Organe der DDR, Berlin 1998, S. 225-252

– Ders./Ritter, Jürgen, Die Grenze. Ein deutsches Bauwerk, Berlin 1997

Lemke, Michael, Die Berlin-Krise 1958 bis 1963. Interessen und Handlungsspielräume der SED im Ost-West-Konflikt, Berlin 1995

Liebig, Horst, Wo sie gefallen sind, stehen wir, hrsg. von der Politischen Verwaltung der Grenztruppen der DDR, o.O. 1983

Links, Christoph/Knobloch, Heinz/Richter, Michael/Wenzel, Thomas, Geisterbahnhöfe. Westlinien unter Ostberlin, Berlin 1994

Matthey, Ferdinand (Red.), Entwicklung der Berlin-Frage (1944-1971), Berlin 1972

Mehls, Hartmut (Hg.), Im Schatten der Mauer. Dokumente. 12. August bis 29. September 1961, Berlin 1990

Meyer-Kronthaler, Jürgen/Kramer, Wolfgang, Berlins S-Bahnhöfe. Ein dreiviertel Jahrhundert, Berlin 1998

Mitter, Armin/Wolle, Stefan, Untergang auf Raten. Unbekannte Kapitel aus der DDR-Geschichte, München 1993

Möbius, Peter/Trotnow, Helmut (Hg.), Mauern sind nicht für ewig gebaut. Zur Geschichte der Berliner Mauer, Berlin 1990

Momper, Walter, Grenzfall, München 1991

Nawrocki, Joachim, Bewaffnete Organe in der DDR. Nationale Volksarmee und andere militärische und paramilitärische Verbände. Aufbau, Bewaffnung, Aufgaben, Berichte aus dem Alltag, Berlin 1979

Paduch, Walter, Erlebnisse und Erfahrungen als Chef Nachrichten beim Berliner Mauerbau, in: Thoß, Bruno (Hg.), Vom Kalten Krieg zur deutschen Einheit, München 1995, S. 149-156
Petro, Wolfgang, Berlin, die Mauer. Aufbau, Zerfall, Abriß, Frankfurt/M. 1991
Petschull, Jürgen, Die Mauer. August 1961. Zwölf Tage zwischen Krieg und Frieden, Hamburg[3] 1990
Plewnia, Ulrike/Robers, Norbert, High-Tech-Mauer. Moderne Technik sollte dem SED-Staat eine »saubere« Grenze bescheren, in: Focus 4/1995
Podewin, Norbert, Walter Ulbricht. Eine neue Biographie, Berlin 1995
Politische Verwaltung der Grenztruppen der DDR (Hg.), Die Grenzen unserer Republik sind zuverlässig geschützt. Materialien und Dokumente vom 30. Jahrestag der Grenztruppen der DDR, o.O. 1977
– Dies. (Hg.), Die Staatsgrenze unserer Republik ist unantastbar. Materialien und Dokumente vom 35. Jahrestag der Grenztruppen der DDR, o.O. 1982
Prell, Uwe, Grenzüberschreitung in Berlin. Der Reise- und Besucherverkehr und die westlichen politischen Entscheidungen, Berlin 1987
Prokop, Siegfried, Unternehmen »Chinese Wall«. Die DDR im Zwielicht der Mauer, Frankfurt/M. 1993
Prowe, Diethelm, Der Brief Kennedys an Brandt vom 18. August 1961. Eine zentrale Quelle zur Berliner Mauer und der Entstehung der Brandtschen Ostpolitik, in: Vierteljahreshefte für Zeitgeschichte (VjHfZ) 33/1985, H. 2, S. 373-383
Przybylski,Peter, Tatort Politbüro. Die Akte Honecker, Berlin 1991
– Ders., Tatort Politbüro. Bd. 2: Honecker, Mittag und Schalck-Golodkowski, Berlin 1992

Rathje, Wolfgang, Der Ausbau der Berliner Mauer 1975-1989 und die Perspektivplanung bis zum Jahr 2000 im Spiegel der Grenztruppen-Akten, Magister-Arbeit, Christian-Albrecht-Universität Kiel 1996
Rehlinger, Ludwig, Freikauf, Berlin 1991
Ribbe, Wolfgang (Hg.), Geschichte Berlins, Bd. 2, Von der Märzrevolution bis zur Gegenwart, München 1987
Riemer, Rudolf, Das zweigeteilte Deutschland 1961-1962, hrsg. vom Studienzentrum für Ost-West-Probleme e.V., München 1995
Rühle, Jürgen/Holzweißig, Gunter, 13. August 1961. Die Mauer von Berlin, 1981

Sauer, Heiner/Plumeyer, Hans-Otto, Der Salzgitter-Report. Die Zentrale Erfassungsstelle berichtet über Verbrechen im SED-Staat, München 1991
Schabowski, Günter, Der Absturz, Berlin 1991
Scherer, Marie-Louise, Die Hundegrenze, in: Der Spiegel 6/1994
Schlesinger, Klaus, Am Ende der Jugend, in: Ders., Berliner Traum, Rostock 1977
Schneider, Peter, Der Mauerspringer, Darmstadt 1982
Scholze, Thomas/Blask, Falk, Halt! Grenzgebiet! Leben im Schatten der Mauer, Berlin 1992
Schröder, Klaus, Der SED-Staat. Partei, Staat und Gesellschaft 1949-1990, München 1998
Schultke, Dietmar, Das Grenzregime der DDR. Innenansichten der siebziger und achtziger Jahre, in: Aus Politik und Zeitgeschichte, Beilage zum »Parlament« 50/97, S. 43ff
Schuster, Jacques, Heinrich Albertz – der Mann, der mehrere Leben lebte. Eine Biographie, Berlin 1997
Schwarz, Hans-Peter (Hg.), Berlinkrise und Mauerbau (Rhöndorfer Gespräche, Bd. 6), Bonn 1985
Sikorski, Werner/Laabs, Rainer, Checkpoint Charlie und die Mauer. Ein geteiltes Volk wehrt sich, Berlin 1997
Staadt, Jochen, Die geheime Westpolitik der SED 1960–1970, Berlin 1993
Steinborn, Norbert/Krüger, Hilmar, Die Berliner Polizei 1945 bis 1992, Berlin 1993
Steiner, André, Auf dem Weg zur Mauer? Ulbricht an Chruschtschow im November 1960, in: Utopie kreativ, 1993/H. 31/32, S. 94ff
Streletz, Fritz, Das Grenzgebiet als militärisches Sperrgebiet, in: Vom Mauerbau zum Mauerfall – Rechtliche Aspekte des DDR-Grenzregimes, H. 5, Potsdam 1998, S. 7-23

Teller, Hans, Der kalte Krieg gegen die DDR. Von seinen Anfängen bis 1961, Berlin 1979
Tusa, Ann, The Last Division. Berlin and the Wall, London 1996

Wallace, Ian (Compiler), Berlin (World bibliographical series, Volume 155), Oxford 1993
Weber, Hermann, DDR. Grundriß der Geschichte, Hannover 1991
Wenzel, Otto, Kriegsbereit: Der Nationale Verteidigungsrat der DDR 1960 bis 1989, Köln 1995
Wettig, Gerhard, Das Vier-Mächte-Abkommen in der Bewährungsprobe. Berlin im Spannungsfeld von Ost und West, Berlin 1981
Wetzel, Jürgen, Zehlendorf, Berlin 1988
Wetzlaugk, Udo, Die Alliierten in Berlin, Berlin 1988
– Ders., Berlin und die deutsche Frage, Köln 1985
Whitney, Craig, R., Advocatus Diaboli. Wolfgang Vogel – Anwalt zwischen Ost und West, Berlin 1993
Wilczek, Bernd (Hg.), Berlin – Hauptstadt der DDR 1949–1989. Utopie und Realität, Baden-Baden 1995
Winters, Peter Jochen, Unrecht als Gesetz. Vom 30. Juni 1934 zu den »Mauerschützen«, in: Helga Grabitz u.a. (Hg.), Die Normalität des Verbrechens, Berlin 1994, S. 42-67
Wörterbuch zur deutschen Militärgeschichte, Bd. 1, Berlin 1985
Wolf, Christa, Was bleibt, Frankfurt/M. 1990
Wolff, Michael W., Die Währungsreform in Berlin 1948/49, Berlin 1991
Wolle, Stefan, Die heile Welt der Diktatur. Alltag und Herrschaft in der DDR, Berlin 1998
Wyden, Peter, Die Mauer war unser Schicksal, Berlin 1995

Archivverzeichnis

Das vorliegendem Buch stützt sich u.a. auf Material aus folgenden Archiven und Zeitschriften:

Archive
Bundesarchiv, Außenstelle Dahlwitz-Hoppegarten
Bundesarchiv, Stiftung Archiv der Parteien und Massenorganisationen der DDR (SAPMO), Berlin
Landesarchiv Berlin

Daneben wurden Materialien aus dem privaten Mauer-Archiv von Hagen Koch, Berlin, benutzt.

Zeitungen
Der Tagesspiegel
Süddeutsche Zeitung
Frankfurter Allgemeine Zeitung
Berliner Zeitung
Neue Berliner Illustrierte
Berliner Morgenpost
Der Spiegel
stern
Neues Deutschland
Focus

Bildnachweis

Archiv Berlin der DB AG (Repro aus B. Kuhlmann, Züge durch Mauer und Stacheldraht, Verlag GVE, Berlin 1998) 73
Berliner Mauer-Archiv 2/3, 9, 22, 24, 44 (3), 45, 47, 56, 60, 61, 62, 70, 71, 77, 83, 84, 85, 88, 89, 90, 91, 92, 93 unten, 96, 97, 99, 102, 103 (2), 104 (2), 105, 106, 110, 111, 112, 113, 114, 120, 121, 122 (Authentizität und Herkunft des Dokuments konnte nicht zweifelsfrei geklärt werden), 128, 133
Bildarchiv Preußischer Kulturbesitz 37
Dieter Breitenborn, Berlin 7, 13, 15, 24, 32, 36, 46 links, 64 (3), 66 links, 68 (2), 69, 95, 124, 127, 129 oben, 133
Bundesarchiv Koblenz 16, 21, 33, 34, 65 unten, 66 rechts, 67, 78, 94 (ADN-ZB 85 517/3N; 85 711/1N; 83 911/9; 83 494/10N; 183/ B 0117/10/31; C 1011/09/2N; E 0809/32/1N; 183/ A 0706/10/1; C 1221/14/3N)
Ch. Links Verlag 51 links, 74, 116, 117, 129 unten
GVE Verlag, S-Bahn ins Havelland, Berlin 1993 42
Landesarchiv Berlin 44 links, 46 rechts, 48, 51 rechts, 66 links, 75, 79, 94, 103 (alle C Rep. 736: Nr. 69, Bl. 15/ Bl. 13; Nr. 91 Acc. 1961-1986 (5); Nr. 71, Bl. 12)
Haus am Checkpoint Charlie, Berlin 65 oben
Landesbildstelle Berlin 12, 17, 27, 28, 41, 86
Klaus Lehnartz, Berlin 6, 18, 19 rechts, 25, 26, 38, 39, 40, 49, 50, 52, 55, 58, 63, 82, Umschlagrückseite
Militärverlag der DDR, Grenzsoldaten, Berlin 1981 93 oben
Michael Reimer, Berlin 76
Andreas Schoelzel, Berlin 115, 118
Uwe Steinert, Berlin 130, 131
Ullstein Bilderdienst 19 links, 59
Zeitungsarchiv FU Berlin 11

Statistische Daten

Das DDR-Grenzsicherungssystem – »Ring um Berlin (West)«

Länge der Demarkationslinie zwischen Berlin (West) und Berlin (Ost): 43,1 km
Länge der Demarkationslinie zwischen Berlin (West) und der DDR: 111,9 km
Gesamtlänge: 155 km

	Stand vom 31.7.1984	Stand vom 31.7.1989
Betonplatten mit Rohrauflage oder eingelassenem Rohr (3,5 bis 4,2 m)	112,6 km	106,0 km
Metallgitterzaun	55 km	66,5 km
Stacheldraht (doppelter Stacheldrahtzaun)	4,3 km	
Betonmauern, Reste von Häuserfronten, Grundstücksmauern	9,0 km	0,5 km
Beobachtungstürme	285	302
Bunker	69	20
Hundelaufanlagen	256	259
Kraftfahrzeug-Sperrgräben	108,0 km	105,5 km
Kontakt- bzw. Signalzaun	124,9 km	127,5 km
Kolonnenweg	123,5 km	124,3 km

(nach Lapp/Ritter, Die Grenze, 1997, S. 166)

Todesfälle bei der Flucht aus der DDR

	vor 13.8.1961	nach 13.8.1961	gesamt
Berliner Grenze/Mauer	16	239	255
innerdeutsche Grenze (Land)	100	271	371
Ostsee	15	174	189
Grenzen von Bulgarien, CSSR, Polen, Ungarn (nur DDR-Bürger)	3	41	44
sonstige Fluchtwege (Flugzeugentführung, Transitwege)	0	7	7
im Dienst getötete DDR-Grenzsoldaten	11	16	27
Sowjetische Fahnenflüchtige	14	3	17
Flugzeugabschüsse im Grenzgebiet	14	3	17
	160	**756**	**916**

(nach Lapp/Ritter, Die Grenze, 1997)

Register

Personenregister

Sach- und Ortsregister

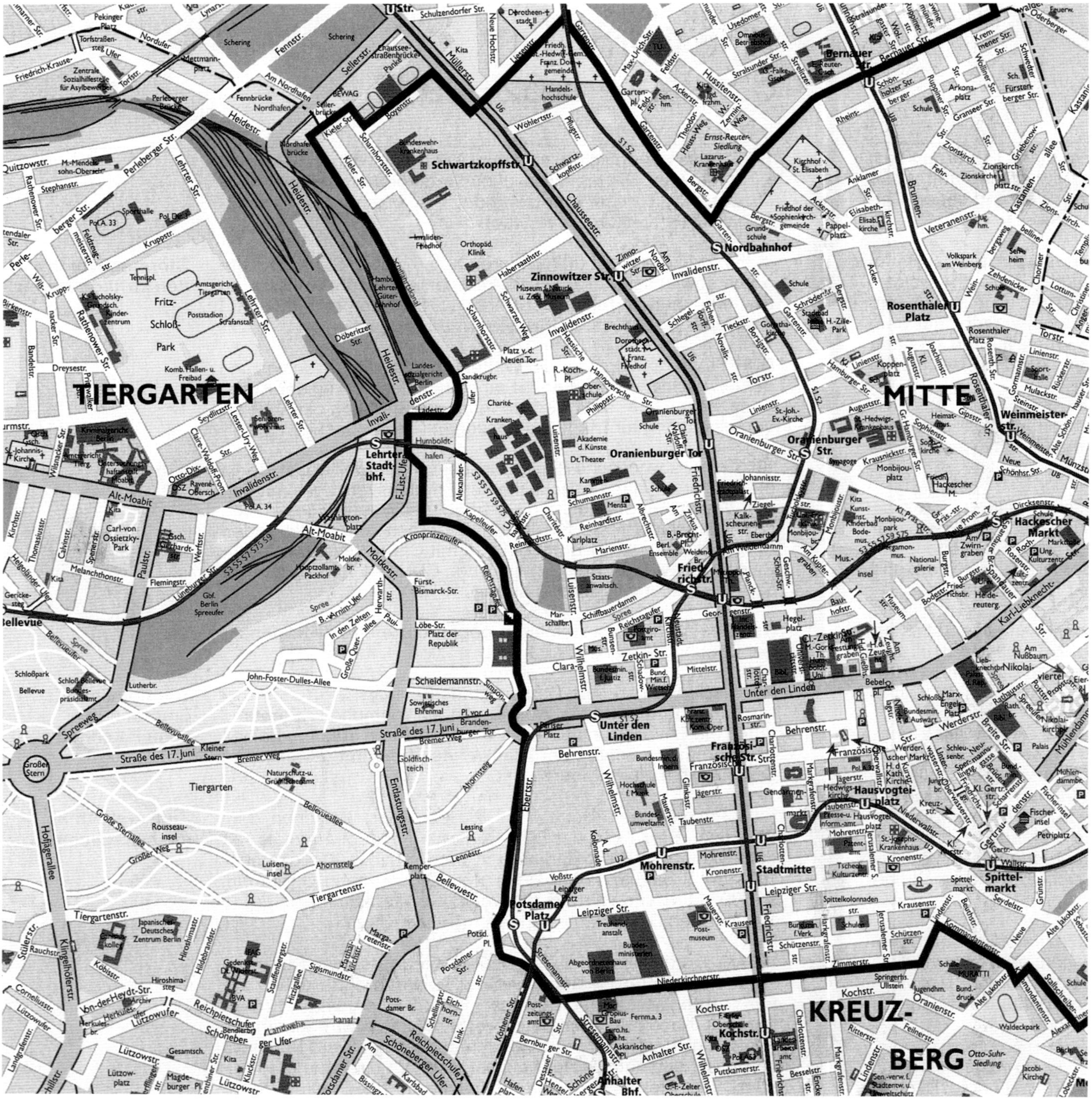

28 Jahre Teilung: Verlauf der Mauer durch die Berliner Innenstadtbezirke.